L649
5.
A.

HISTOIRE

DE FRANCE.

TOME 2.

IMPRIMERIE DE GUIRAUDET ET JOUAUST,
Rue Saint-Honoré, 315.

REVUE DE LA GARDE NATIONALE,
28 Avril 1827

HISTOIRE
##

DEPUIS L'ANNÉE 1825

JUSQU'A L'AVÉNEMENT DE LOUIS - PHILIPPE

(7 AOUT 1830),

PAR

LE Cte DE MONTGAILLARD.

ÉDITION ORNÉE

D'UN GRAND NOMBRE DE GRAVURES SUR ACIER,
D'APRÈS LES DESSINS DE RAFFET.

Tome 2.

Paris,

MOUTARDIER, LIBRAIRE-ÉDITEUR,

RUE DES GRANDS-AUGUSTINS.

1839

HISTOIRE DE FRANCE,

PENDANT

LES ANNÉES 1825, 1826, 1827

ET COMMENCEMENT DE 1828.

LIVRE TROISIÈME.

ANNÉE 1827.

5 Janvier. — Le prince Frédéric, frère du roi d'Angleterre (Georges IV), duc d'York et d'Albany, meurt à Londres; il était né en 1763... Il aura pour successeur, dans le commandement en chef de l'armée, le duc de Wellington qui l'emportera, pour cette nomination, sur le duc de Cambridge, frère du roi, dont les prétentions seront appuyées par M. Canning.

Peu de princes ont été plus malheureux à la guerre. Battu à Hondtschoot et à Boxtel (1793), à Bergen, à Kastricum, à Alkmaar (1799), défait sur tous les champs de bataille, ce prince ne sut que prendre la fuite et capituler honteusement; les armées étrangères ne présentèrent pas, dans les vingt-deux années de guerre de la révolution française, un général aussi inhabile, aussi complétement nul; et, par une singularité digne de remarque, ce prince a montré un véritable talent dans son administration de commandant en chef de l'armée; il y déploya des qualités qui lui méritèrent l'estime, l'affection des officiers et des soldats; il apporta dans tous ses actes administratifs une impartialité, une justice, entières; et l'on vit le plus médiocre des généraux laisser, au moment de sa mort, l'administration militaire dans l'état le plus satisfaisant.

6. — La chambre des députés adopte l'ordre du jour sur la pétition des habitants de la ville de Fort-Louis (Bas-Rhin), qui réclament une indemnité à raison des pertes qu'ils ont éprouvées par la destruction de leur ville, en 1793. — Une loi, du 19 vendémiaire an VI, avait affecté un crédit de 7,500,000 fr. à la réparation des désastres causés par la guerre à divers départements; un arrêté du préfet du Bas-Rhin, du 18 frimaire an XI, avait constaté les droits des habitants de Fort-Louis, à une indemnité de 2,109,000 francs... M. de Villèle vient d'accorder aux émigrés un milliard d'indemnité; le trésor public est si riche! Mais aucune indemnité ne sera accordée à la ville de Fort-Louis; le trésor public est si pauvre!

11. — L'Académie-Française arrête qu'elle s'assemblera le 16 de ce mois, pour délibérer sur la démarche qu'elle doit faire dans l'intérêt des lettres, essentiellement lié à la liberté de la presse; cette liberté est menacée dans son existence même par le projet de loi présenté le 30 décembre 1826 (V. cette date); il a pour but de mettre les lettres et les sciences à la discrétion du pouvoir absolu.

L'Académie prend cette résolution sur la proposition

d'un de ses membres, M. Lacretelle jeune, qui développe avec beaucoup de mesure et d'énergie tous les inconvénients du projet de loi : dans cette conjoncture, M. Lacretelle fait preuve de courage et de loyauté... La proposition de M. Lacretelle est vivement appuyée par MM. Villemain, de Tracy, Le Mercier, Andrieux, de Châteaubriand, Briffaut, de Ségur; elle est combattue par MM. Cuvier, de Lally-Tolendal, de Lévis, Auger.

13. — Le comte Lanjuinais, membre de la chambre des pairs, meurt à Paris après une maladie de quatre jours; il était âgé de soixante-quatorze ans...... La France perd l'un de ses meilleurs citoyens et le plus intrépide défenseur des libertés nationales.

Avocat renommé dès son entrée au barreau, jurisconsulte profond, surtout dans la partie canonique, M. Lanjuinais embrassa franchement la cause nationale, et développa dans le sein de l'assemblée constituante des connaissances politiques et législatives qui annoncèrent à la France un publiciste et un citoyen du premier ordre : le député de la Bretagne n'a pas trompé son pays.

La longue carrière publique de M. Lanjuinais offre un modèle presque unique de dévouement, d'héroïsme et de probité civiques; sa vie a été pleine d'actions généreuses, nobles, grandes; la religion, la royauté, la patrie, la liberté, lui sont également redevables. On peut dire de lui : Un tel caractère honore la nature humaine, et illustre la nation française.

La vertu la plus rigide était l'âme de M. Lanjuinais; les courtisans n'ont pas osé calomnier cette vertu, et le despotisme ministériel l'a respectée. Chrétien par sentiment, catholique par conviction, mais zélé défenseur des libertés de l'Église gallicane, le grand citoyen ne baissa point la tête devant l'iniquité des lois, il ne fléchit pas devant la hache des bourreaux; on le vit braver avec le même courage, avec le même désintéressement, les fureurs populaires et les faveurs impériales; sous la république, sous le consulat, sous l'empire, sous la restauration, les libertés publiques le trouvèrent toujours à la tête de leurs défenseurs. On a dit de lui qu'il était le Masséna de la tribune : on eût pu ajouter, et l'enfant chéri de la liberté et de l'égalité constitutionnelles; quoique, dans les derniers temps, M. le comte Lanjuinais se soit très-bien accommodé des distinctions honorifiques, de l'aristocratie héréditaire et même de certaines prétentions ministérielles.

Les émigrés et les prêtres eurent de particulières obligations à M. Lanjuinais; les proscrits de toutes les classes trouvèrent en lui un protecteur aussi éloquent qu'intrépide : ils lui doivent en grande partie leur rappel dans la patrie et l'ouverture de leurs temples..... Il demanda le rapport de plusieurs lois atroces rendues sous les gouvernements conventionnel et directorial : il empêcha le gouvernement du 18 brumaire d'en maintenir l'exercice. L'homme qui avait regardé en face la tyrannie décemvirale, ne devait pas se courber devant les faisceaux consulaires : membre d'un sénat de servilité et de corruption, Lanjuinais vota contre le consulat à vie et contre l'établissement du gouvernement impérial. Napoléon vit les rois à genoux au pied de son trône, et il vit *l'homme des anciens temps* debout devant sa gloire; la gloire opprimait les lois, et Lanjuinais défendait les lois contre la gloire !... La vie politique et civile de M. Lanjuinais est si féconde en bonnes et grandes actions, que, partagées entre plusieurs hommes, elles assureraient encore à chacun d'eux une haute renommée.

Doué de connaissances étendues dans les belles-lettres et dans toute sorte de littérature, ancienne ou moderne, M. Lanjuinais devait être l'un des plus zélés partisans de la liberté de la presse; il plaida sa cause dans tous les temps, sous tous les régimes, avec une fermeté, un talent, et une loyauté de caractère qui offraient l'assemblage si rare de la vertu et de la science; on a dit de lui : « Il semble qu'il représente la partie glorieuse, « féconde et irréprochable de la révolution. » Jamais éloge plus vrai ne fut donné à un plus illustre citoyen.

16. — L'Académie-Française tient une séance extraordinaire, à l'effet de délibérer sur la rédaction d'une adresse au roi contre le projet de loi sur la police de la presse (V. 30 décembre 1826 et 11 janvier 1827).

M. Lacretelle a développé sa proposition : elle est appuyée (V. 11 janvier) par MM. de Ségur, Tracy, Châteaubriand, Villemain, Lemercier, Andrieux; elle est combattue par MM. Roger, Cuvier, Laplace (directeur de l'Académie), qui s'est récusé et a abandonné le fauteuil : MM. Lainé, de Lévis, Lally-Tollendal, se sont récusés, en qualité de pairs de France, exemple que n'ont pas suivi MM. de Châteaubriand, Tracy, Ségur... La proposition pour la rédaction d'une adresse au roi est adoptée : nombre des votants, 24 : pour, 18 voix; contre, 6..... MM. Lacretelle, Châteaubriand et Villemain sont nommés membres de la commission chargée de rédiger l'adresse au roi.

Cette séance offre une singularité remarquable. M. l'archevêque de Paris, Quélen, membre de l'Académie, « a adressé à ses confrères une lettre qui était de nature à inspirer à l'Académie des craintes sur son existence même. Un cri unanime a interrompu la lecture de cette exhortation qui, dans une circonstance aussi grave, ne pouvait intimider aucune conscience. » — Un grand nombre de membres ont à la fois demandé la parole; en vain un prélat a voulu essayer de justifier une lettre si étrange et sur l'effet de laquelle, d'après les informations que nous avons reçues, les ministres paraissaient beaucoup compter. « L'Académie a décidé que la lecture de cette lettre ne serait pas continuée. » (*Constitutionnel*, 17 janvier.) ..... M. de Quélen est aussi inconnu aujourd'hui comme homme de lettres, qu'il était inconnu il y a quinze ans comme ecclésiastique [*]; notre temps offre peu d'exemples d'une fortune et d'une élévation aussi rapides que celles du prélat breton : nous n'y voyons pour lui qu'un motif de plus de chérir et de respecter les libertés constitutionnelles, consacrées par la Charte; malheureusement, M. de Quélen ne défendra pas mieux les libertés gallicanes que les priviléges de l'Académie-Française.

16. — Le jour où l'Académie-Française arrête de présenter une adresse au roi, l'Académie des Sciences, Belles-Lettres et Arts, de Lyon, arrête spontanément

---

[*] Les Quélen doivent leur fortune et leur illustration à un mignon de Henri III (le comte de Saint-Mégrin); c'est de lui que vient la branche des Quélen-La Vauguyon; la souche de la famille est en Bretagne; monsieur l'archevêque de Paris est de la branche des Quélen-Villeglée. Il y a en Bretagne des Quélen (de cette branche), qui sont tueurs de porcs.

M. l'abbé Quélen a commencé sa carrière dans les antichambres de S. E. le cardinal Fesch, oncle de Napoléon, auquel il portait le plus grand dévouement. Nommé, après la restauration, coadjuteur de M. le cardinal-archevêque de Paris (Talleyrand-Périgord), il lui a succédé dans le siège archi-épiscopal de la capitale.

« qu'elle présentera une adresse au roi, pour le supplier d'ordonner à ses ministres de retirer le projet de loi sur la presse. En conséquence, l'Académie nomme une commission composée de quatre membres, chargés de rédiger cette supplique dont le projet de rédaction sera soumis le 23 à l'Académie, spécialement convoquée pour délibérer sur cet objet. » (*Constitutionnel*, 21-22 janvier.)

17. — Arrêt de la cour royale de Paris, qui déboute les sieurs Moléon et Filleul-Baugé de l'appel qu'ils ont interjeté du jugement du tribunal de police correctionnelle de la Seine (V. 18 novembre 1826). — Ainsi, l'affaire des marchés d'Espagne est irrévocablement jugée et terminée.

17. — « Par décision du roi, M. Michaud, de l'Académie-Française, ne fait plus partie des lecteurs de Sa Majesté... » M. Michaud a voté pour l'adresse à présenter au roi, sa conduite lui a mérité l'estime de tous les gens de bien : cet académicien a noblement soutenu la dignité de l'homme de lettres.

17. — « Par arrêté de S. Exc. le ministre de l'intérieur, M. Lacretelle (jeune) a été révoqué de ses fonctions de censeur dramatique. » Pourquoi M. Lacretelle avait-il accepté ces fonctions ?

17. — Ordonnance du roi, par laquelle « la nomination du sieur Villemain, maître des requêtes au conseil d'État, est révoquée. »

Ce littérateur a professé les principes constitutionnels et promis, au sortir de l'école, un défenseur aux libertés nationales; mais, devenu conseiller d'État après la chute du ministère Villèle, l'ex-maître des requêtes professera les doctrines ministérielles, recherchera avec empressement les faveurs du pouvoir et professera, en sa qualité de commissaire du gouvernement, des doctrines anticonstitutionnelles.

18. — Chambre des pairs : rapport fait à la chambre, par le comte Portalis, sur la pétition du comte de Montlosier contre les jésuites.

M. l'archevêque de Paris (Quélen) protége ouvertement les jésuites; il demande que la discussion s'ouvre immédiatement..... M. le cardinal de La Fare, qui est demeuré (dit-il) toute sa vie étranger à l'esprit de parti, fait un magnifique éloge de la congrégation jésuitique, et ce prélat reconnaît, dans le rétablissement des jésuites, « prononcé par un saint pontife » (Pie VII, qui a sacré de l'huile sainte l'usurpateur du trône de saint Louis, le meurtrier du duc d'Enghien) les impénétrables décrets de la Providence; monsieur le cardinal rapporte aux décrets de la Providence « cette disparition *temporaire* d'une société qui
« éclairait le monde, son retour miraculeux dans la
« plupart des États qui l'avaient *perdue*, et sa situation
« encore incertaine chez d'autres nations. » Après avoir essayé de prouver que la révolution française n'aurait pas eu lieu sans la destruction de ces bons jésuites qui dirigeaient les poignards des Ravaillac et des Damien, monsieur le cardinal dit, avec une onction tout-à-fait constitutionnelle : « Puisque la Charte
« accorde à chacun la libre profession de sa religion,
« la même protection pour son culte, le catholique
« peut donc s'unir à d'autres catholiques pour l'exer-
« cice *le plus parfait* de la religion. *La loi* peut bien

« ne pas reconnaître *légalement* ce mode d'existence
« et lui refuser tout effet civil ; mais la Charte ne permet
« pas de le troubler sans s'exposer aux reproches
« d'une *intolérance* d'autant plus odieuse qu'elle n'atteindrait
« que le catholique, etc. » En conséquence,
M. le cardinal de La Fare invoque l'ordre du jour sur
la pétition de M. de Montlosier... Un journal (*Constitutionnel*,
21-22 janvier) fait à ce sujet un rapprochement
piquant *. — Monsieur le cardinal n'est pas
fort en raison législative, et se condamne lui-même au
sujet de la congrégation des instituteurs des Ravaillac
et des Damien, en disant : « La loi peut bien ne pas
« reconnaître *légalement* ce mode d'existence, et lui

---

* Après avoir dit que l'amour des jésuites est chez M. de La Fare un sentiment de famille, il rapporte l'extrait suivant des registres du parlement de Paris, séance du 17 février 1762 :
« On a lu un mémoire des officiers du bailliage de Laon, et
« un autre mémoire des officiers municipaux de cette même
« ville, dont il résultait que le collège de Laon et son administration
« avaient toujours appartenu à cette ville jusqu'en 1729 ;
« qu'alors les intrigues de M. de La Fare, évêque de Laon,
« y firent introduire les jésuites en vertu d'un ordre surpris
« à la religion du roi ; que depuis cette époque les jésuites s'y
« sont toujours maintenus, malgré plusieurs remontrances
« faites au roi par la ville, à laquelle on a imposé silence sous
« des peines très grièves, et dont quelques citoyens ont même
« été les victimes ; enfin ils se félicitaient de ce que la Providence
« avait permis que le 6 août dernier la cour ait découvert
« le mauvais enseignement des soi-disants jésuites, et ait
« mis la ville de Laon à portée de lui faire parvenir ses gémissements. »
— Duclos (dans ses *Mémoires secrets sur la régence*), dit de cet évêque de Laon (La Fare) : « Espèce de
« petit monstre par la figure, et qui l'était encore plus par son
« âme. » On voit, en 1827, les jésuites travailler, dans toute la France, comme ils travaillaient à Laon dans le dernier siècle ; et l'on voit une partie du clergé de France défendre aujourd'hui la cause de l'infâme secte des jésuites comme il la défendait alors.

« refuser tout effet civil. » C'est précisément l'objet réclamé dans la pétition de M. de Montlosier, auquel la France vote une couronne civique pour le religieux héroïsme avec lequel il invoque, contre la corporation des jésuites, l'*exécution des lois de l'État.*

Le duc de Choiseul réduit à leur juste valeur les raisonnements, les éloges et le pathos ultramontain du cardinal de La Fare; il démontre les dangers dont le rétablissement des jésuites menace le trône et la société..... Les bons pères sont défendus par le duc de Fitz-James, orateur sans éloquence et logicien raisonnant faux, qui oublie, en faveur de l'influence contre-révolutionnaire, les malheurs que la funeste société des jésuites a répandus sur sa famille ; car M. de Fitz-James descend, en ligne bâtarde, du roi Jacques II dont les jésuites ont provoqué et entraîné la ruine : au reste le discours de M. Fitz-James ne mérite pas un instant d'attention... Celui de M. le vicomte Dambray (dans la séance du 19) est remarquable : ce pair de France ne craint point d'avancer que « l'ordre des jé-
« suites *n'existe point en France.* Il peut y avoir des
« hommes engagés, quant au for intérieur, par des
« promesses mutuelles que le despotisme le plus arbi-
« traire ne saurait empêcher; mais il n'y a point d'or-
« dre ayant une existence civile, possédant des biens,
« dont le général puisse à son gré placer ou déplacer
« les membres, leur conférer ou leur ôter des fonc-
« tions dans l'instruction publique. » M. Dambray n'est pas heureux dans ses moyens de défense; M. de Montlosier a établi, d'une manière précise, dans son *Mémoire à consulter,* et dans sa *Pétition,* la preuve matérielle des faits déniés par M. Dambray.

M. Lainé prouve, dans un discours plein de raison législative, que la congrégation jésuitique existe en contravention à toutes les lois, et qu'elle menace de grands dangers la souveraineté du trône et les libertés de la nation; il se prononce pour l'adoption des conclusions du rapport.

Dans une obscure et verbeuse argumentation, M. Bonald se répand en éloges, en bénédictions, sur le compte de cette société célèbre; il ne craint pas de blâmer l'administration « si elle refusait à cette congré« gation pour les établissements d'éducation de la jeu« nesse, l'autorisation accordée à plusieurs autres « établissements du même genre. » En défendant une mauvaise cause, l'on tombe d'ordinaire dans d'étranges aveux : croirait-on qu'un homme aussi royaliste, aussi moral, aussi pieux que M. Bonald, ait osé dire en faveur de ses protégés : « On leur a reproché de gou« verner les rois, sans songer qu'un prince qui se « laisse aveuglément conduire par un jésuite, serait « conduit, à son défaut, par une maîtresse ou un « favori. » Qui a le plus à se plaindre d'une telle assertion, les rois ou les jésuites? Nous le demanderons à M. Bonald dont la logique est, au reste, plus concluante contre les jésuites qu'il ne s'en doute lui-même.

M. de Barante émet de fortes et excellentes raisons pour déterminer la chambre des pairs à demander, contre la secte jésuitique, l'exécution *des lois tout entières :* mais la secte est vivement soutenue par M. Frayssinous, ministre des affaires ecclésiastiques et de l'instruction publique; le prélat *in partibus infidelium*, qui a nié l'existence des jésuites en France, défend la pureté de leur morale; il les montre dégagés de tout esprit de domination et d'ambition, étrangers aux maximes ultramontaines, et abhorrant « cette meur« trière et abominable maxime qui met la vie des prin« ces à la merci d'un scélérat. » Il est malheureux que

l'histoire vienne, à chaque page, démentir l'apologiste des jésuites! Mais il est plus curieux encore de voir quelle est l'*autorité* invoquée par M. Frayssinous, pour excuser les bons pères sur l'esprit d'ambition sans bornes et de domination excessive dont on les accuse :
« Leur prétendue ambition n'est que celle du zèle;
« pesez la masse du bien que les jésuites ont fait, sou-
« venez-vous des écrivains célèbres que leur corps a
« donnés à la France*, ou de ceux qui se sont formés
« dans leurs écoles. Rappelez-vous les royaumes *en-*
« *tiers* qu'ils ont conquis à notre commerce par leur
« habileté, leurs sueurs et leur sang; repassez dans
« votre mémoire les miracles de leurs missions au
« Canada, au Paraguay, à la Chine, et vous verrez
« que *le peu de mal* dont les philosophes les accusent,
« ne balance pas un moment *les services* qu'ils ont
« *rendus à la société* » (*Génie du Christianisme*). Assurément M. de Châteaubriand doit être glorieux de se voir citer, en face de lui-même, comme un père de l'Église, par l'évêque *in partibus infidelium*, le prélat-ministre des affaires ecclésiastiques et de l'instruction publique en France! Mais les images poétiques et les phrases plus ou moins romantiques du littérateur le plus célèbre ne seront jamais des autorités législatives;

---

* Depuis la restauration, il n'est pas sorti des séminaires, des colléges dirigés par les jésuites, un seul ecclésiastique, un seul laïque dont les talents aient été remarqués; leurs élèves ont offert une grande médiocrité en tous genres : la raison en est simple; les jésuites ne cherchent pas à donner des citoyens à l'État, ils ne forment que des disciples pour la congrégation. M. le ministre des affaires ecclésiastiques (Frayssinous) dira, à la tribune nationale, « que la France aura à subir, pendant « quelques années, les inconvénients de l'éducation négligée « d'un clergé *un peu trop ardent dans son zèle;* » et malheureusement la prédiction de M. Frayssinous s'accomplira.

malgré M. Frayssinous et tout le *Génie du Christianisme*, la chambre adopte les conclusions du rapporteur de la pétition de M. de Montlosier, tendant à ce que l'ordre du jour fût prononcé sur les trois premiers chefs de la pétition, et à ce que le quatrième chef, relatif aux établissements des jésuites en France, fût renvoyé au président du conseil des ministres; nombre des votants, 186: pour le rejet de l'ordre du jour, 113 votes; contre, 73. — Quelque imposante que soit cette majorité (car aucun des pairs ecclésiastiques n'a manqué à l'appel), la pétition n'aura aucune suite fâcheuse pour les jésuites, ils continueront à exploiter, sans inquiétude, l'éducation publique et le gouvernement de l'État sur lequel ils exercent déjà une influence décisive.....

Veut-on connaître la manière dont les jésuites opèrent dans la partie administrative? Le document suivant en donnera une idée.

La police Delavau avait fait confectionner, pour chaque profession des habitants de Paris, des cartons (d'environ huit pouces de long sur six de large) sur lesquels étaient inscrits les noms, prénoms, demeure, etc., des individus: au-dessous de ces renseignements se trouvaient comprises, entre six lignes verticales, cinq colonnes de dimensions égales..... Jusque-là, on ne voit point à quel usage pouvaient servir ces cartons biographiques; mais voici ce qui arrivait. Les agents de la police, parmi lesquels se trouvaient (et nous le savons pertinemment) des membres d'une de nos Académies, des savants distingués, des professeurs, etc. (dont la plupart se disaient libéraux constitutionnels), portaient dans leur poche une petite bande de carton d'un pouce de largeur, divisée aussi dans sa plus grande longueur en cinq colonnes sur lesquelles se trouvaient les lettres suivantes : B : D. B : D. D : D. M : M., ce qui veut dire : bon ; douteux ; bon ; douteux, douteux ; douteux, mauvais ; mauvais : les agents de la police appliquaient cette petite bande au-dessus des colonnes tracées dans un carton biographique ; puis, selon l'opinion qu'ils se faisaient ou les renseignements qu'ils acquéraient sur l'individu dont ils avaient le carton, ils traçaient une simple petite ligne, un chiffre, ou autre caractère insignifiant, dans l'un des cinq espaces, et l'individu se trouvait ainsi désigné comme bon, douteux, ou mauvais, et même comme douteux-bon, ou douteux-mauvais, sans qu'il pût jamais découvrir la signification de ce petit signe lorsque la languette de carton était retirée.

Une personne infiniment honorable, d'une véracité et d'une loyauté parfaites, nous a dit : « J'ai tenu entre les mains une centaine de cartons faits (de la manière ci-dessus expliquée) pour les médecins de Paris, et j'ai vu la petite languette de carton destinée à diriger dans le placement de la marque qu'on pouvait mettre dans telle ou telle colonne ; c'est un des agents de la police qui me les a montrés ; cet homme qui, sous beaucoup de rapports, est un honnête homme, bon père de famille et savant distingué, me proposait de l'aider à compléter la tâche qu'il avait entreprise ; pour cela, il suffirait (me disait-il) de tracer des marques sur telle ou telle colonne, selon que nous aurions considéré tel médecin comme bon, douteux-bon, douteux, douteux-mauvais, ou mauvais royaliste, ou mauvais chrétien, ou monarchique, ou constitutionnel. A la vérité, il était difficile d'acquérir ces notions, car chacun est disposé à trouver bons ou mauvais ceux qui partagent ou ne partagent pas son opinion. On proposait aussi de tirer parti des renseignements qu'on pourrait se procurer, soit par des demandes positives, soit par des conversations entamées à dessein, soit en faisant jaser des tierces personnes, parents ou amis, etc....... Je fis une objection : *Mais, c'est là de l'espionnage, de la délation !* On me répondit : *Comment ! si les honnêtes gens ne se chargent pas de procurer eux-mêmes des renseignements au gouvernement sur les personnes qu'ils rencontrent, quel fond voulez-vous qu'on fasse des rapports de vils mercenaires ?* » — Une semblable réponse ne justifie pas le procédé, mais elle montre comment on peut venir à bout d'induire en erreur des esprits d'ailleurs estimables, lorsqu'on sait leur persuader que l'État, la religion, la société, ont besoin de leurs services.

MODÈLES DES CARTONS
DE DELAVAU ET DE MONTROUGE.

N (N.-N.)

Docteur en médecine,
rue...
âgé de...
natif de...

BON.	DOUTEUX, BON.	DOUTEUX, DOUTEUX.	DOUTEUX, MAUVAIS.	MAUVAIS.

Les feuilles, marquées du signe convenu, étaient renvoyées à M. Delavau qui, avec un carton semblable au carton adressé à chaque inquisiteur, avait la valeur du point ou de la marque mis sur la feuille où se trouvait le nom de l'individu ; point ou marque qui n'avait aucune espèce d'importance, de valeur, pour qui n'en avait pas le secret..... La biographie des avocats, médecins, avoués, notaires, employés, etc., etc., a été ainsi complétement faite par M. Delavau dans le sein de la congrégation. — Tous les passe-ports étaient marqués de ce point que les agents de police connaissaient à merveille, et le voyageur était traité en conséquence, soit dans l'intérieur, soit à la frontière, soit à l'extérieur..... La police de Metternich avait les doubles des cartons!

Les agents de 1793 n'avaient pas, il faut en convenir, poussé aussi loin que les agents de Montrouge l'art des investigations et la science des délations de société.

19. — Convention entre le roi de la Grande-Bretagne, et S. A. R. l'infante-régente du Portugal ; elle est relative à l'envoi d'un corps de troupes anglaises en Portugal. — La convention stipule les obligations respectives des parties contractantes par rapport à l'entretien et solde des troupes, à l'occupation par ces troupes des forts de Saint-Julien et de Bugio, au compte de dépenses pour vivres et fourrages, etc... M. Canning mettra un extrême empressement à l'envoi de ce corps de troupes en Portugal ; jamais l'Angleterre n'aura déployé plus de célérité dans un armement, mais il s'agit ici de protéger une colonie anglaise!

21. — Le prince de Talleyrand s'est rendu à Saint

Denis, en qualité de grand chambellan, pour assister au service anniversaire de Louis XVI; il y reçoit un soufflet du marquis de Maubreuil... Le prince est tombé à la renverse ; il a été emporté dans sa voiture, et reconduit à Paris... Le marquis n'a point cherché à s'échapper ; il a dit : « Je m'appelle Maubreuil ; je suis
« entré avec une carte en mon nom. *Ne me faites*
« *point de mal, je me constitue prisonnier. J'ai voulu*
« *venger mon honneur et celui de ma famille. — Il*
« *faudra bien qu'on m'écoute ; maintenant on ne*
« *m'empêchera plus de parler ; la France apprendra*
« *toute la vérité, et les vrais coupables seront recon-*
« *nus.* »

Il est déplorable pour un ex-prêtre dont la vie a été, depuis trente années, semée d'honneur, de richesses et de plaisirs (sauf les coups de boutoir du directeur Rewbell et de l'empereur Napoléon); il est déplorable, pour un personnage aussi illustre que l'ex-évêque d'Autun, de se voir, dans son honorable et fortunée caducité, exposé aux outrages d'un homme tel que M. de Maubreuil, royaliste *quand même !*

Au sujet de cet événement, les ennemis du prince de Talleyrand (et un homme aussi estimable devrait-il en connaître ?) rappelleront la vie politique de l'évêque d'Autun, du citoyen Talleyrand, du prince de Bénévent, du prince de Talleyrand duc de Dino; ils s'obstineront à répéter que l'arrestation du duc d'Enghien (1804) eut lieu d'après ses conseils : « Les républicains veulent un gage qui leur prouve que le gouvernement consulaire ne transigera jamais avec les Bourbons ; en conséquence, la mort du duc d'Enghien devient une nécessité politique. » Ainsi se serait exprimé, vis-à-vis du premier consul, le citoyen Talleyrand, s'il fallait en croire les ennemis de ce ministre, qui ont répandu contre lui les plus horribles calomnies. Ses talents, son génie, et la faveur dont il jouit depuis le 18 brumaire, voilà les véritables torts de M. de Talleyrand, et ses ennemis ne les lui pardonneront pas : ils affirmeront que la guerre d'Espagne fut conseillée, provoquée par ce grand homme d'État; à l'appui de leurs assertions (nous les tenons pour calomnieuses), ils citeront les aveux positifs et réitérés de madame Bonaparte (impératrice Joséphine); dont ils croiront se faire une irrécusable autorité, en disant qu'à l'époque de l'assassinat du duc d'Enghien, madame Bonaparte vivait dans la plus grande intimité avec madame Grant dont les liaisons avec le citoyen Talleyrand étaient déjà si connues ; ils diront que le prince de Bénévent envoya de Fontainebleau (1808), le mémoire où, selon eux, le prince-ministre établissait, en faveur de la dynastie impériale, la nécessité de déposséder du trône des Espagnes la maison de Bourbon, et de ne pas laisser en Europe un seul prince de cette maison; ils assureront même que M. de Talleyrand se glorifiait de ce mémoire, et en donnait communication à ses amis de confiance : ils rappelleront la lettre écrite à Louis XVIII, par M. le prince de Talleyrand, au sujet des imputations que M. le duc de Rovigo aurait publiées contre ce prince, par rapport à l'affaire du duc d'Enghien ; lettre que le prince faisait lire chez lui, et qu'on trouvait exposée sur la table de son salon ; lettre véritablement curieuse, disent-ils, en ce que M. de Talleyrand justifie toute sa conduite politique, en affirmant qu'il n'a jamais eu, le moins du monde, des principes républicains ; qu'il a été au contraire toujours fidèle de cœur et d'âme à la maison de Bourbon; nous le croyons, quoique le citoyen Talleyrand ait publié, juillet 1799 : *Éclaircissements donnés à mes concitoyens*, écrit où il fait profession du républicanisme le plus pur*; quoique le citoyen Talleyrand, devenu prince de Bénévent, ait servi avec le plus absolu dévouement l'usurpateur du trône des Bourbons, jusqu'au moment où le meurtrier du duc d'Enghien le chassa de ses conseils. La lettre à Louis XVIII est en grande contradiction avec les *Éclaircissements*, etc.; mais peu importe : nous demanderons seulement à M. le prince de Talleyrand, à laquelle des deux professions de foi il désire que nous donnions

---

* Le citoyen Talleyrand a fait preuve de républicanisme dans plusieurs conjonctures politiques d'une haute importance, notamment au 18 fructidor. S'il fallait en croire M. Fauvelet-Bourienne, secrétaire particulier de Bonaparte, le citoyen Talleyrand aurait été l'un des plus chauds partisans de cette journée désastreuse, et en aurait fait un pompeux éloge dans sa lettre au général Bonaparte, en date du 22 fructidor ; il aurait dit :
« ..... Vous lirez, dans les proclamations, qu'une conspiration
« véritable et toute au profit de la royauté, se tramait depuis
« long-temps contre la constitution : déjà même elle ne se dé-
« guisait plus ; elle était visible aux yeux des plus indifférents.
« Le mot *patriote* était devenu une injure ; toutes les institu-
« tions républicaines étaient avilies ; les ennemis les plus irré-
« conciliables de la France accouraient en foule dans son sein, y
« étaient accueillis, honorés. Un fanatisme hypocrite nous avait
« transportés tout à coup au seizième siècle. La division était
« au directoire ; dans le corps législatif siégeaient des hommes
« véritablement élus d'après les instructions du prétendant, et
« dont toutes les motions respiraient le royalisme. Le directoire,
« fort de toutes ces circonstances, a fait saisir les conjurés.
« Pour confondre à la fois les espérances et les calomnies de
« tous ceux qui auraient tant désiré ou qui méditaient encore
« la ruine de cette constitution, une mort prompte a été pro-
« noncée, dès le premier jour, contre quiconque rappellerait
« la royauté, la constitution de 1793 ou d'Orléans... » Voilà, certes, un panégyrique du 18 fructidor, et une censure des victimes de ce coup d'État, qui ne doivent laisser aucun doute sur la sincérité des doctrines républicaines du citoyen Talleyrand en 1797, et sur son amour pour la constitution de l'an III

confiance ; nous adoptons d'avance le choix qu'il fera à cet égard. Au reste, le prince prouve mathématiquement, dans sa lettre au roi, qu'il est étranger à la catastrophe du duc d'Enghien ; il donne une preuve incontestable de son innocence, en disant qu'un homme de son nom, de son rang, de sa naissance, de sa qualité, est incapable de donner et ne doit pas même être soupçonné d'avoir pu donner les conseils qu'on lui a imputés... Dans les premiers jours d'avril 1814, beaucoup de pièces importantes furent soustraites des cartons du ministère des relations extérieures, mais plusieurs de ces originaux avaient été copiés; on en a, dit-on, les *fac simile*, ce qui fait espérer qu'ils seront publiés un jour.

Les discussions qu'entraînera le procès de M. de Maubreuil (V. 24 février) rappelleront au public la mission donnée au très-noble marquis, 16-17 avril 1814, par le gouvernement provisoire ; l'accusé reviendra sur les diamants volés, sur l'assassinat prémédité contre Napoléon, sur les manœuvres de plusieurs hauts fonctionnaires de cette époque : il demandera que MM. de Talleyrand, Vitrolles, Sémallé, Bourienne, etc., etc., etc., soient assignés ; il fera même assigner plusieurs des personnages indiqués par lui au tribunal comme témoins nécessaires à sa cause; mais le tribunal, séparant de la cause pour laquelle M. de Maubreuil est traduit en justice, tous les faits relatifs à la mission donnée en 1814 au noble marquis, et au vol des diamants, etc., le tribunal rejettera la demande en assignation..... M. de Maubreuil prétendra qu'on entrave ses moyens de défense, et se répandra en accusations contre de grands personnages ! Mais des arrêts de cours royales ont déjà fait justice des allégations, des calomnies de M. de Maubreuil ; elles ne porteront aucune atteinte à la considération dont jouit si généralement M. le prince de Talleyrand; sa réputation ne saurait en souffrir un seul instant, elle est invariablement fixée : le prince a obtenu, dans l'estime de ses concitoyens, une place très-distinguée, et l'histoire la lui conservera sans la moindre hésitation.

La santé de M. de Talleyrand, pour laquelle on avait eu d'abord quelque inquiétude, sera parfaitement rétablie dans quelques jours..... La France entière a pris part à une santé si chère.

23. — L'Académie-Française adopte définitivement la rédaction de sa supplique respectueuse au roi, votée dans sa séance du 16 (V. cette date); elle décide que, suivant les formes ordinaires, elle sera présentée à Sa Majesté par les membres qui composent le bureau..... La séance était présidée par M. le comte Daru, chancelier.

25. — A l'ouverture de la séance de l'Académie, le chancelier lit une lettre du premier gentilhomme de service, qui annonce qu'il a pris les ordres du roi et que Sa Majesté a dit qu'elle ne recevrait point monsieur le directeur de l'Académie. — L'Académie décide que la supplique qu'elle a votée, et dont elle a ordonné la transcription sur ses registres, ne sera point publiée (*Moniteur*, 27 janvier)..... On voit que le ministère Villèle ne néglige aucun des moyens qui peuvent empêcher la vérité de parvenir au pied du trône : ce ministère persécute sans relâche les individus qui se prononcent en faveur de la liberté de la presse, si formellement exprimée et garantie par la Charte constitutionnelle : dicter à l'Académie le choix de ses membres, disposer de leur conscience et étouffer leur

voix lorsqu'ils présentent une supplique au roi, telle est la manière dont M. de Villèle entend et pratique l'article 8 de la Charte.

30. — *Traité qui fixe la frontière entre la France et les États d'Allemagne sur le Rhin.* — Depuis 1816, des commissaires avaient été nommés par la France et par le grand-duché de Bade, pour déterminer d'une manière invariable la frontière entre la France et l'Allemagne ; les négociations n'avaient amené aucun résultat jusqu'à ce jour... Le gouvernement français n'ayant pas publié le traité conclu avec le grand-duché de Bade et l'existence de ce traité ne devant même être connue des Français que le 10 septembre 1827, époque où le *Moniteur* en spécifiera les avantages pour la France, sans donner néanmoins aucune communication des articles, nous sommes hors d'état d'émettre une opinion sur ledit traité ; nous ferons seulement observer qu'à la fin de la notice, publiée sur ce sujet par le *Moniteur*, 10 septembre, on lit : « Des mesures d'administration, « concordantes avec le traité, sont prises, *dit-on*, « pour faire jouir les deux rives de tous les avantages « de ce traité, et les habitants de l'Alsace ne seront « point long-temps à reconnaître que, dans cette « circonstance, rien n'a échappé à la sollicitude du « roi. »

31. — *Séance de la chambre des députés.* — Cette séance est remarquable par les interpellations adressées au président du conseil, Villèle, et les *explications* données par ce ministre, au sujet de la conduite de l'ambassadeur d'Autriche, comte d'Appony, envers plusieurs maréchaux de France portant un titre ducal conféré par Napoléon.

M. d'*Appony* a invité à une de ses soirées M. le duc et madame la duchesse de *Reggio*, et ils ont été annoncés, par son laquais : M. le duc et madame la duchesse *Oudinot*; le même ambassadeur a adressé au duc de *Dalmatie* un billet d'invitation avec l'adresse : à M. le duc *Soult*..... Certainement, le nom *Oudinot*, *Soult*, *Murat*, en un mot, le nom propre des maréchaux créés ducs ou princes par Napoléon est plus beau que le nom *Appony*; très-certainement, le nom de *Masséna*, de *Ney*, de *Lannes*, etc., est plus illustre que le nom de tous les ducs allemands ou autrichiens, de même que le nom de *Napoléon Bonaparte* est infiniment au-dessus de celui d'*Habsbourg* et de *Lorraine*. Ce serait une fierté bien placée, il y aurait même dans nos généraux titrés un noble orgueil à faire précéder leurs qualifications ducales de leur nom propre, de ce nom couvert de tant de trophées militaires : car, c'est précisément cette gloire, ce sont ces trophées dont le ministère autrichien dispute la jouissance à nos généraux; il veut ravir à leurs familles la mémoire de ces victoires, de ces innombrables exploits qui ont été pour l'Autriche, jusqu'en 1814, une suite non interrompue d'humiliations et de défaites..... Malgré le droit acquis, et reconnu par la cour de Vienne dans les occasions les plus solennelles, malgré la foi des traités et le texte positif de la Charte constitutionnelle que les souverains *alliés*, signataires du traité du 20 novembre 1815, ont « *exhorté à observer exactement comme moyen de paix pour la France et pour l'Europe;* » au mépris de tant de promesses et de garanties, l'ambassadeur autrichien à Paris refuse, et sans doute par ordre de son gouvernement, de reconnaître les titres dont nos maréchaux sont investis; il insulte la nation française dans son plus cher intérêt, dans sa gloire militaire. — Cette injure est vivement ressentie! Naguère, les ducs et les princes autrichiens s'humiliaient de toute la hauteur de leur vanité aux pieds de Napoléon qui, deux fois, avait rendu à l'empereur François 1ᵉʳ sa capitale et ses États ; naguère, ils faisaient la cour à ces mêmes généraux, et ne se permettaient pas d'aborder les antichambres des compagnons d'armes de Napoléon sans les saluer, jusqu'à terre, des titres que le conquérant de l'Autriche avait conférés à ses lieutenants : la cour de Vienne leur prodiguait ses hommages, et s'estimait heureuse que le vainqueur de Marengo, d'Austerlitz et de Wagram, eût daigné prendre pour épouse une archiduchesse d'Autriche : les temps sont changés, la fortune a passé avec la trahison dans le camp des rois alliés, leurs ministres oublient aussitôt leur propre histoire et se montrent aussi fiers, aussi orgueilleux dans la prospérité qu'ils ont été souples et rampants dans l'adversité.

Interpellé à la tribune nationale au sujet des outrages prodigués à nos généraux par l'ambassadeur autrichien, M. de Villèle excuse ces outrages; il *dénationalise* l'hôtel habité à Paris par l'ambassadeur d'Autriche et déclare que le ministre étranger est, à Paris, en Autriche; il dit :
« L'ambassadeur, dans son hôtel en France, est comme
« dans son pays ; et, hors de là, il est en France. Ainsi,
« je crois avoir posé la question comme elle est en réa-
« lité; et d'ailleurs je réponds à ceux qui voudraient
« ici accuser l'administration actuelle d'avoir consenti
« à des choses qui devaient être repoussées, que ces
« choses n'ont pas été réglées par elle, mais par d'au-
« tres et dans des temps où l'on reconnaîtra qu'il était
« impossible de faire autrement. Ainsi, *ce reproche*
« *tomberait sur une autre administration*..... etc. »
Consentir à l'humiliation d'aujourd'hui, à cause de l'humiliation d'hier, supporter et justifier les outra-

ges actuels à cause des outrages précédemment essuyés : quelle absence de dignité nationale, de sentiment français ! MM. Casimir Périer, Benjamin Constant, Méchin, etc., reprochent à M. de Villèle, et avec une noble vivacité, l'impassibilité avec laquelle il laisse outrager la dignité nationale; M. Hyde de Neuville, tout en soutenant que l'ambassadeur d'Autriche à Paris est (dans son hôtel) en Autriche, dit : « La véritable
« question est celle-ci : l'ambassadeur a-t-il invité à
« ses soirées de *braves* maréchaux pour les débaptiser
« ou plutôt pour les faire débaptiser par un valet? Tout
« est là, messieurs. S'il l'a osé (je voudrais encore pou-
« voir en douter), il a été téméraire, cet ambassadeur.
« Croyons, messieurs, que ce n'est pas la faute de son
« gouvernement. Mais celle de son gouvernement ou la
« sienne, il a manqué au roi, à la France, il a blessé
« tous les cœurs généreux. Si le ministère supporte
« avec résignation l'insulte de cet ambassadeur, lui-
« même alors outrage l'honneur et la gloire du pays. »
M. Hyde de Neuville étend trop loin les prérogatives des ambassadeurs; sans doute ils représentent la personne de leur maître, et leur domicile est, sous ce rapport, inviolable et sacré; mais le souverain du pays où réside l'ambassadeur d'une puissance étrangère a droit de faire visiter son domicile et même de faire arrêter cet ambassadeur, dans le cas où il attenterait à la sûreté du gouvernement et à l'autorité du prince auprès duquel il a été envoyé. Cromwel fit arrêter, dans l'hôtel même de *l'ambassadeur du Portugal près le protecteur*, le frère de cet ambassadeur, prévenu de conspiration ; son procès lui fut fait : condamné à perdre la tête, il subit sa condamnation (*Histoire de Cromwell*, par Villemain)..... Le duc d'Orléans, régent de France, ne fit-il pas saisir les papiers et arrêter la personne du

comte de Cellamare, ambassadeur d'Espagne, comme prévenu de conspiration contre l'État? L'ambassadeur qui, à la faveur de l'inviolabilité attachée à son caractère, conspirerait, dans son hôtel, contre le gouvernement et commettrait des actes contraires aux lois du pays près duquel il est envoyé, serait justiciable de ces lois, et son hôtel demeurerait ouvert de plein droit aux gens de justice : ainsi le veut le droit des gens, ainsi l'exigent la sûreté et la dignité des rois et des peuples.

Le ministre étranger dont les actes tendent à maintenir l'union et la paix entre les gouvernements, est respectable et inviolable; mais il ne saurait en être de même, s'il se rend coupable de machinations et d'attentats propres à diviser les souverains entre eux, à exciter des troubles et des séditions. Voltaire a dit :

> L'ambassadeur d'un roi m'est toujours redoutable;
> Ce n'est qu'un ennemi, sous un titre honorable,
> Qui vient, rempli d'orgueil ou de dextérité,
> Insulter ou trahir avec impunité.

Le poëte fait tenir ce langage au chef d'un gouvernement républicain, mais le poëte est trop absolu dans cette décision politique : sans doute, beaucoup d'ambassadeurs ne sont autre chose que des espions très-distingués; un ministre des affaires étrangères de France (le cardinal de Bernis), disait à ses agents secrets, ou espions : « ..... Agissez prudemment, soyez toujours « en garde contre les fonctionnaires du pays que vous « allez visiter. S'il vous arrivait malheur, vous ne pour- « riez avoir recours à nous, car nous vous renierions. « Il n'y a d'*espions avoués* que les ambassadeurs... » Malgré les aveux du cardinal de Bernis, les fonctions des envoyés des rois et des chefs de gouvernements, n'en sont pas moins des fonctions aussi honorables que respectables, et plusieurs de ces ministres plénipotentiaires ont fait preuve de loyauté et de vertu, sous toutes les formes de gouvernement.

La chambre des pairs, dont la plupart des maréchaux insultés par M. d'Appony font partie, regarde l'insulte comme plus spécialement dirigée contre elle; MM. d'Ambrugeac, de Ségur, de Fitz-James s'élèvent avec dignité, avec force, contre un ministère qui laisse avilir à ce point l'honneur du nom français; le président du conseil, Villèle, garde le silence; il n'ose reproduire, dans la chambre des pairs, les explications qu'il a eu l'impudeur de donner à la chambre des députés... A la suite de ces discussions, le comte Appony donne un bal; M. de Villèle et tous les ministres vont à ce bal!

L'on peut juger, dans cette conjoncture, toute l'étendue de l'abaissement dans lequel le déplorable ministère a fait tomber la France; mais qu'espérer, qu'attendre d'une administration qui laisse violer impunément le territoire français, et enlever militairement les maires de trois villages situés sur la frontière? Ces magistrats municipaux sont jetés dans les prisons de la Prusse, et M. de Villèle n'osera pas même se plaindre d'un si sanglant outrage à l'honneur national : ce ministre dira, en revanche, que la France est dans le plus grand état de prospérité, et que le nom français est partout respecté; les faits auront beau démentir le ministre, son impudence sera toujours la même : le ministère déplorable a pris pour bases de son administration la corruption et le mensonge!

6 Février. — Simon Bolivar abdique la présidence de la république de Colombie. La lettre que le libérateur écrit, de Caraccas, au président de la chambre du

sénat pour l'informer de son invariable résolution à cet égard, ajoute encore à la gloire dont Bolivar s'est couvert jusqu'à ce jour; on y lit : «..... Les zélés républicains ne peuvent me voir sans une crainte secrète, parce que l'histoire leur a appris que tous les hommes, dans de pareilles circonstances, ont été ambitieux. C'est en vain que je cherche à me défendre par l'exemple de Washington; des exceptions ne peuvent rien contre l'expérience d'un monde entier toujours opprimé par les hommes puissants. Je suis placé entre les inquiétudes de mes concitoyens et le jugement que j'attends de la postérité. Je ne me sens pas entièrement privé d'ambition, et je désire pour moi-même m'arracher aux prestiges de cette fatale passion. Je désire délivrer mes compatriotes de toute inquiétude, et laisser après moi un souvenir digne de la liberté. C'est avec ces sentiments que je renonce pour toujours à la présidence. Le congrès et la nation peuvent regarder cette renonciation comme irrévocable. Rien ne pourra m'engager à rester au service public, après y avoir consacré toute mon existence passée. Maintenant que le triomphe de la liberté a conféré à tous des droits si sublimes, en serais-je seul privé? Non. Le congrès et le peuple colombien sont justes; ils ne chercheront pas à me mettre dans une pareille position. — J'ai fourni plus des deux tiers de ma carrière; il ne me reste que quelques jours à vivre; qu'il me soit donc permis d'attendre une mort obscure dans la retraite silencieuse de mes foyers paternels! Cependant mon épée et mon cœur seront toujours à la Colombie, et mon dernier soupir demandera son bonheur au ciel. J'implore du congrès et du peuple la faveur d'être simple citoyen. »

Les grands hommes de l'ancienne Rome n'ont pas manifesté, dans les beaux jours de la république, des sentiments plus élevés, plus généreux; si Bolivar persévère dans la sage et héroïque modération qu'il professe aujourd'hui avec tant d'éclat, la gloire de son nom arrivera à la dernière postérité. Deux grands exemples s'offrent à ses yeux; Washington, Napoléon : le nom de l'un sera à jamais illustre dans l'histoire, mais le nom de l'autre sera béni à jamais par tous les hommes de bien….. Si Bolivar ne prenait pas pour modèle le libérateur de l'Amérique du nord, s'il démentait les principes dont il fait profession, s'il violait ses sermens, s'il trahissait la liberté et devenait infidèle à sa propre gloire, Bolivar ne serait plus qu'un ambitieux perdu, dont ses concitoyens et l'histoire feraient également justice.

13. — Chambre des députés : ouverture de la discussion générale du projet de loi pour la police de la presse; M. Bonnet, rapporteur de la commission. — Si les procès-verbaux des séances de la chambre n'en fournissaient la preuve, il serait difficile de se faire une idée de la faiblesse et de l'absurdité des raisonnemens, ou plutôt des sophismes et des mensonges dont les partisans du ministère n'ont pas rougi de faire usage pour détruire l'article 8 de la Charte : MM. Dupille, Rougé, Nicod de Ronchaud, Gallard-Terraube, Humbert de Sesmaisons, etc., et surtout MM. de Frénilly, Sirieys-Mayrinhac et Sallaberry, se sont distingués par leur acharnement contre la presse périodique, et même contre la faculté de penser et d'écrire : jamais l'absolutisme et l'ignorance n'avaient eu d'aussi zélés champions! Ils montrent à la fois le plus entier dévouement au ministère, qu'ils s'efforcent de justifier, et la plus complète nullité en matière législative. M. Frénilly va jusqu'à déclarer « qu'*il n'a pas marché avec le siècle*,

« qu'il n'a rien lu, rien écouté, etc. » Il fait le plus pompeux éloge du ministère Villèle, et se complaît à retracer les bienfaits dont la France lui est redevable : « Et que de biens n'a-t-il pas opérés ? Des dégrèvements considérables sur les contributions foncières; une comptabilité, une économie et un ordre admirables dans la partie financière; d'importantes améliorations administratives; un système et un régime parfaits de canalisation; l'indemnité d'un milliard accordée aux émigrés; la pacification de Saint-Domingue, etc. » M. Frénilly n'a qu'un seul reproche à faire au ministère, c'est de ne pas gouverner *avec une volonté assez ferme*... Ce député a un goût si vif pour la censure, « qu'il faudrait, dit-il, pour toute loi sur la presse, l'établissement d'une haute magistrature, digne gardienne des mœurs et de la religion, semblable à la censure de Rome vertueuse et libre. » Conçoit-on de telles aberrations et une frénésie contre-révolutionnaire aussi ridicule? Eh quoi! M. Frénilly ne fait-il aucun cas des paroles solennelles proclamées par Louis XVIII : « Nous avons dû apprécier
« les progrès toujours croissans des lumières, les rap-
« ports nouveaux que ces progrès ont introduits dans
« la société, la direction imprimée aux esprits depuis
« un demi siècle?... » M. Frénilly n'a-t-il pas juré fidélité à la Charte, qui consacre formellement la liberté de la presse? On ne sait en vérité ce qui doit le plus étonner, ou l'assurance avec laquelle M. Frénilly débite ses absurdités législatives, ou la médiocrité de ses connaissances en matières d'État.

Les ministres Villèle et Peyronnet épuisent les divagations, les déceptions, les mensonges législatifs, pour *démontrer* la loyauté et les avantages de la *loi d'amour et de justice*; mais ils n'en font ressortir qu'avec plus d'éclat la perfidie et les vices : ces dangers et ces vices ont été mis à nu par les orateurs de l'opposition; elle ne déploya jamais autant de talents et d'énergie! MM. Benjamin Constant, Dupont de l'Eure, Agier, Bourdeau, Bacot de Romans, Gauthier de la Gironde, Labbey de Pompières, Royer-Collard, se signalent particulièrement dans cette grande conjoncture où il s'agit de l'existence même du régime constitutionnel; les discours prononcés par ces illustres députés ne sauraient être trop lus, trop médités par cette jeunesse française qui est appelée à défendre un jour la Charte et les libertés nationales : nous allons donner des extraits de plusieurs de ces discours.

M. Bacot de Romans dit : « Abandonné de l'opinion, sans clientelle publique d'aucun côté, le ministère a pensé qu'il y suppléerait en se faisant à tout prix des partisans personnels, en chargeant des gens à gages pris au hasard dans la foule de chanter ses louanges et de vomir des injures contre les plus honorables indépendances : le ministère *s'est fait journaliste*, comme on *l'a vu se faire agioteur*; et puis il s'étonne de ce qu'on ne le respecte pas alors qu'il ne s'est pas respecté lui-même. Il a semé partout l'irritation, prétendrait-il recueillir la modération et l'indulgence?... »

M. Bourdeau prononce un de ces discours qui font époque dans les annales législatives; ce député montre le ministère soumis ou poussé par une faction : « Mais quelle est donc cette faction animée de tant de fiel et de haine? Tous les regards la désignent, toutes les bouches la nomment : c'est celle qui, bravant une armée victorieuse et paralysant les magnanimes sentiments du prince généralissime, reçut un roi libre pour lui rendre des fers; c'est elle qui, gonflée de ses succès, arracha de la Charte les élections libres et annales pour entrer dans la septennalité par la corruption du système électoral, devenu instrument de honte et de mépris : nos Codes lui doivent une loi sanguinaire pour un crime impossible ; nos familles, le trouble et la discorde pour un projet d'inféodation subreptice. C'est elle qui a substitué aux doctrines et aux maximes de l'Église gallicane les principes ultramontains, qui a fait de la religion un moyen, de l'hypocrisie une vertu. Par elle, les fonctions publiques, l'administration, les emplois de toutes les classes et de tous les étages, abaissés par une humiliante dépendance; la délation encouragée et récompensée ; nos cités, nos campagnes pliées au joug théocratique. C'est elle qui réchauffe et recule les catholiques d'Irlande, arme et solde la révolte du Portugal, discipline dans les couvents de la Péninsule cent mille espions et cent mille soldats aux ordres d'un cordelier, installe des capucins à Marseille, et des jésuites partout : domination intolérable que la France déteste et qui lui fait horreur. — Précédé de ce sombre cortége, penserez-vous, messieurs, que le projet de loi soit cédé par le ministère pour réprimer les abus de la presse, ou pour confisquer l'avant-dernière de nos libertés?..... » Voilà la France telle que l'a faite le ministère Villèle !

Dans un discours infiniment remarquable, M. Gauthier de la Gironde démontre jusqu'à la plus extrême évidence que le projet de loi sur la presse a pour but, non de réprimer les abus, mais d'empêcher la publication, de la restreindre au gré des ministres : le savant jurisconsulte, l'énergique orateur auquel le garde des sceaux Peyronnet *a retiré son amitié*, dit, en terminant sa belle improvisation : « Pensez-vous, messieurs, que ce serait la littérature réduite à un honteux esclavage, l'imprimerie avilie et détruite, le commerce de la librairie anéanti, qui aient produit la commotion universelle dont vous êtes les témoins? Non, messieurs, ce n'est pas pour si peu qu'arrivent des perturbations semblables; c'est la pensée enchaînée, la résistance étouffée, la Charte déchirée, la France livrée pieds et poings liés à une faction ennemie, c'est la royauté elle-même, enfin, compromise par les excès que l'on veut commettre en son nom...... Voilà, messieurs, ce que l'opposition découvre avec effroi dans le projet funeste qui vous est présenté; voilà la véritable cause de l'agitation qui vous entoure et qui a pénétré jusque parmi vous; voilà ce qui imprime si profondément dans tous les esprits le pressentiment universel d'un danger public... Prévenez-le, messieurs, en refusant vos suffrages à cette imprudente loi; mettez un terme, en la repoussant, à cette lutte entre le gouvernement et l'opinion; lutte fatale, qui fausse la monarchie constitutionnelle dans son principe, qui compromet enfin ce que la France a de plus précieux, le repos, la légitimité et la liberté. »

M. Labbey de Pompières se prononce avec la plus énergique loyauté contre le despotisme ministériel qui veut, en détruisant la liberté de la presse, anéantir les libertés nationales et replacer la France sous le joug ignominieux de l'ancien régime et des jésuites; l'incorruptible député termine son discours par ces paroles :
« Non-seulement le projet de loi doit être rejeté, mais
« les ministres doivent être mis en accusation; chaque
« année de leur ministère, ils ont déchiré un feuillet
« de la Charte... » Toujours fidèle à sa conscience et à ses devoirs de député, M. Labbey de Pompières aura, dans la session prochaine, l'honneur de faire la proposition de la mise en accusation des ministres !!!

Dans une discussion législative à laquelle tient l'existence même du système constitutionnel, M. Royer-Collard se montre l'un des plus courageux défenseurs du trône et de la liberté; il foudroie tous les sophismes et toutes les arguties proférés par les ministres Villèle et Peyronnet; et, dans un de ces discours qui honoreront à jamais la tribune nationale, il signale les dangers dont le plus avilissant des ministères menace l'État et l'ordre social. M. Royer-Collard dit : « ..... La loi que je combats annonce la présence d'une faction dans le gouvernement, aussi certainement que si cette faction se proclamait elle-même et marchait devant vous enseignes déployées. Je ne lui demanderai pas qui elle est, d'où elle vient, où elle va; *elle mentirait.* Je la juge par ses œuvres. Voilà qu'elle vous propose la destruction de la presse; l'année dernière elle avait exhumé du moyen âge le droit d'aînesse, l'année précédente le sacrilége. Ainsi, dans la religion, dans la société, dans le gouvernement, elle retourne en arrière. Elle tend, par le fanatisme, le privilége et l'ignorance, à la barbarie et aux dominations absurdes que la barbarie favorise....... » L'admirable discours de M. Royer-Collard est terminé pas ces mots foudroyants : « .... Il n'est point d'accommodement avec le principe de tyrannie qui a dicté cette loi; je la rejette purement et simplement, par respect pour l'humanité qu'elle dégrade..... *Pour l'humanité qu'elle dégrade, et pour la justice qu'elle outrage.* Je la rejette encore par fidélité à la monarchie légitime qu'elle ébranle peut-être, qu'elle compromet au moins, et qu'elle ternit dans l'esprit des peuples comme infidèle à ses promesses. C'est le seul gage que je puisse lui donner aujourd'hui d'un dévouement qui lui fut connu aux jours de l'exil et de l'infortune. Et vous aussi, messieurs, vous la rejetterez, parce que vous vous devez à vous-mêmes de témoigner à la France dans cette crise, peut-être salutaire, ce qu'elle est pour vous et ce que vous êtes pour elle. »

Plusieurs membres du côté droit, qui ont long-temps voté en faveur de tous les projets ministériels, se réunissent aujourd'hui aux adversaires de la loi : M. Ferdinand de Berthier se prononce contre elle; M. de Lézardière la repousse comme préventive; M. de La Bourdonnaye se range du parti de l'opposition, mais c'est moins, il est vrai, pour la liberté de la presse que contre le ministère que se déploie l'opinion constitutionnelle de ce dernier député : il fait, au reste, dans cette conjoncture, une profession de foi qui l'honore :
« ..... La chambre (dit-il) doit à la France des *institu-*
« *tions* constitutionnelles : c'est *la Charte, toute la*
« *Charte que la France lui demande;* si vous la lui re-
« fusez telle qu'elle la désire, craignons qu'elle ne l'ac-
« cepte, en désespoir de cause, d'une autre main que
« de la vôtre, et avec moins de garanties pour la tran-
« quillité publique et pour la monarchie légitime..... »
Rien de plus loyal et de plus satisfaisant que cette déclaration, lorsqu'on songe surtout que M. de La Bourdonnaye qui veut *la Charte, toute la Charte,* s'est prononcé pour la septennalité et la loi du double vote électoral.

Le ministère et les jésuites l'emporteront dans la chambre des députés; *la majorité compacte* de M. de Villèle fera accepter la loi (V. 12 mars).

19. — Le duc de Vicence (Caulaincourt), lieutenant général, ancien ministre des relations extérieures de l'empire français, meurt à Paris, à l'âge de cinquante-quatre ans, à la suite d'une longue et douloureuse maladie. — Il jouissait d'une grande réputation de loyauté : dans son élévation, dans sa haute faveur auprès de Napoléon, il ne fut pas néanmoins exempt d'une certaine morgue; quelquefois il afficha une fierté déplacée; mais

son caractère conserva du moins de la noblesse et même de la grandeur; il se montra fidèle à l'infortune comme à la prospérité; enfin M. de Caulaincourt mériterait peu de reproches s'il eût eu, en 1804, le courage de donner sa démission et de préférer une vie tranquille aux faveurs de la cour; cette conduite aurait vraisemblablement éclairé Napoléon sur les perfides conseils dont sa gloire allait être souillée; mais, imbu des doctrines de l'obéissance militaire, M. de Caulaincourt se persuada qu'il n'avait pas le droit de se soustraire à des ordres impératifs, et malheureusement il ne suivit que trop bien les instructions de M. de Talleyrand, ministre des relations extérieures......... La catastrophe du duc d'Enghien causa de vifs regrets à M. de Caulaincourt; nous avons été témoin de sa douleur, elle était profonde.

Bon militaire, général distingué, le duc de Vicence ne fut pas aussi heureux dans le cabinet que sur le champ de bataille; il échouait toujours dans les négociations diplomatiques, et peut être parce qu'il y apportait une excessive loyauté : les talents politiques ne lui manquaient pas, mais il avait la bonhomie de croire à l'honneur, à la probité politiques des ministres : il devait être trompé.

M. le duc de Vicence supporta avec dignité la disgrâce de ses dernières années, gloire que fort peu de grands seigneurs de l'empire se sont montrés jaloux de partager avec lui. Il respecta la mémoire et le génie du grand homme qui l'avait honoré de sa confiance et de ses bienfaits. Cette conduite, qui n'est au reste que celle de l'honnête homme, assigne à M. de Caulaincourt une place distinguée dans l'estime nationale. Le ministre et favori de l'empereur Napoléon a laissé des mémoires précieux; ils expliquent bien des événements et dévoilent les trahisons d'une foule de personnages constamment fidèles... à l'intérêt et à la honte.

21. — Loi. Article unique. « Dans le cas prévu par « les articles 2185 du Code civil et 832 du Code de « procédure civile, si la mise aux enchères est requise « au nom de l'État, le trésor royal sera dispensé d'of- « frir et de donner caution. »

Cette loi présente, en quelque sorte, un caractère exceptionnel; elle accorde au trésor royal une dispense que le Code civil refuse aux particuliers; sa solvabilité ne saurait être mise en doute, mais ce n'est point une raison pour le dégager des obligations imposées aux particuliers : le trésor, ou l'État, est toujours trop fort contre eux. Les sophismes avancés par les orateurs du gouvernement, en faveur du projet de loi, n'ont prouvé qu'une chose, l'extension du despotisme ministériel dans la partie administrative et dans la partie judiciaire.

24. — Jugement rendu par le tribunal de police correctionnelle du département de la Seine. — M. le marquis de Maubreuil a été traduit devant ce tribunal comme prévenu de violences exercées contre la personne de M. le prince de Talleyrand (V. 21 janvier); le tribunal « Attendu que les faits de la prévention sont constants, qu'il y a préméditation, et que Maubreuil a déjà été condamné à plus d'un an de reclusion, faisant application de l'article 56 du Code pénal, le condamne à cinq ans de prison, 500 francs d'amende, dix ans de surveillance de la haute police à l'expiration des cinq ans, et 3,000 francs de cautionnement. »

Depuis 1814, M. de Maubreuil n'a cessé d'occuper le public de l'objet et des suites de la mission dont il assure avoir été chargé, à cette époque, par le gou-

vernement provisoire établi après la chute de Napoléon. Le délit pour lequel ce personnage est traduit aujourd'hui devant le tribunal de police correctionnelle se rattache aux circonstances politiques qui eurent lieu en 1814; ce motif nous détermine à entrer dans quelques détails sur les moyens de défense employés par M. de Maubreuil, en déclarant néanmoins que ses assertions, même les plus affirmatives, paraissent mériter peu de confiance. — Les dépositions des témoins entendus dans cette affaire ont offert peu d'intérêt : d'après eux, M. de Maubreuil se serait expliqué de la manière suivante, au sujet des voies de fait exercées contre M. de Talleyrand : « ..... Je me suis approché
« de M. de Talleyrand; je ne lui ai pas donné des coups
« de pied, des coups de poing, comme on l'a dit, mais
« un soufflet : j'ai regretté de ne lui avoir pas craché
« au visage; car c'est la seule vengeance qu'on doit
« tirer d'un vieillard..... »

M. de Maubreuil, dont l'exaspération paraît portée au dernier point, et dont la santé est très-affaiblie, prend la parole; il dit : «... Au mois d'avril 1814, M. de Talleyrand, devenu président du gouvernement provisoire, lors de son retour aux Bourbons m'a appelé dans son cabinet, où il m'a retenu deux heures...... Autant j'étais ambitieux alors, autant je le suis peu maintenant que je ne tiens plus à rien, même à l'existence. Il m'a promis le titre de duc, deux cent mille livres de rente et le grade de lieutenant général : il m'a chargé de cette mission infâme qui m'est tombée sur le corps ; il m'a chargé de ce que tout le monde sait, puisque je l'ai affiché dans les rues de Londres; il m'a chargé de faire assassiner Napoléon..... Tous les malheurs que j'ai éprouvés, toutes les persécutions qu'on a suscitées contre moi, n'empêcheront pas que le fait ne soit constant. Je mourrais content, si ma famille n'avait pas été sacrifiée; mais il y avait des ordres qu'on ne m'a jamais permis d'expliquer. Voilà pourquoi je suis déchu de mon rang...... Ce n'est pas ma faute si je suis ravalé. J'ai dénoncé M. de Talleyrand au congrès de Vienne, voilà pourquoi il m'a persécuté et m'a fait chasser de Londres, et a essayé de me livrer à la mésestime publique... » — « ... Plusieurs avaient connaissance de cette mission; on a fait disparaître les uns ou séduit les autres; mais le petit Semalé, le marquis de Brosses et Montélégier attesteraient l'exactitude des faits..... Lors du Champ-de-Mars, Laborie me dit : « Prenez « un habit d'officier de la garde, et tuez Bonaparte au « Champ-de-Mars, votre fortune sera faite. » J'ai la tête légère, cependant je compris que cela était impossible..... Moi qui regarde comme un beau dévouement celui de Georges Cadoudal, je voulus entreprendre quelque chose, et demandai un seul homme : ce n'était pas pour aller au Champ-de-Mars...... M. Dasies peut dire si ces faits sont exacts : la police qui fait enlever les uns et disparaître les autres, peut bien trouver celui-là..... Il est si vrai qu'on m'a donné une mission, qu'on a mis à ma disposition des ordres pour les commandants des armées étrangères : pourquoi me donner ces ordres, si ma mission eût été de chercher une caisse de diamants?.... Quant aux diamants de la reine de Westphalie, ils ont été gaspillés, on m'en a offert deux ans après l'événement. On a dit que j'avais enlevé l'or, parce qu'on a arrangé l'affaire comme on a voulu. C'est M. Pasquier qui a rédigé les procès-verbaux, et l'on m'a condamné à Douai pour les quatre sacs d'or..... Les quatre sacs ont été mis aux Tuileries sur la table de quelqu'un; sur la table de nuit de M. de Vitrolles... Dans ma prison on est venu me dire :

Ne nommez pas telle personne, vous serviriez tel parti... C'est ma famille qui m'a sauvé la vie..... On a voulu me fusiller! L'empereur de Russie, qui se sentait morveux, voulait expédier la chose..... M. de Vitrolles nierait-il avoir reçu les quatre sacs d'or, à minuit, sur sa table de nuit? Un témoin pourra affirmer le contraire, pourvu que M. Delavau ne le fasse pas fuir..... Le souffleté ne vient pas se plaindre; il crie à son secours et dit : Que l'on mette cet homme à Bicêtre!... J'ai fait distribuer un livre sur cette affaire, à Londres, à Vienne, à Aix-la-Chapelle; elle est connue; les puissances que je provoque ne répondent pas; elles ont répondu secrètement. En voilà le résultat. Quand j'étais à Londres, l'empereur de Russie demandait à lord Castlereagt un *allien-bill* contre moi; le lord, quoique faible, a eu le courage de répondre qu'on ne pouvait m'attaquer que devant les tribunaux..... Le roi de Prusse aurait donné un million pour que mon livre ne parût pas..... C'est à M. d'Osmond qu'on doit la publication de ce livre ; je le prévins, il me dit qu'il s'en moquait; vous serez chassé, lui répondis-je; en effet, deux mois après il fut renvoyé..... M. Anglès a été le plus féroce de mes persécuteurs..... Voilà ce que j'avais à dire..... »

Les divagations dans lesquelles se perd M. le marquis de Maubreuil, ses allégations et ses griefs contre M. de Talleyrand ont été réfutés par monsieur l'avocat du roi, et le discours de cet officier public a paru faire une grande sensation sur l'auditoire.

26. — Le comte Stanislas Girardin, membre de la chambre des députés, meurt à Paris, à la suite d'une longue et très-douloureuse maladie... La France perd un défenseur de ses libertés.

La vie politique de M. de Girardin retrace plusieurs services rendus à la patrie : dès son entrée dans la carrière législative, l'élève de J.-J. Rousseau avait promis à la France un bon citoyen et un orateur distingué : membre de l'assemblée législative, il y déploya un noble caractère; membre du tribunat, il fut fidèle aux principes constitutionnels; préfet de Versailles, de Dijon, de Rouen, il fut respecté, aimé, béni de ses administrés : tous ses actes furent empreints d'une justice, d'une intégrité et surtout d'une impartialité qui ne fléchirent sous aucun ordre ministériel, ni devant aucune considération politique. Ces vertus administratives étaient rares sous l'empire, aujourd'hui ce sont presque des fables.

Nommé membre de la chambre des députés, M. de Girardin porta à la tribune nationale la franchise de son caractère; il ne transigea point avec ses devoirs; il attaqua corps à corps un ministère qui voulait abrutir les Français pour en faire des esclaves, une administration contre-révolutionnaire et ultramontaine qui faisait tous ses efforts pour arrêter la civilisation, éteindre les lumières et pour répandre les ténèbres sur notre belle France. On a dit à M. de Girardin que son éloquence était *incisive*, c'est bien juger l'orateur : ses discours et ses improvisations avaient une originalité de sarcasme et de hardiesse qui frappait les esprits et remuait les consciences; ils attestent le courage politique et la probité législative de M. de Girardin; s'il dépassa quelquefois les convenances parlementaires, on doit en accuser le ministère Villèle qui franchissait toutes les bornes constitutionnelles; l'orateur national s'indignait, et sa phrase, pleine d'une rudesse polie, s'élançait alors et piquait comme un trait acéré. Avec des sentiments moins généreux et une âme moins élevée, l'éloquence de M. de Girardin eût été moins poignante ; mais pourrait-on le blâmer de son extrême franchise ? peu de ses collègues ont cherché du reste à mériter un semblable reproche. Il serait permis de lui imputer avec plus de justice un goût décidé pour la *qualité*, un certain penchant et de certaines allures de cour dont son esprit et sa vanité n'avaient pu se défaire, malgré les leçons et les exemples de J.-J. Rousseau. M. de Girardin était courtisan *par sa nature* (comme dit Montesquieu), et dans plus d'une circonstance politique l'élève du citoyen de Genève disparut devant le grand seigneur. En un mot, M. de Girardin aimait plus la liberté que l'égalité politique ; il était plus constitutionnel d'esprit que de cœur ; il y avait dans son âme un fond de vanité de naissance (quoique fort mal à propos) et d'aristocratie sociale, que les leçons de J.-J. Rousseau n'avaient pu modifier que jusqu'à un certain degré... On publiera les mémoires de ce fonctionnaire, mais ils n'ajouteront pas grand'chose à sa réputation politique ; on y trouvera les preuves d'une médiocrité législative et d'un amour-propre de courtisan, qui feront perdre à la mémoire de M. de Girardin une partie de la considération dont il jouit pendant sa vie dans l'opinion publique ; ces mémoires seront à peu près sans intérêt pour l'histoire.

1er Mars. — Obsèques de M. de Girardin. — Une foule immense de citoyens de toutes les classes de la société suit le char funèbre depuis la maison du défunt jusqu'au cimetière du Père-Lachaise : on remarque dans le cortége beaucoup de hauts fonctionnaires, de généraux, de savants, d'hommes de lettres, d'artistes distingués. Au boulevard Poissonnière, la jeune population enlève le corps et le porte à bras jusqu'au cimetière, où il est déposé entre les tombes de Camille Jordan et du général Foy.

4. — Insertion au *Moniteur* d'une lettre de M. le comte Desèze, ayant pour objet de réclamer contre un passage de l'*Histoire de France*, etc., *par l'abbé de Montgaillard*, dans lequel cet auteur lui impute d'avoir « écrit plusieurs lettres à Bonaparte, pour lui « demander une place quelconque, etc. » M. Desèze déclare n'avoir de sa vie écrit ni parlé à Bonaparte, et n'avoir même jamais vu sa personne; il défie les calomniateurs les plus audacieux de lui prouver le contraire, et affirme que dans la note (de l'ouvrage de l'abbé de Montgaillard) « il n'y a pas une seule ligne qui ne « soit une perfidie et une imposture. »

Il n'y a point, ce nous semble, de perfidie à dire qu'un des défenseurs de Louis XVI a sollicité une place auprès de l'empereur Napoléon; il n'y a pas non plus imposture à avancer ce fait, lorsqu'on assure avoir lu une lettre, écrite par M. Desèze, où cet avocat exprimait formellement et *itérativement* la demande d'une place; beaucoup de personnes, encore existantes, ont lu cette lettre aussi bien que l'abbé de Montgaillard, et auraient pu l'attester comme lui.

L'illustre M. Tronchet, l'un des défenseurs du roi-martyr, n'a-t-il pas exercé des fonctions publiques sous le règne de Napoléon? ne les a-t-il pas remplies jusqu'à sa mort? Une foule de gens d'honneur, dont la loyauté et le dévouement à la maison de Bourbon ne sauraient être mis en doute, ont sollicité, obtenu et rempli des fonctions administratives, judiciaires, religieuses, etc., sous le gouvernement de Napoléon, et même auprès de son impériale personne : qui a jamais pensé à leur en faire un crime? Quel est le fonctionnaire ou le solliciteur de ces temps-là qui se soit tenu pour offensé de la mention qu'en ont pu faire les historiens ?

Il est de notoriété publique, et à cet égard les témoignages les plus irrécusables pourraient être cités, que M. Desèze accablait de ses lettres le second consul, le prince archichancelier, Cambacérès, pour obtenir par sa protection une place au conseil d'État : il n'y a, certes, aucun mal à cela, et M. Desèze ne faisait que grossir le nombre des solliciteurs invoquant les bons offices de *la seconde personne de l'État*, comme disait Cambacérès.

Personne ne contestera au défenseur de Louis XVI le dévouement dont il fit preuve dans le procès du vertueux et infortuné monarque; dévouement qui sera, dans la postérité, un juste sujet de gloire pour le nom de Desèze; aussi, nous ne serions point étonné qu'une personne de sa famille eût dit (à ce qu'on prétend) qu'elle était plus fière du nom de Desèze qu'elle ne le serait de celui de Montmorency : la tendresse de famille ne saurait aller plus loin, même avec le secours de la modestie. Le nom de Desèze est honorable, mais à peine est-il sorti de la classe plébéienne; le nom de Montmorency est connu depuis sept à huit siècles, et cette famille a toujours rempli de hautes fonctions dans l'armée et à la cour : ce qui ne laisse pas de produire une grande illustration.

L'on peut très-bien avoir servi fidèlement l'État, c'est-à-dire le premier consul Bonaparte, l'empereur Napoléon, et être, depuis 1814, sujet fidèle de la maison de Bourbon, c'est-à-dire royaliste dévoué à la légitimité de cette auguste dynastie et à la Charte constitutionnelle.

Napoléon avait ressuscité en France l'ordre, la paix et les lois; ses triomphes militaires, et ils paraîtront fabuleux à nos neveux, avaient élevé le nom français au plus haut degré de gloire; il était parvenu à fondre tous les partis, à réunir en faveur de sa puissance les opinions les plus divergentes et les plus exaltées; M. Desèze en offre lui-même un exemple remarquable : « Dans le volume in-folio, imprimé chez Didot « aîné, Paris, an x, intitulé : *Liste des notables qui* « *ont proposé l'érection d'un monument à la gloire de* « *Bonaparte*, on lit, page 12 : M. Desèze, homme « de loi (le mot avocat avait été remplacé par celui « d'homme de loi), etc. » *Histoire de France*, etc., par l'abbé de Montgaillard, tome VII, page 454..... Le nom de M. *Desèze* précède immédiatement (dans l'in-folio susdit) le nom de M. *Devèze*, charpentier : M. Desèze avait défendu le roi Louis XVI (26 décembre 1792); M. Devèze, juré au tribunal révolutionnaire (15 et 16 octobre 1793), avait condamné à mort la reine Marie-Antoinette; l'un et l'autre souscrivent pour l'érection d'un monument à la gloire de l'usurpateur qui s'assied sur leur trône : elle était donc bien grande l'habileté politique de Bonaparte, puisqu'il était parvenu à réunir, dans un même sentiment d'amour et d'admiration pour sa personne, deux hommes dont les principes et la conduite avaient été si diamétralement opposés*! Que M. Desèze, souscrivant pour

* Madame de Staël offre un exemple de cet empire de séduction que Napoléon exerçait sur les esprits; elle a prodigué les éloges au premier consul, à l'empereur et même au souverain de l'île d'Elbe, après son retour, au 20 mars 1815. Quelque passionnée que madame de Staël se soit montrée dans ses écrits pour la liberté constitutionnelle, elle n'en a pas moins offert ses services et sa plume à l'homme extraordinaire qui avait comblé la mesure de toutes les sortes de despotismes. La fille de M. Necker, la citoyenne de Genève se fût placée en tête des flatteurs de Napoléon, si le despote eût daigné l'admettre au

l'érection d'un monument à la gloire de Bonaparte, et sollicitant avec instances une place dans l'administration sous le règne de Napoléon, que M. Desèze ait cédé à l'empire des circonstances ou au désir d'être utile à son pays, peu importe ; mais il ne peut ni ne doit se trouver offensé de la mention de son nom, car ces particularités n'ôtent rien au mérite de son dévouement à la royauté : et quel est d'ailleurs le royaliste pur, le royaliste avant la lettre qui oserait défier les annalistes de ne pas trouver plus ou moins de déviation dans sa conduite, selon l'ordre ou la date des événements ? C'est le cas de dire : si tous les jugements portés sur les personnes par Napoléon étaient rendus publics, si les cartons de la police et ceux de quelques particuliers venaient à être connus, que de chevaliers de l'autel et du trône ne verrait-on pas sur la liste des *fidèles sujets de Napoléon* et sur les listes des espions, des émissaires fortement rétribués par *les polices* de la république, du directoire, du consulat et de l'empire ? Un jour arrivera, où seront livrés au public les noms de ces faméliques courtisans du pouvoir usurpateur, qui se sont repus de la fortune publique en abandonnant, en trahissant le roi et les princes, leurs bienfaiteurs et leurs légitimes souverains.

Nous honorons, autant qu'il mérite d'être honoré, le dévouement du défenseur de Louis XVI ; mais les faits avancés par un personnage aussi célèbre ont trop d'importance historique pour que ses réclamations puissent être passées sous silence.

rang des dames du palais! Les injures qu'elle lui prodigua furent dictées, personne ne l'ignore aujourd'hui, par les refus que Napoléon fit essuyer à son ambition et à sa vanité.

5 MARS 1827.

5. — Mort du maréchal Duhoux de Vioménil, pair de France, âgé d'environ 93 ans : ses dépouilles mortelles sont conduites au cimetière du Mont-Valérien.

— M. de Vioménil n'était pas né Français; la réunion de la Lorraine à la France lui valut ce titre; il embrassa de très-bonne heure la carrière militaire, se distingua par sa valeur dans la guerre de sept ans et dans la campagne de Corse, et se fit remarquer dans la guerre de l'indépendance de l'Amérique : mais après avoir soutenu la cause de la liberté dans le Nouveau-Monde, M. de Vioménil ne suivit pas le noble exemple que M. de Lafayette vint donner à sa patrie; il se prononça fortement contre le nouvel ordre de choses établi en France, déserta la cause nationale, abandonna Louis XVI, et alla défendre sur les rives du Rhin la cause des priviléges; il partagea la gloire et les dangers du corps de Condé, et se rendit, après le licenciement de cette petite armée, à Saint-Pétersbourg; successivement général à la solde de l'Autriche, de la Russie, de l'Angleterre et du Portugal, M. de Vioménil fit preuve de talents militaires dans ses divers commandements: il avait la réputation de bon tacticien.

M. de Vioménil ne rentra dans sa patrie qu'à l'époque de la restauration (1814), après vingt-cinq ans d'exil; son dévouement à la maison de Bourbon reçut de grandes récompenses : Louis XVIII crut devoir y mettre le comble, en le nommant maréchal de France.

M. de Vioménil n'a jamais commandé en chef, il n'a jamais gagné de bataille; ses faits militaires, quelque honorables qu'ils puissent être, ne sauraient sous aucun rapport être rangés à côté des innombrables exploits de cette foule de généraux, de capitaines qui ont illustré les armées de la république et de l'empire, et dont les noms brilleront d'une éternelle gloire.

Comme politique, M. de Vioménil serait tout-à-fait inconnu, sans l'ardeur avec laquelle il exprimait son attachement au pouvoir absolu et aux doctrines de l'ancien temps : il avait, dit-on, en horreur la Charte constitutionnelle; ce serait une preuve de la médiocrité de son esprit et de la force de ses préjugés... La patrie et la liberté ne lui doivent rien. — M. de Vioménil avait une très-haute opinion de lui-même; il disait, en 1816 : « Je ne conçois pas Sa Majesté de ne pas faire « de maréchaux de France : si nous avions la guerre? « Nous ne sommes cependant que deux, M. de Coi-« gny et moi! »

C'est sur le rapport de M. de Vioménil, que de grandes lettres de naturalisation furent envoyées à Masséna; le projet de loi passa, à l'unanimité, à la chambre des pairs et à celle des députés..... Le maréchal Masséna, au moment où on lui remit ces lettres, entra en fureur; il les roulait dans ses mains, et ne cessait de s'écrier : « A moi des lettres de naturalisation ! à Mas-« séna ! à Masséna !..... »

En débarquant au golfe Jouan (1er mars 1815), Napoléon écrivit ces deux lignes à Masséna : « Souviens-« toi que le vainqueur de Zurich a été naturalisé Fran-« çais par un Vioménil. »

Le bâton de M. de Vioménil passera dans les mains d'un prince de Hohenlohe (frère du fameux thaumaturge de ce nom), qui sera de plus nommé membre de la chambre des pairs, quoique n'étant pas Français : les lettres de grande naturalisation que le roi accordera à ce prince, seront présentées aux chambres législatives, et M. de Briqueville, membre de la chambre des députés, fera publier à cette occasion (*Constitutionnel*, 26 avril 1828) l'opinion suivante : « ... M. le prince de Hohenlohe est maréchal et pair de France, et n'est pas encore Français. — Par suite de l'imprudence avec laquelle les principes constitutionnels sont continuellement violés, la question qu'on nous présente est telle, que notre rejet ou notre adoption frappe également de nullité ce qu'on a fait à l'égard du prince de Hohenlohe; si nous adoptons, nous consacrons solennellement qu'un étranger usurpe le titre de pair du royaume; si nous refusons, nous dépouillons le prince de cette haute fonction de l'État; car la démarche seule des ministres prouve qu'elle est et demeure nulle sans la naturalisation. — Ces observations qui s'appliquent à M. le prince d'Aremberg, se fortifient bien étrangement, messieurs, du système adopté par les ministres dans une autre occasion. Masséna, dont le nom seul réveille un demi-siècle de gloire, ne leur parut pas suffisamment naturalisé, ni par les triomphes de Zurich, ni par les lauriers de Rivoli; leur amour pour la légalité fut tel dans cette circonstance, qu'une loi déclara au monde que Masséna était Français! Et la chambre des pairs ne s'honora point de compter dans ses rangs le héros qui vingt fois sauva la France. »

5. — Le marquis Laplace, pair de France, membre de l'Académie-Française, meurt, à Paris, âgé de 78 ans. — Mathématicien du premier ordre, Laplace a donné au monde savant deux ouvrages supérieurs: l'*Exposition du système du monde*, et la *Mécanique céleste*; ils rangent le nom de Laplace à côté de ceux d'Euler, de Clairaut, de d'Alembert, de Lagrange, et c'est un assez beau titre de gloire pour que la flatterie puisse se dispenser d'appeler M. Laplace le *Newton français*. Quelles que soient la profondeur et l'étendue des connaissances de M. Laplace, comme mathématicien et astronome, sa *Mécanique céleste* est et restera,

dans le monde savant, au-dessous de la *Mécanique analytique* de Lagrange, l'un des chefs-d'œuvre de l'esprit humain : sans doute Laplace a enrichi la science, mais il n'en a pas reculé les bornes : il a expliqué les mouvements de l'univers; Galilée les avait devinés, Newton les avait découverts.

Laplace s'était voué, dès sa première jeunesse, à l'étude de la science, il y consacra sa vie : on ne saurait assez louer cet amour et cette application qui lui ont assuré un rang distingué parmi les savants dont s'honore la France.

La carrière politique de M. Laplace est loin de mériter des éloges : né dans la classe plébéienne, il se montra, dès 1789, partisan des idées nouvelles; mais il n'eut pas assez d'orgueil, ou, si l'on veut, assez de philosophie pour résister aux séductions de la vanité*; tour à tour courtisan de la liberté et du despotisme, il brûla son encens au pied de la convention, du directoire et de l'empire; comblé de distinctions et de faveurs par Napoléon, il s'empressa d'oublier ses bienfaits et devint, après les événements de 1814 et de 1815, l'un des meilleurs courtisans de la légitimité, sans se ressouvenir qu'il avait été un des plus fidèles sujets de l'usurpation. La science mathématique à part, M. le

---

* La vanité nobiliaire et la manie des titres sont des maladies incurables; c'est la lèpre de l'esprit humain. — Personne ne l'a mieux prouvé que M. Laplace, chargé, en 1813, de prononcer l'éloge funèbre du célèbre Lagrange; Laplace dit :« ...Ce « qui distingue surtout Lagrange, c'est moins ses immortels « travaux, que la pourpre sénatoriale dont Sa Majesté impériale l'a couvert. » Selon M. Laplace, le génie et les travaux scientifiques de Lagrange distinguent moins ce grand homme que le titre de comte et de sénateur; et c'est un homme né lui-même dans la bourgeoisie, c'est un savant de premier ordre, qui, par esprit de vanité, rabaisse la science et le génie, et les

marquis de Laplace était fait pour être grand seigneur...
Il est fâcheux pour les lettres et les sciences que ce
célèbre académicien les ait pour ainsi dire reniées en
descendant au tombeau : dans une cause qui intéres-
sait l'existence même de l'Académie, le marquis Laplace se récusa et abandonna le fauteuil (V. 16 janvier).

Les obsèques du pair de France ont lieu le 7 mars;
elles sont remarquables par les discours que MM. Daru,
Poisson et Biot prononcent sur la tombe; discours
aussi brillants d'élocution que pleins de science : il était
difficile de louer plus savamment l'homme de la science.

M. le marquis Pastoret fera, à la chambre des pairs,
l'oraison funèbre de son collègue : il dira que M. Laplace et Newton sont morts à un siècle de distance,
dans la même année et dans le même mois; que « le
« *portrait* de Racine était dans son cabinet à côté de
« *l'image* de Newton;..... que Louis xiv, à l'époque
« de Turenne et de Luxembourg, allait chercher au
« dehors les disciples de Galilée; que, plus heureux
« sous ce rapport que son auguste aïeul, le petit-fils
« de Louis xiv (Louis xviii) trouvait un homme *digne*
« *de Newton*, là même où tant d'autres hommes s'é-
« taient montrés les dignes élèves de Luxembourg et
« de Turenne..... » M. Pastoret ajoute, avec une

fait descendre jusqu'au niveau de la *qualité*, du titre de grand
seigneur!..... M. le comte de La Boullaye-Marillac, directeur
de la manufacture des Gobelins, qui avait exercé, dans l'émigration, la profession de *médecin*, n'a-t-il pas dit, en séance
publique, dans un discours d'apparat : «..... Ce qui a princi-
« palement distingué Buffon, c'est son titre de comte? » Hé-
las! Molière, Racine, Corneille, La Fontaine, Voltaire, Rousseau, etc., n'ont été ni comtes ni marquis : pauvres gens,
dont le génie roturier est allé à l'immortalité sans avoir des
lettres de noblesse!

4.

touchante simplicité : « M. de Laplace tomba malade
« et nous fut rapidement enlevé. Les dernières prières
« l'accompagnèrent, et cet homme, qui avait expliqué
« au monde le monde lui-même, disparut d'au milieu
« de nous. » L'éloquence du ci-devant citoyen républicain Pastoret est toujours un peu bourgeoise, même lorsqu'il parle en marquis : « L'Europe lui décernera
« (à M. Laplace) assez de renommée, la science as-
« sez de reconnaissance ; mais *c'est ici qu'il faut dé-
« sirer de laisser quelque mémoire*. C'est à vous qu'il
« faut demander *la bienveillance* qu'on est si heureux
« d'obtenir pendant sa vie, *le souvenir* qu'on doit dé-
« sirer après sa mort. *Tout ce qui est et sera grand*
« *est réuni dans cette enceinte*. Vous y avez accueilli
« M. de Laplace ; conservons à son nom ce qu'il mérite
« d'hommages,..... etc. » M. Pastoret semble s'adresser déjà à celui de ses collègues qui sera chargé de prononcer son oraison funèbre ; espérons, pour le bonheur et la gloire de la France, qu'elle conservera long-temps encore un homme si précieux ; mais M. le marquis de Pastoret est, aussi, par trop exclusif en fait de grandeur ! Il n'y a ni modestie ni honnêteté à dire que tout ce qui est grand est dans la chambre des pairs, c'est déclarer que tout ce qui n'y est pas est petit ; et nous croyons, n'en déplaise à M. Pastoret, que la France compte beaucoup de personnages aussi grands que lui..... Assurément il est fort glorieux de laisser un souvenir honorable dans la chambre des pairs, mais il est encore plus glorieux de le laisser dans le cœur de tous les Français. *Tout ce qui est grand* n'est pas dans cette chambre, et, l'on peut croire sans blesser sa dignité que tout ce qui est dans cette chambre n'est pas grand, surtout après l'adjonction des soixante-seize membres qui y prendront place sous le contre-seing

Villèle..... Quoiqu'une oraison funèbre soit sans conséquence, nous sommes entré dans ces détails; ils peignent l'esprit et les hommes du temps.

M. Laplace avait exercé les fonctions de ministre de l'intérieur; il y fit preuve d'une incapacité administrative si profonde, qu'on fut réduit à l'en expulser presque aussitôt... Le savant s'embarrassait peu des libertés nationales; le pair de France aimait, *en marquis*, la Charte constitutionnelle.

8. — Une ordonnance du roi, motivée sur un rapport du ministre de la guerre, marquis de Clermont-Tonnerre, élève le lieutenant général prince de Hohenlohe-Bartenstein à la dignité de maréchal de France, en remplacement du marquis de Vioménil, décédé. — Le prince de Hohenlohe n'est pas Français, il n'a jamais livré de bataille, aucun fait militaire ne l'a signalé, et son nom est inconnu dans les fastes de l'armée française*... Ce prince a montré, il est vrai, une haine constante et profonde contre la révolution française; il a levé une légion, ou régiment, et n'a cessé, de 1791 à 1814, de se constituer en hostilités contre la France... D'un autre côté, M. le prince de Hohenlohe a fait preuve d'un grand dévouement pour les princes français; il leur a rendu, dit-on, d'importants services: cette conduite est honorable et mérite une récompense;..... le bâton de maréchal de France lui est décerné! (V. 5 mars 1827.)

12. — Le projet de loi sur la police de la presse (V. 30 décembre 1826, 13 février 1827), après avoir subi plusieurs amendements qui ont ajouté aux

---

* Monsieur le maréchal a le visage couvert de cicatrices; elles proviennent d'une chute faite en voiture (1814).

vices du projet ministériel, est adopté par la chambre des députés : nombre des votants, 367; pour, 233; contre, 134; majorité, 99..... L'opposition n'avait pas encore obtenu un aussi grand nombre de voix.

15. — Loi relative au tarif de la poste aux lettres. — Elle a pour objet de régler la taxe des lettres d'après la distance en ligne droite existant entre le lieu où la lettre est confiée à la poste et le lieu où elle doit être remise..... La taxe des lettres subit une augmentation considérable, d'après le nouveau tarif.

15. — M. La Boessière, membre de la chambre des députés, soumet à la chambre une proposition ainsi conçue : «..... Immédiatement après l'adoption du présent article, il sera nommé par la chambre, en assemblée générale, une *commission* de cinq membres, chargée de veiller aux prérogatives de la chambre. — Cette commission veillera spécialement aux comptes que les journaux rendront des séances de la chambre. — Dans le cas *d'infidélités* dans ces comptes, ainsi que dans ceux d'offenses envers la chambre ou quelqu'un de ses membres, la commission lui en rendra compte, afin qu'elle statue sur les suites à y donner conformément aux lois existantes et par simple mesure de police intérieure..... » Dans le développement de sa proposition, M. La Boessière prouve qu'il est très-peu versé en matière législative, et montre son obéissance aux impulsions du président du conseil (Villèle), « véritable auteur de la proposition (dira M. Benjamin « Constant), car il l'a suggéré à cette tribune, il l'a « déclaré formellement. » En effet, la proposition a pour objet d'étouffer la liberté des journaux en même temps que la liberté de la tribune, c'est le double but vers lequel tend ouvertement M. de Villèle..... M. La

Boessière déclarera que le président du conseil est étranger à sa proposition, qu'elle lui est venue *spontanément*, qu'il n'a rien dit qui ne vînt de sa propre inspiration et qu'il n'ait rédigé lui-même : personne ne voudra le croire.

M. La Boessière, né dans la classe plébéienne était connu, dans le département du Morbihan (Vannes), comme ancien apothicaire et cultivateur en grand de rhubarbe; il sera maintenant connu dans toute la France, comme auteur d'une proposition dont MM. Benjamin Constant, Sébastiani, Labbey de Pompières, Casimir Périer, etc., ont démontré le ridicule, les vices et les dangers; ces illustres orateurs ont prouvé que la *commission La Boessière* attenterait à la dignité de la chambre, loin d'ajouter à sa considération : MM. Viennot-Vaublanc, Sallaberry, Villèle, etc., s'efforcent de démontrer la bonté de la proposition, la nécessité de son adoption; ils entassent paralogismes sur paralogismes, débitent force paradoxes, citent Cromwel, Guillaume III, la loi rendue sur les journaux le 25 mars 1822, et finissent par annoncer que tout est perdu en France s'il est permis aux journalistes « *les Thersites* de la « faction révolutionnaire » de rendre compte des séances de la chambre *aussi infidèlement qu'ils le font*. — Il faut défendre aux journaux de critiquer, il faut leur ordonner de louer les opinions et les discours des députés siégeant au centre et au côté droit de la chambre; la proposition de M. La Boessière est prise en considération!...

M. Viennot-Vaublanc se surpassera lui-même dans la défense de la proposition La Boessière; il insultera à plaisir la liberté de la presse et les feuilles périodiques; il dira : « ..... Cette opinion prétendue publique n'a ja-
« mais été qu'une contagion funeste infectant toute la

« France; c'est elle qui demanda la destruction des lois
« fondamentales, égara sans cesse les esprits et empê-
« cha ceux qui voyaient la vérité d'oser la soutenir. Pour
« en citer une preuve, pensez-vous qu'en adoptant
« un gouvernement dont un pays voisin nous donnait
« l'exemple, les membres si instruits de la première
« assemblée ne sentirent pas la nécessité d'avoir deux
« chambres ? Eh bien! lisez les journaux du temps :
« vous y verrez que cette idée si juste était proscrite par
« la prétendue opinion publique, comme contraire à la
« liberté et à la grandeur du pays. On appelait alors
« *bicaméristes* ceux qui soutenaient que deux chambres
« étaient nécessaires, et je regarde comme un titre de
« gloire d'avoir été bientôt appelé par les rédacteurs de
« *l'Ami des patriotes*, le chef des *bicaméristes*. » Voilà
qui est positif et incontestable, voilà un des grands titres
de gloire de M. Viennot-Vaublanc!... Ce personnage a
prononcé jadis les plus violentes diatribes contre les émigrés; il a dit (9 novembre 1791) : « ..... Il faut une loi
« particulière, une loi telle qu'il soit impossible aux
« chefs (*Monsieur,* depuis Louis XVIII; monseigneur
« le comte d'Artois, depuis Charles X ; M. le prince de
« Condé, etc.) d'échapper; car je soutiens que si vous ne
« faites pas une loi particulière contre les princes, il
« faut renoncer à faire des lois contre les simples émi-
« grés; mais je ne vois pas sans indignation que les prin-
« ces, nourris si chèrement par la patrie, trament sa
« ruine dans l'impunité... » ... Ce personnage a tenu,
en sa qualité de président de l'assemblée législative, la
plus indécente conduite envers Louis XVI : il a sommé le
monarque de déclarer aux princes d'Allemagne que, s'ils
continuent à favoriser la cause des émigrés, les Français
porteront chez eux, non pas le fer et la flamme, mais la
liberté..... Ce personnage a contribué de tout son pou-

voir à la destruction des lois fondamentales; et aujourd'hui il vient accuser la liberté de la presse de toutes les erreurs, de tous les excès dans lesquels il est tombé; le vétéran révolutionnaire a sans doute perdu la mémoire, lorsqu'il invoque comme un titre de gloire le surnom de chef des *bicaméristes;* on doit attribuer un si fort anachronisme à cet affaiblissement des organes physiques qui est une des conséquences de la vieillesse : s'il pouvait en être autrement, quel nom faudrait-il donner à un législateur qui se renie lui-même, et qui réclame comme un titre de gloire les mêmes principes législatifs qu'il a répudiés comme une infamie? Dans la séance du 24 mai 1792, M. Viennot-Vaublanc dit textuellement : « ..... On parle d'un projet de deux cham-
« bres. Il faut que le peuple sache qu'à moins de vou-
« loir se couvrir de l'exécration de la race présente et
« future, il est impossible de souffrir aucune transac-
« tion. J'ai été accusé par Brissot, dans le comité, d'être
« capable de faire ici la proposition de deux chambres;
« il doit m'être permis de faire une profession de foi.
« Nous avons un honneur commun... (on entend quel-
« ques murmures). Il m'avait paru naturel de penser
« que l'assemblée désire qu'aucun de ses membres ne
« reste sous le soupçon. Je n'avais qu'un mot à dire;
« si elle ne veut pas m'entendre, je me retire (on de-
« mande que M. Vaublanc soit entendu). Mes princi-
« pes ont été attaqués; on a imprimé dans un journal
« que je servais un parti dangereux. Voici ma réponse :
« Si je pouvais être assez lâche pour souffrir qu'il fût
« porté à la constitution la plus légère atteinte, celui-là
« serait un bon citoyen qui m'enfoncerait un poignard
« dans le cœur....... ». Il est bien avéré qu'en 1792 M. Viennot-Vaublanc vouait à l'exécration de la race présente et future l'établissement de deux chambres lé-

gislatives, et qu'en 1827 M. Viennot-Vaublanc réclame comme un titre de gloire d'avoir été signalé comme le chef des *bicaméristes* ou partisans de deux chambres législatives : en vérité, ce demi-ministre mériterait, par exception spéciale, d'être à la fois membre de la chambre des députés et membre de la chambre des pairs! mais son amour pour le *bicamérisme* sera si mal apprécié dans l'opinion nationale, que ses concitoyens lui retireront leurs votes aux prochaines élections, et M. Viennot-Vaublanc poussera enfin la modestie de la nullité au point de déclarer, dans la *Quotidienne*, qu'il est un homme usé : cette fois il aura pour lui l'opinion de toute la France.....

Nota. Dans un comité secret de la chambre, tenu au mois de mai suivant, on expulsera le secrétaire à mille écus d'appointements, que M. le directeur de la police générale, Franchet, avait, dit-on, imposé à MM. Dubruel et Garnier du Fougeray, questeurs de la chambre, et que ceux-ci, à leur tour, avaient donné à la commission La Boessière..... Dans la session de 1828, cette commission, frappée dès le principe du ridicule public, disparaîtra avec le consentement plein de naïveté de M. La Boessière lui-même; à la vérité, M. de Villèle ne sera plus ministre à cette époque.

15. — Une ordonnance du roi approuve les tableaux de population des départements du royaume, des arrondissements et des cantons, des communes ayant plus de 5,000 âmes, et des communes ayant une population agglomérée de 1,500 âmes et au-dessus; lesquels seront considérés comme seuls authentiques pendant cinq ans, à compter du 1er janvier 1827.

Nota. Le relevé général de la population des quatre-vingt-six départements de la France en 1826, annexé

à cette ordonnance, s'élève à 31,845,428 individus,
ci. 31,845,428
En 1821, la population s'élevait à. . 30,465,291
Accroissement. 1,380,137

16. — Lord Cochrane arrive à Napoli de Romanie avec un brick, une grande goëlette de guerre et environ 600,000 fr. provenant de souscriptions françaises; il demande, il exige que l'assemblée nationale d'Égine lui décerne le titre et les fonctions de grand-amiral de la flotte grecque... Le 10, il arborera le pavillon de grand-amiral de la Grèce, à bord de la frégate américaine *l'Hellas*, donnée au gouvernement grec par celui des États-Unis.

L'amiral Cochrane sera d'un faible secours pour la cause des Grecs ; on pourrait même croire, d'après le peu de succès qu'obtiendra la marine grecque, que Cochrane s'est rendu dans l'Archipel, plutôt pour y soutenir l'influence anglaise que pour coopérer à l'indépendance de la Grèce. Les opérations navales du grand-amiral seront proclamées avec la plus grande ostentation : elles n'amèneront cependant que des résultats à peu près insignifiants, et lord Cochrane quittera dans quelques mois les mers de l'Archipel sans avoir rendu aux Hellènes les services qu'ils attendaient de lui. — Si un officier général anglais a été nommé grand-amiral de la Grèce, un autre officier général de la même nation, *Church*, a été nommé généralissime de ses armées ou troupes de terre ; mais le généralissime ne contribuera guère plus que le grand-amiral à l'indépendance des Grecs, il déploiera même peu de talents dans ses opérations militaires : tous les deux, au reste, feront, à ce qu'on prétendra, de bonnes affaires dans leurs commandements.

27. Le duc de La Rochefoucauld-Liancourt, pair de France, meurt à Paris, à l'âge de quatre-vingt-un ans.
— La France n'a pas eu de plus illustre et de meilleur citoyen : M. de Liancourt est véritablement l'homme auquel peut s'appliquer, dans toute son étendue, la sublime pensée de Montesquieu : « Sa vie est un hymne « à la louange de l'humanité. »

M. de Liancourt avait le génie de la vertu ; la bienfaisance fut, par conséquent, la grande affaire de sa vie. Enflammé de l'amour de l'humanité, il se dévoua au bonheur de ses semblables, et particulièrement à l'amélioration du sort des classes moyenne et inférieure de la société : il rendit la pauvreté amie du travail, plaça à côté d'elle l'industrie, et mit tous les arts utiles sous la main de l'homme du peuple que sa naissance et l'incurie du gouvernement condamnent, presque partout, à vivre dans la misère. M. le duc de La Rochefoucauld-Liancourt faisait consister la dignité de son rang et l'illustration de son nom dans les services rendus au paysan, à l'ouvrier, au pauvre, au prisonnier; Les bienfaits qu'il répandait sur eux étaient tous des actes d'une vertu sublime ; l'on peut dire de ce grand seigneur qu'il fut le courtisan de l'infortune, titre que messieurs de l'œil de bœuf ne mériteront jamais!

Nous ne mentionnerons pas les établissements d'utilité publique et ceux de bienfaisance auxquels M. de Liancourt consacra sa fortune, ses lumières et son temps : tous les établissements de ce genre lui doivent, ou leur création, ou leur perfectionnement : il faudrait un volume pour énumérer les services que ce citoyen rendit aux arts utiles et à l'humanité souffrante.

Ses services en faveur de l'autorité royale et des libertés nationales ne furent pas moins étendus, moins signalés : ami du trône et du peuple, M. de Liancourt les défendit tous deux avec un désintéressement, une loyauté et un courage qui ne se démentirent pas un seul instant; toujours le même dans les diverses phases de la révolution française, il ne dépassa jamais les principes et ne fléchit jamais devant ce qu'on nomme la nécessité des circonstances : il était en 1827 ce qu'il avait été en 1789! Ses sacrifices en faveur de la royauté furent aussi entiers, aussi purs que ses sacrifices en faveur de la liberté. Louis XVI avait trouvé dans la personne du duc de Liancourt un véritable ami et un sujet fidèle; mais les courtisans qui détruisent l'amitié dans le cœur des rois, où il est si rare qu'elle puisse se loger, les courtisans de Versailles rendirent inutiles les conseils et le dévouement du plus loyal des serviteurs, et le monarque périt victime des courtisans.

Ami de Louis XVI, M. de Liancourt subira la disgrâce des ministres de Louis XVIII et de Charles X, augustes frères du roi-martyr... Le ministère Villèle commet un de ces actes vils et odieux qui provoquent l'indignation générale; mais ce ministère regarde la vertu, la bienfaisance, comme ses ennemies!... M. de La Rochefoucauld était inspecteur général du conservatoire des arts et métiers; membre du conseil général des prisons, membre du conseil général des manufactures, membre du conseil d'agriculture, membre du conseil général des hospices de Paris, membre du conseil général du département de l'Oise, etc. ; toutes ces fonctions étaient gratuites : la générosité et le zèle avec lesquels l'illustre citoyen les exerçait, répandaient chaque jour de nouveaux bienfaits sur l'industrie, l'indigence et le malheur! Le ministère Villèle fait rendre une ordonnance royale qui destitue le duc de La Rochefoucauld de toutes ses fonctions de bienfaisance; il poursuit la vertu jusque dans la magnanimité des sacrifices qu'elle s'est imposés! Tant d'injustices ne suffiront pas encore à un ministère qui se déclare ennemi de tout ce qui est probe et honorable; il persécutera jusqu'au cercueil de M. le duc de La Rochefoucauld, et les restes mortels de l'homme que vénèrent la France et l'Europe seront impunément outragés, profanés et traînés dans la boue!!!

30. — *Funérailles du duc de La Rochefoucauld-Liancourt.* — Le ministère Villèle avait détruit l'école de Châlons; les bienfaits du duc de Liancourt étaient chers aux élèves dont il avait été le père, ou plutôt la seconde Providence!... Plusieurs élèves sortis de cette école portent le cercueil, de la demeure de l'illustre défunt jusqu'à l'église de l'Assomption où ils se font remarquer par leur décence et leur pieux recueillement pendant la cérémonie religieuse; lorsqu'elle est terminée ils reprennent le cercueil, et se disposent à le porter jusqu'à la barrière de Clichy : « ... Sur les marches mêmes de l'église, un homme, qui n'était revêtu d'aucun des caractères extérieurs d'un officier de police, déclara avoir l'injonction positive d'empêcher cette preuve de dévouement, et requit la force armée de faire placer le corps sur le char funèbre : cet ordre irrita toute cette jeunesse qui refusa d'y obtempérer. La famille s'apercevant de la fermentation que cet ordre produisait, fit des efforts inutiles pour calmer les anciens élèves. Une rixe s'établit entre les jeunes gens qui ne voulaient point quitter le corps, et les soldats qui voulaient le leur arracher. Le cercueil tomba..... » (Lettre du comte Alexandre de La Rochefoucauld, publiée au nom de la famille, 1er avril) : elle est signée par le duc d'Estissac, les comtes Alexandre, Gaëtan, Franck, Olivier, Frédéric, Jules de La Rochefoucauld,

le prince Aldrobandini et M. le comte de Montaut... Le duc de Doudeauville et M. Sosthènes de La Rochefoucauld ne l'ont pas signée.

« ... C'est dans la déplorable lutte engagée entre les soldats et les jeunes gens, pour rester ou se rendre maîtres du cercueil, qu'un bruit affreux se fait entendre. Mille cris s'unissent en un seul pour proclamer au loin une profanation inouie. Bientôt un effrayant silence dépose de sa réalité. L'horreur s'empare de tous les esprits, l'indignation ou la stupeur enchaîne la violence. Les soldats consternés déposent religieusement sur le char ce cercueil à demi brisé, ces insignes souillés qui, par un détestable contraste, rehaussaient encore, s'il est possible, les illustrations d'un grand citoyen. » Ainsi, s'exprime le grand référendaire (Huguet-Sémonville), que la chambre des pairs a chargé de prendre des renseignements sur ce scandaleux et déplorable événement; et certes monsieur le grand référendaire met une grande modération dans son rapport.

M. le duc de Broglie dit : « ... Par quelle fatalité arrive-t-il que toutes les fois que les volontés ou les amours-propres de l'administration se trouvent en jeu, l'emploi de la force pour le maintien de l'ordre soit toujours précipité, violent et accompagné de désastres?.... Pourquoi donc partout où l'administration intervient, en quelque sorte, pour le compte de son propre caprice, avons-nous constamment à déplorer d'autres résultats?..... Mais quant à moi, je ne puis, je l'avouerai, contempler froidement ce mépris de l'humanité; je ne puis contempler froidement ces procédés d'une administration à la fois insouciante et fantasque, qui traite des populations paisibles et régulières, comme un bagne de forçats, dont on ne peut rien obtenir que le sabre au poing et la menace à la bouche. A coup sûr il valait mieux laisser cheminer le cercueil de notre à jamais respectable collègue, sur les bras qui le portaient, que de le précipiter dans la fange ; en tous cas, il y avait des moyens, à la fois plus sûrs et plus doux, pour faire entrer dans l'obéissance aux lois des enfants rangés autour du convoi de leur père, des élèves pieusement courbés sous le cercueil de leur bienfaiteur. »

Le *Moniteur* (1ᵉʳ avril), montre sous quels rapports M. Lainé considère la sanglante profanation du 30 mars ; il dit : « ... L'événement que la chambre déplore est à la fois un grand malheur public et un grand scandale. L'administration y trouve de plus un délit, puisqu'elle assure qu'une information a été ordonnée... C'est donc seulement le troisième jour de la mort, objet d'un deuil public, au milieu des funérailles, que la police est intervenue pour en interrompre le cours. Le noble pair se garde d'inculper l'administration ; mais il ne croit pas que ses agents soient sans reproches ; et comme, durant les prières, il ne s'était manifesté au dehors aucun indice de désordre, on serait réduit à dire que la douleur et la reconnaissance sont seules répréhensibles... Le noble pair ne peut s'empêcher de témoigner sa surprise d'avoir entendu égaler à l'autorité des lois des réglements qui ne prohibent pourtant pas à la piété empressée de rendre les derniers devoirs à la manière des aïeux, *des réglements dont d'ailleurs l'administration dispense et auxquels elle a laissé souvent déroger** : l'occasion et l'heure étaient mal choisies pour les remettre en vigueur. N'aurait-

---

* Depuis la catastrophe du 30 mars, des élèves de séminaire ont porté à bras, malgré les réglements du régime impérial, les corps de deux prêtres : la police l'a ignoré, ou l'a permis ; les défunts, il est vrai, étaient propriété des jésuites.

on pas dû... en faire une nouvelle publication, car il est reconnu que presque tout le monde les ignore? Cette publication est nécessaire pour expliquer aux provinces comment, dans une grande capitale, on est réduit à sacrifier à l'ordre public les sentiments les plus naturels, pour faire comprendre pourquoi la police a le droit de venir près du sanctuaire épier la douleur, compter les larmes et donner la mesure des regrets et des hommages. » — Sur la proposition de M. Lainé, la chambre prend la décision suivante : « La chambre attendra le résultat des informations, « et remercie son grand-référendaire du compte qu'il « a rendu. »

Voilà la seule réparation qu'obtiendront les mânes du duc de Liancourt! L'administration montrera la plus froide indifférence; le journal appartenant à M. de Villèle (*Journal de Paris*, moniteur du 1er avril), n'aura pas même honte de dire : « ... Il a fallu que la « force armée intervînt,..., pour que tout se passât sui- « vant les usages, et avec la *pompe* qui devait être ob- « servée dans une pareille circonstance... » La pompe des sabres et des baïonnettes répandant le sang des citoyens sur le cercueil du duc de La Rochefoucauld-Liancourt, traîné dans le ruisseau *!!!

Dans ce jour d'affreuse mémoire, la dignité de la pairie a été outragée, avilie; tout a été violé, la religion, la morale, la vertu, les lois, la Charte... Le ministère Villèle n'a rien respecté : les sauvages respectent la re-

---

* Les soldats qui blessèrent les élèves et les étudiants qui portaient le cercueil de leur vénérable bienfaiteur, étaient commandés, dit-on, par M. de Launay, fils de M. le marquis de Launay, gouverneur de la Bastille à l'époque où le peuple de Paris se rendit maître de cette prison d'État.

ligion des sépulcres, ils ne violent pas la paix des tombeaux.

La France entière s'indigne en apprenant quelle a été *la pompe* observée dans les funérailles du duc de Liancourt; l'opinion publique accuse l'administration de l'événement du 30 mars : l'opinion nationale a sans doute tort, car aucune poursuite judiciaire n'aura lieu; il y aura bien un commencement d'instruction, mais les suites en resteront ignorées; l'instruction ne produira aucun résultat, et la décision de la chambre des pairs n'en aura pas davantage..... Le préfet de police publiera le 13 avril un décret du 23 prairial an XII, et un arrêté du préfet de la Seine (*signé* Frochot) du 27 germinal an XI, relatif à la police des inhumations : et il ne sera plus question du scandale et des malheurs du 30 mars . . . .

Arrivé hors de la barrière de Clichy, le cercueil du duc de La Rochefoucauld a été rendu à sa famille; le convoi a pris la route de Liancourt (Oise). « Lorsque le cercueil fut conduit à Liancourt, il fallut passer une partie de la nuit pour replacer les membres endommagés et réparer le cercueil à demi brisé... Voilà comment on a traité le bienfaiteur de nos enfants et le père de nos ouvriers! » Ainsi s'exprimera dans la chambre des députés (7 mars 1828) M. Charles Dupin. — D'après la volonté expresse du défunt, ses restes mortels sont inhumés dans le parc de son château : toutes les populations environnantes affluent à Liancourt; les larmes des pauvres, des ouvriers, des laboureurs, inondent l'illustre cercueil; elles lavent le sang dont il a été teint à Paris, sur les marches de l'église de l'Assomption.....

L'instruction judiciaire, relativement aux événements qui ont eu lieu à l'époque des funérailles du duc de Liancourt, se terminera par une *ordonnance* portant *qu'il n'y a lieu à suivre* : elle est, dit-on, motivée en grande partie « sur l'impossibilité de désigner d'une manière précise les personnes auxquelles doivent être attribués les divers faits rapportés par les témoins. »

Les profanateurs du cercueil de M. de La Rochefoucauld-Liancourt calomnieront la mémoire de cet illustre et vénérable citoyen : l'anecdote suivante montrera l'excès d'injustice et d'outrage où peut se porter l'esprit de parti. — Un an après la mort de M. de Liancourt, M. Borely, vice-président du tribunal civil de Marseille, ayant proposé à la caisse d'épargnes de placer dans la salle de cette administration le portrait de M. de La Rochefoucauld-Liancourt, comme un hommage dû au bienfaiteur de l'humanité qui le premier conçut la généreuse idée de fonder des caisses pour venir au secours de la vieillesse indigente; l'administration, composée de neuf membres, parmi lesquels on comptait quatre fonctionnaires publics, rejeta cette proposition. M. Borely, ayant rendu publique la délibération de l'administration de la caisse d'épargnes, un fonctionnaire public répondit à la lettre de M. Borely, insérée dans le *Messager des Bouches-du-Rhône*, par une lettre où il est dit : « ...On a rappelé que M. le duc de
« La Rochefoucauld-Liancourt était étranger et *in-*
« *connu* à Marseille; on a rappelé que les portraits de
« M. Necker et Mirabeau, si multipliés en 1790, fu-
« rent les sinistres précurseurs, à un court intervalle;
« de ceux de Marat, de Robespierre et autres régici-
« des. Il a paru prudent de ne pas commencer une
« nouvelle série de portraits d'illustres citoyens et de
« grands hommes de parti... » Selon *le Constitutionnel*
(27 mars 1828), les Marseillais ne voulant pas qu'on pût attribuer à un de leurs citoyens une lettre aussi in-

convenante, ont désigné le receveur général *Bricogne* comme auteur de ladite lettre : nous avons peine à croire que ce citoyen financier ait pu rappeler, au sujet de M. de Liancourt, les noms de Mirabeau, de Marat, de Robespierre; il y aurait ici profanation historique, en quelque sorte. Au reste, si cette anecdote était malheureusement vraie, elle prouverait dans M. Bricogne une ignorance politique et civile des plus extraordinaires. Né dans la classe du peuple, ce personnage, tout-à-fait inconnu en 1814, occupait à cette époque une place de commis dans le ministère des finances ; c'est, dit-on, un excellent chiffreur et un grand faiseur de plans et de petits écrits sur les finances : ayant obtenu depuis la restauration un avancement rapide, il eut de plus le bonheur de gagner la confiance et les faveurs de M. de Villèle : ce ministre ayant fait destituer le receveur général des Bouches-du-Rhône pour *opinions politiques*, fit nommer à cette importante recette générale M. Bricogne qui voulut s'emparer de vive force du logement de son prédécesseur : les journaux ont rendu compte de la discussion judiciaire qu'entraîna la querelle élevée entre l'ex-receveur locataire ayant bail, et le receveur occupant les lieux malgré le locataire et le bail : M. Bricogne jouit de cent mille livres de rente, et l'ex-ministre Villèle l'a mis à la tête du syndicat chargé de soutenir son opération financière du trois pour cent : les flatteurs de M. de Villèle prétendent que M. Bricogne est un homme d'État en matière économique.

3 Avril. — Décret du roi de Naples, qui, sur la proposition de son ministre de la police, licencie et abolit toutes les gardes nationales civiques établies dans le royaume. — C'est dans le pays de l'Europe où il se

commet le plus d'assassinats, et où l'assassinat est une profession, que l'on supprime l'institution la plus propre à prévenir ce crime... Au reste, le royaume de Naples n'a pas besoin d'une garde civique et nationale, il est occupé par une armée autrichienne : que peuvent désirer de plus les citoyens? Le ministre de la police du royaume de Naples agit, dit-on, dans cette conjoncture, d'après l'inspiration de M. de Metternich, grand-prévôt de l'Italie; pouvait-il suivre une meilleure inspiration?

12. — M. Canning est nommé chef du ministère anglais; il est en conséquence chargé d'organiser le cabinet. — Cette nomination est reçue avec enthousiasme en Angleterre, et avec satisfaction en France par tous les amis des libertés constitutionnelles. M. Canning énonce depuis quelque temps des principes favorables à ces libertés; il se montre partisan de l'émancipation des catholiques irlandais, et les sept membres du cabinet britannique, que l'élévation de M. Canning expulse de l'administration, sont connus par leurs principes d'opposition aux libertés constitutionnelles, et par leur dévouement au pouvoir absolu.

Ce changement de ministère peut être envisagé comme une répudiation officielle de la part du gouvernement anglais, de la politique et du régime de la sainte-alliance; comme un avantage remporté par les libertés nationales et constitutionnelles sur l'oligarchie et l'absolutisme..... Le vil et atroce système politique établi par lord Castlereagt, marquis de Londonderry, cessera, on doit l'espérer, de régir le cabinet de Saint-James : ce système a porté de graves atteintes à la prospérité du pays et à son influence dans les affaires de l'Europe... En 1814, l'Angleterre était la première puissance de l'Europe ; mais son gouvernement d'alors fut si inhabile, il profita si despotiquement, si avidement de la chute de Napoléon, que la Grande-Bretagne se trouva bientôt aux ordres de la politique russe et fut enfin réduite à n'exercer, dans les affaires générales, qu'une influence secondaire, toute de tergiversation et de faiblesse; le sceptre du continent tomba dans le cabinet de Saint-Pétersbourg, et les libertés nationales de tous les peuples furent en proie au despotisme, à la politique et à l'ambition russe.....

La vieille Angleterre n'est déjà plus; le ministère de M. Canning parviendra-t-il à faire triompher les libertés constitutionnelles, à rétablir la prospérité et à réhabiliter l'honneur politique de la Grande-Bretagne? Il est permis d'en douter, quels que soient les talents du premier ministre et les intentions qu'il manifeste : le mal est à peu près incurable, l'Angleterre est condamnée à succomber sous le fardeau d'une prospérité toujours croissante, la prospérité d'une dette publique de vingt milliards !!!

La question catholique, malgré toute sa gravité, n'est qu'une question secondaire dans la situation intérieure de l'Angleterre; et néanmoins M. Canning, quoique partisan de l'émancipation des catholiques, sera forcé de favoriser la formation d'un ministère opposé à cette émancipation : le ministère sera mixte, il n'aura par conséquent ni force ni durée.

17. — Ordre du jour concernant la garde nationale de Paris. — La garde nationale a exercé, le 16, l'honorable prérogative qui lui est réservée de garder seule le roi et la famille royale, le jour anniversaire du 12 avril. Sa Majesté, en uniforme de colonel général de la garde nationale, accompagnée de monseigneur le dauphin, a

inspecté les détachements d'infanterie et de cavalerie de la garde nationale de service pour relever les divers postes de la maison militaire et de la garde royale qui étaient en bataille dans la cour des Tuileries.

« Le roi, satisfait de leur belle tenue et de la régularité avec laquelle les divers mouvements furent exécutés, voulant donner à la garde nationale de Paris un nouveau témoignage de sa constante bienveillance, et prouver combien il apprécie le zèle et le dévouement de ce corps, a chargé le maréchal commandant en chef d'annoncer qu'il en passerait la revue générale le dimanche, 29 de ce mois. »

La population entière de Paris se félicite des témoignages de satisfaction et de bienveillance que le roi a daigné donner lui-même à l'élite de ses citoyens, témoignages qu'il leur fait renouveler en son nom par le maréchal commandant en chef; tous les bons Français voient avec la plus vive allégresse ce dévouement à la maison de Bourbon (dont la garde nationale de Paris a donné constamment des preuves signalées depuis le 12 avril 1814), et la confiance que le roi place à juste titre dans le zèle et la fidélité de cette force armée citoyenne. Heureux prince, celui qui se confie avec tant de loyauté à l'amour de ses sujets; heureux sujets, ceux dont la fidélité au prince reçoit cet auguste témoignage de sa bienveillance!

17. — Ordonnance du roi. — « Le projet de loi re-« latif à la police de la presse est retiré..... » Cette ordonnance porte le contre-seing du garde des sceaux, Peyronnet.

Le projet de loi sur la police (ou pour mieux dire sur la destruction) de la presse avait été adopté par la chambre septennale, créée en 1824 par le ministère Villèle (V. 12 mars); M. Peyronnet appelait ce projet : *loi de justice et d'amour!...* Il brisait tous les principes constitutionnels, il violait tous les droits acquis, il interdisait la pensée et la parole : aussi de toutes les parties de la France s'élevaient des cris d'indignation contre une administration qui déchirait effrontément l'article 8 de la Charte constitutionnelle pour établir, sur le double esclavage de la tribune (V. la proposition *La Boessière*, mars 15) et de la presse, le despotisme ministériel et ultramontain.

La chambre des députés a voté la loi vandale! La chambre des pairs va la rejeter, le ministère la retire.

L'ordonnance royale est reçue dans Paris aux cris de *vive le roi! vive la chambre des pairs! vive la liberté de la presse! vive la Charte!.....* Tous les ouvriers employés dans les imprimeries, ayant en tête un drapeau blanc, ont parcouru divers quartiers de la capitale, aux cris mille et mille fois répétés de *vive le roi, vive la chambre des pairs!* Ils se sont rendus à la chute du jour sur la place Vendôme (vis-à-vis l'hôtel du garde des sceaux, occupé par M. Peyronnet), où leurs acclamations de *vive le roi!* et leurs bénédictions pour le trône se sont renouvelées avec le plus vif éclat..... L'allégresse publique se manifeste de toutes parts : jamais réjouissances populaires ne furent si spontanées, si générales, l'enthousiasme des Parisiens est à son comble : en un clin d'œil, la capitale est illuminée; dans la plupart des rues, l'on voit des lampions brûler depuis la borne jusqu'à la plus haute mansarde : le jour le plus brillant vient éclairer Paris, et la nuit s'étonne de n'avoir plus d'obscurité pour cette immense cité que dans les édifices publics et les hôtels des fonctionnaires! Mais la nuit règne *là*, avec toutes ses ténèbres; les palais des ministres étalent toute la noirceur dont ces édifices sont couverts... Pas le plus petit désordre dans cette joie, dans ces transports d'allégresse de cinq cent mille individus; ils font éclater leurs sentiments de reconnaissance pour le roi, et bénissent le trône d'où émanent un si grand bienfait, une si auguste garantie constitutionnelle. Jamais l'opinion nationale ne se prononça d'une manière plus unanime, aussi calme et avec tant de joie! Mais cette joie est un acte d'accusation contre le ministère: des charges de cavalerie ont lieu contre le peuple, quoique aucun désordre n'ait eu lieu: quelques individus sont arrêtés.

19. — Convocation du tribunal de la diète de Pologne. — Cet acte de l'empereur de Russie, roi de Pologne, a pour motif d'obtenir une conviction complète sur l'existence d'associations secrètes ayant une tendance et un but politiques; existence mise en lumières par les enquêtes faites au sujet « de *l'espèce* de trouble et de *désordre* qui a exercé récemment sa funeste influence dans quelques parties de l'empire, et attiré une juste punition sur la tête des coupables. » (V. 26 décembre 1825; 25 juillet 1826.)

21. — Jugement du tribunal de police correctionnelle du département de la Seine, qui acquitte le *Courrier français* de la plainte portée contre l'article inséré dans cette feuille périodique (4 mars), article intitulé: *Mensonges de M. de Villèle*..... Les passages incriminés sont: « ... Quoiqu'on n'ignorât pas que le mi-
« nistère voulait enlever aux Français la presse pério-
« dique, sans laquelle tout gouvernement représentatif
« est impossible, au moins il se retranchait derrière
« de fallacieuses dénégations; c'était une ombre de dé-

« cence qu'il se ménageait : aujourd'hui, sa volonté
« n'est plus l'objet d'un doute. Ce n'est pas une déro-
« gation transitoire de la Charte qu'il demande, c'est
« une infraction permanente..... Réfractaire à son ser-
« ment, il a donc oublié que le prince a prêté le même
« serment! Il est doublement accusable pour ce seul
« fait; car, s'il veut se parjurer, il n'a pas le droit de
« constituer dans un état de suspicion la loyauté et la
« bonne foi du pouvoir au nom duquel il parle. On
« sent de quelle conséquence serait l'impunité d'un
« pareil outrage à la majesté royale. Les chambres sont
« intéressées à le repousser..... Il a été forfait à l'hon-
« neur par la présentation d'une loi destinée à délier
« frauduleusement au moins une des parties contrac-
« tantes, du serment qui les liait, et l'honneur, nous
« l'espérons, est encore quelque chose en France... »
M. Kératry s'est déclaré l'auteur de l'article incriminé;
également distingué par sa loyauté, sa fidélité au roi,
sa piété, ses talents littéraires et législatifs, M. Kératry a prononcé, devant le tribunal, l'un des plus sages
et des plus énergiques discours dont s'honorent les
fastes judiciaires; il s'est élevé aux plus hautes considérations de l'ordre social, et, dans une péroraison sublime, l'orateur a fait preuve d'une vertu et d'un caractère politiques aussi rares qu'honorables. Ce discours
produit dans tous les esprits la plus forte sensation, il
contribue puissamment à entretenir ce patriotisme
constitutionnel dont la nation donnera d'éclatants témoignages aux prochaines élections. — Le ministère
public appellera (8 avril) du jugement rendu par le tribunal de police correctionnelle; mais, par son arrêt
du 3 juillet, la cour royale de Paris mettra l'appel au
néant et confirmera le jugement de première instance..... M. Mérilhou, défenseur de M. Kératry, a

prononcé, dans cette cause, un plaidoyer, véritable chef-d'œuvre d'art oratoire et de science judiciaire.

24 — La chambre des pairs adopte le projet de loi relatif à la juridiction militaire... Nombre des votants, 151 : pour le projet, 111 votes; contre, 40; majorité, 71. — Ce code de juridiction militaire renferme plusieurs bonnes et sages dispositions, mais il porte encore des empreintes du despotisme impérial; il prive les prévenus et les accusés d'une partie des garanties que les codes de procédure assurent à tous les Français! Les délits ou crimes militaires exigent, sans doute, une répression plus prompte et plus sévère que les délits ou crimes civils; mais la justice doit offrir les mêmes sûretés aux accusés de toutes les professions; parce qu'elle ne saurait avoir deux poids et deux mesures.

25. — Loi relative à la répression de la traite des noirs. — Elle abroge la loi du 15 avril 1818, dont les dispositions étaient évidemment insuffisantes pour empêcher la traite des noirs; elle s'arme de sévérité contre les individus qui se rendront coupables de ce trafic, et prononce contre ceux qui sciemment y auront participé, comme assureurs, actionnaires, fournisseurs, etc., la peine du bannissement et d'une amende égale à la valeur du navire et de la cargaison prise dans le port de l'expédition; elle statue que le capitaine et les officiers de l'équipage seront déclarés incapables de servir, tant sur les bâtiments du roi que sur ceux du commerce, etc.

Cette loi n'atteindra pas le but annoncé, et la traite des noirs sera continuée, à peu de chose près, comme par le passé : d'après les renseignements authentiques publiés en Angleterre, au commencement de cette année, il a été extrait des côtes d'Afrique 525,000 noirs depuis le 1er janvier 1815 jusqu'au 31 décembre 1826, ce qui donne environ 45,000 têtes par année ; les renseignements qui seront publiés en 1828, établiront que 50,000 noirs ont été extraits d'Afrique en 1827.

La traite des noirs ne cessera réellement que lorsque tous les gouvernements ayant des colonies *voudront* mettre un terme à cet infâme trafic, et ils ne le veulent pas : il y aurait un moyen sûr d'abolir la traite ; ce serait la création d'un tribunal *ad hoc*, et la peine de mort contre les coupables.

26. — Garde nationale de Paris. — État-major général. — Ordre du jour.

« Le roi ayant annoncé, à la parade du 16 de ce
« mois, que, pour donner *une preuve de sa bienveil-*
« *lance et de sa satisfaction* à la garde nationale de
« *Paris*, il avait l'intention de passer en revue les treize
« légions de cette garde, le maréchal commandant en
« chef a pris de nouveau les ordres de Sa Majesté, et
« prescrit en conséquence les dispositions suivantes :
« La garde nationale de Paris s'assemblera le 29 avril ;
« à une heure, au Champ-de-Mars, etc., etc... » (V. 29 avril.)

27. — La chambre des pairs adopte le projet de loi relatif au jury : nombre des votants, 123 : pour le projet, 120 votes ; contre, 3 ; majorité, 117 (V. 2 mai).

29. — Ordonnance du roi : « La garde nationale de
« Paris est licenciée..... » Le ministre de l'intérieur (Corbière), est chargé de son exécution *.

* L'ordonnance du licenciement porte, dans le *Moniteur* et

La revue de la garde nationale a eu lieu à une heure ; vingt mille hommes, l'élite des citoyens de la capitale, étaient sous les armes. A son arrivée au Champ-de-Mars, pendant la durée de la revue, et à son départ, Sa Majesté a été saluée des cris, mille et mille fois répétés, *vive le roi!* Deux cent mille individus, placés sur les glacis et à toutes les avenues du Champ-de-Mars, n'ont cessé de faire entendre les mêmes acclamations ; l'enthousiasme était au plus haut degré. Dans cette solennité militaire, le peuple a donné au monarque un témoignage éclatant d'amour pour son auguste personne, et de reconnaissance pour le bienfait qu'il vient d'accorder à la France (V. 17 avril) : aux cris de *vive le roi!* se sont mêlés fréquemment ceux de *vive la Charte! vive la liberté de la presse!*

Jamais Sa Majesté n'avait été saluée d'acclamations aussi unanimes, aussi pleines d'amour et de respect... : quelques cris inconvenants, blâmables (*à bas les ministres! à bas les ministres!*) se sont fait entendre, mais ils se sont perdus aussitôt dans les airs, et l'acclamation si générale de *vive le roi!* a couvert des cris excités, dit-on, par les *agents provocateurs* d'une administration abhorrée de la France entière.

S'il fallait s'en rapporter aux informations qui passent pour les plus exactes, le roi aurait daigné dire aux maréchaux, dont il était entouré en rentrant aux Tuileries : « Cela aurait pu mieux se passer ; mais au total « je suis satisfait. » Sa Majesté aurait même daigné permettre au maréchal, commandant en chef de la garde nationale, de témoigner *sa satisfaction* à cette

---

dans tous les journaux, la date du 29 avril ; elle a été signée dans la soirée du dimanche (29 avril), le jour même de la revue, et a paru dans le *Moniteur* du lundi, 30 avril.

garde, et aurait approuvé l'ordre du jour présenté, à cet égard, par le maréchal... Tous les journaux *ministériels* font le lendemain de la revue, 30 avril, (leur feuille a été livrée à l'impression dans la nuit du 29 au 30,) l'éloge le plus pompeux et le plus mérité du bon esprit qu'a manifesté la garde nationale parisienne pendant la revue, ainsi que de ses témoignages d'amour pour le monarque; et cependant, dans la nuit, les postes occupés par la garde nationale au château des Tuileries et ailleurs, ont été relevés par les troupes de la garnison de Paris; et, à la pointe du jour, le 30, le *Moniteur* annonce son *licenciement*. Paris est frappé d'étonnement et de stupeur! Tous les départements de France partageront ces sentiments, à la nouvelle du coup d'État que le ministère Villèle a si insolemment lancé contre les légions citoyennes de la capitale.....

Des individus faisant partie d'une de ces légions, à leur retour du Champ-de-Mars, ont fait entendre, sur la place Vendôme, dans la rue de Rivoli, des cris : *à bas Villèle! à bas Peyronnet!* ce vœu était dans tous les cœurs, il s'est échappé de quelques bouches, sous les fenêtres mêmes du palais de M. de Villèle... *Le Constitutionnel* du 2 mai, dira : «..... Il est donc bien décidé « que l'ordonnance du licenciement est une mesure « de colère et de vengeance ministérielle. C'est à l'a- « mour-propre et à l'ambition sans frein de trois à « quatre ministres odieux à la France, que l'existence « d'une garde nationale, l'élite de la population de « Paris, qui a rendu des services immenses au pays, « est sacrifiée. Ah! si la responsabilité des ministres « n'était pas une fiction! »

Des hommes armés ont exprimé leurs avis et leurs vœux contre le ministère Villèle; ils étaient en fort petit nombre : un garde national a même osé se permettre de s'adresser à Sa Majesté, c'était pousser l'irrévérence à son dernier terme; mais la faute, le délit de ce garde national n'était pas le délit, la faute des treize légions citoyennes de Paris..... M. de Villèle *ne contestera pas* (à la tribune nationale), que ces *faits* sont l'ouvrage d'un petit nombre; il osera dire, cependant, que le licenciement de la garde nationale parisienne « était une *mesure nécessaire...* qu'il l'a *conseillée* en « sa qualité de conseiller de la couronne... qu'il s'ho-« nore d'avoir *conseillé* la mesure, sans toutefois l'a-« voir *provoquée...* Il l'aurait *provoquée si cela eût été* « *nécessaire...* » Interpellé ou, si l'on veut, accusé à la tribune, à raison de ces derniers mots, *si cela eût été nécessaire*, M. de Villèle dit que « *cette question* « *de la provocation est si délicate qu'il lui est défendu* « *de s'expliquer sur ce sujet.* » Ces paroles sont plus qu'inconsidérées, elles sont coupables : c'est faire entendre que *la provocation* est partie de personnages qu'il ne doit pas nommer, ou d'un pouvoir qu'il n'ose avouer; *le Constitutionnel* ajoutera : « Ainsi la revue « du 29 avril aurait été une espèce de guet-à-pens, « et les *provocateurs* auraient poussé l'audace à ce « point *!..... »

* Toutes les troupes de la garnison étaient consignées dans leurs casernes; celles de l'école Militaire avaient leurs armes chargées; les chevaux de l'artillerie de l'école Militaire étaient harnachés et prêts à être attelés aux pièces; les chevaux de la cavalerie étaient sellés : enfin toutes ces troupes étaient prêtes à prendre les armes, comme s'il s'agissait de repousser une attaque de la part de l'ennemi..... Un parc d'artillerie, envoyé dans la nuit de Vincennes, avait été placé dans la cour de l'Hôtel-des-Invalides.

Ces faits sont à la connaissance de tout Paris, et les soldats les ont publiés.

Depuis quelque temps l'on attribuait à l'administration Vil-

Les mêmes feuilles ministérielles qui se sont épuisées en éloges sur la garde nationale, se répandront en invectives contre elle, et prodigueront les mensonges officiels pour justifier *l'opération* de M. de Villèle; le mi-

lèle l'intention de dissoudre la garde nationale de la capitale, et l'on allait même jusqu'à dire, dans certains cercles du faubourg Saint-Germain, que le ministère ne cherchait qu'un prétexte, qu'une occasion, pour faire cette *opération* : aussi, l'opinion publique est-elle persuadée que la police des jésuites et ses agents provocateurs n'ont pas été étrangers aux événements de cette journée, et que peut-être même ils ont préparé ces événements. Le patriotisme, l'amour de l'ordre et les opinions constitutionnelles qui distinguaient la garde nationale parisienne, opposaient encore de sérieux obstacles aux contre-révolutionnaires, aux ennemis de la Charte ; il fallait donc licencier cette garde citoyenne.

On a prétendu dans le public que M. De Moustiers se glorifiait d'avoir dit au roi, au sujet du licenciement de la garde nationale : « Ah! sire! voilà ce qui s'appelle gouverner ! Encore deux ou trois révolutions semblables, et V. M. est *roi de France* : c'est ainsi que Bonaparte gouvernait ; il ne faut pour cela que des baïonnettes et vouloir. J'ose assurer à V. M. que pas un de ces bourgeois n'osera remuer; et cependant cette mesure les a blessés dans l'endroit le plus sensible, le bonnet à poil et les guêtres. » S'il fallait s'en rapporter aux bruits généralement répandus, le même M. De Moustiers aurait dit, à l'occasion de la liste civile : « Un empereur d'Autriche, un roi d'Angleterre, peuvent être pensionnaires de leurs États, cela se conçoit; mais un roi de France, jamais! Un roi de France ne saurait coûter trop pour représenter dignement. — Mais les chambres? — Les chambres! Il faut les dissoudre : l'une se compose d'un ramas de séditieux qu'il est urgent de chasser; l'autre méconnaît ses devoirs. » Nous sommes persuadé que M. le marquis De Moustiers ne s'est point permis des observations aussi fortement inconvenantes ; ce serait le calomnier que d'y ajouter la moindre confiance : mais de pareilles suppositions, lancées dans le public, montrent à quel point l'opinion peut être égarée sur le compte des partisans de l'ancien régime et des priviléges. — M. De Moustiers n'est ni homme d'État ni

nistre s'est servi de ce mot, relativement au licenciement de la garde nationale.....

Un journal anglais (*The British Traveller*) prétendra déchirer le voile qui couvre l'attentat ministériel de M. de Villèle; voici ses expressions : « ... On « assure qu'une communication a été faite par M. de « Villèle à notre gouvernement au sujet de l'ordon- « nance royale qui licencie la garde nationale. Nous « apprenons que le ministre a annoncé que ni lui ni « ses collègues ne conservaient la moindre appréhen- « sion pour les suites de cette mesure décisive ; il ajoute « *qu'elle avait été projetée depuis long-temps par le* « *ministère.* »

Les ministres qui ont conseillé la dissolution de la garde nationale de Paris ont surpris la religion du roi... Il sera permis de dire qu'il y a trahison de leur part, lorsque trois membres de la commission d'enquête nommée par la chambre des députés (en vertu de la prise en considération, par cette chambre, de la proposition faite par M. Labbey de Pompières, pour la mise en accusation du ministère *Villèle*), l'auront déclaré par l'organe de M. Girod (de l'Ain), rapporteur de ladite commission : « Y a-t-il *trahison*, aux termes de la Charte, dans le fait du conseil donné de dissoudre la garde nationale de Paris, en 1827? — « Oui : consi- « dérant que la garde nationale était pleine d'amour, « de dévouement et de respect pour le roi ; qu'elle en « a donné des preuves éclatantes ; que la revue de la « garde nationale était une occasion de rattacher plus « étroitement encore la nation au trône et le trône à

habile politique; mais il est fidèle sujet du roi, et, par conséquent, incapable de s'être permis les observations qu'on lui impute.

« la nation; que Sa Majesté elle-même a paru contente
« des sentiments de la garde nationale. Considérant
« que les cris répréhensibles qui ont été le prétexte du
« conseil donné de la dissoudre, n'étaient que la faute
« de quelques hommes en très-petit nombre, que la
« garde nationale elle-même a blâmés et expulsés; que
« la dissolution n'a pu être obtenue qu'en représentant
« au roi la garde nationale comme séditieuse et dé-
« loyale; considérant enfin que le conseil donné à Sa
« Majesté de la dissoudre, a été l'effet d'un ressenti-
« ment personnel de quelques ministres, contre les-
« quels les cris répréhensibles avaient été dirigés. »
(Réponse de trois membres.)

Nous n'entrerons pas dans la question : une ordonnance royale peut-elle abroger une loi? Nous dirons que « des hommes armés ne doivent jamais pouvoir
« exprimer leurs avis ni leurs vœux à l'égard des af-
« faires de l'État. Ces avis seraient bientôt des ordres,
« et ces vœux des lois; » comme l'exprimera avec justesse M. Agier, dans son noble discours à la chambre des députés, séance du 9 mai; nous ajouterons que la couronne a incontestablement, et d'après l'essence de la prérogative royale, le droit de licencier un corps armé; mais des ministres qui conseillent à la couronne de licencier l'élite des citoyens de Paris, et de supprimer une institution établie par une loi, des ministres qui ne daignent pas même faire connaître les motifs d'une *mesure nécessaire* qui affecte l'honneur et la fidélité de la capitale du royaume, des ministres qui, après avoir commis un acte arbitraire aussi violent que coupable, ont l'impudeur de faire dire dans le *Moniteur* « *qu'on prend des renseignements;* » de tels conseillers dressent leur acte d'accusation!

Personne ne porte un plus profond respect que nous

à la prérogative royale et aux droits du trône. L'acte personnel du roi, dans l'ordonnance du licenciement de la garde nationale, est à l'abri comme au-dessus de tout examen! Mais les ministres qui conseillent et contre-signent cet acte, ne peuvent, en aucune manière, participer à l'immunité, à l'inviolabilité de la prérogative royale : prétendre le contraire, ce serait détruire la responsabilité ministérielle, substituer le régime du bon plaisir au régime de la Charte, et la monarchie absolue à la monarchie constitutionnelle. La loi fondamentale de l'État dit : « Les ministres sont responsables ; » par conséquent tous les actes conseillés, contre-signés par les ministres sont constitutionnellement susceptibles d'examen et de critique : l'opinion publique a le droit de s'exprimer sur les erreurs ou les excès du pouvoir ministériel ; et si les conseillers de la couronne trompent ou égarent la religion du monarque, tout citoyen a le droit de blâmer leur conduite sous le rapport administratif : il faut admettre ces principes comme premiers éléments de notre droit public, ou convenir qu'il n'y a plus de Charte.

La chambre des députés a bien incontestablement le droit de mettre en accusation le président du conseil des ministres, par rapport à l'ordonnance du licenciement de la garde nationale ; il déclare qu'il a *conseillé* cette mesure, qu'il s'honore de l'avoir conseillée : si cette mesure est contraire aux intérêts du trône, aux intérêts du pays, le président du conseil des ministres s'est donc rendu coupable envers le trône et envers le pays, et la *responsabilité ministérielle* doit être invoquée et appliquée.

Comment, se demande-t-on de toutes parts, comment un homme inconnu dans le nobiliaire de l'ancienne et de la nouvelle France, un homme sans nom, sans alliances à la cour, sans entours et sans appuis de haute société, sans services remarquables ou seulement utiles, n'ayant pas même le petit mérite de l'émigration; comment un homme sans génie, dénué de connaissances politiques, dépourvu de tous les agréments extérieurs qui captivent ou séduisent, dont l'organe est épouvantablement désagréable, et dont les manières sont celles de la médiocre condition dans laquelle il est né; comment un tel homme a-t-il pu s'élever au ministère et tromper, depuis plus de cinq années, la religion de Louis XVIII, fondateur de la Charte, et la religion du meilleur, du plus loyal des monarques, de Charles X, en lui représentant l'élite des citoyens de Paris comme des *révolutionnaires*?

M. de Metternich a fait licencier et abolir les gardes nationales établies dans le royaume de Naples (V. 3 avril)... M. de Villèle fait licencier la garde nationale de Paris : « C'est (dit une feuille publique) après avoir dîné chez M. d'Apponi, ambassadeur d'Autriche, que M. le comte de Villèle a présidé le conseil des ministres où a été décidée l'ordonnance de licenciement; » conseil où n'ont assisté ni le roi ni M. le dauphin...... La France n'aurait pas eu sans doute à déplorer, quelques mois plus tard les sanglants événements de la rue Saint-Denis (V. 19 et 20 novembre), si la garde nationale parisienne eût encore existé.....

M. de Lézardière, dont la parfaite loyauté et l'invariable dévouement à la maison de Bourbon n'ont jamais été révoqués en doute, dira (chambre des députés, séance du 9 mai) : «... C'est pour avoir méconnu les conditions actuelles de la monarchie, que le ministère a perdu toute puissance sur l'opinion, qu'il a si gravement compromis la légitimité... Les esprits sont exaspérés contre l'administration présente... Un ministère

ainsi dépopularisé peut tenir au pouvoir quelques semaines, quelques mois de plus ; sa chute est certaine... »
M. de Lézardière appellera le ministère Villèle *une administration lâche et répudiée par l'opinion,* la France entière sera de l'opinion de M. de Lézardière : mais M. de Villèle, pour retenir le pouvoir, sacrifie à son ambition toutes les libertés publiques, une à une, *opération* par *opération :* il ne peut se résoudre à quitter le porte-feuille de premier ministre, il faudra que la force des choses le lui arrache : il s'est collé au despotisme ministériel, comme le *mabouya* se colle à la peau humaine, comme la chique s'enfonce dans la chair des noirs et s'y nourrit de leur substance *.

2. MAI. — Loi relative à l'organisation du jury.

Le projet de loi sur l'organisation du jury avait été présenté à la chambre des pairs le 16 décembre 1826 (V. cette date) : elle apporta d'importantes et salutaires modifications à une loi dont tous les articles étaient empreints du despotisme ministériel; elle vota, le 5 février 1827, la loi ainsi *amendée :* nombre des votants, 173 : pour, 155 ; contre, 18 ; majorité,

* Le mabouya est un reptile qui tient de l'espèce des crapauds et de celle des lézards ; il est fort commun dans l'Amérique méridionale, aux Antilles, surtout dans l'île de Cuba, où on le désigne sous le nom de jéko-mabouya : ce reptile s'attache si fortement à la peau, qu'on est obligé d'employer un instrument tranchant pour l'en séparer.

La chique est une espèce de ciron qui attaque principalement les pieds de l'homme ; il se glisse sous les ongles, pénètre dans les chairs et s'y creuse une habitation où il dépose ses œufs : les douleurs que ce ciron fait éprouver sont très-aiguës, et deviennent intolérables, si on lui laisse le temps de se multiplier dans les chairs ; pour l'en extraire, il faut déchiqueter les doigts afin d'extirper jusqu'à ses dernières racines.

137... Le garde des sceaux (Peyronnet) présenta, le 12 février, le projet à la chambre des députés, tel que l'avait adopté la chambre des pairs, et en même temps le ministre présenta le premier projet de loi : c'était se jouer ouvertement de toutes les formes constitutionnelles, violer les droits des chambres législatives, ne tenir aucun compte du vote émis par la chambre des pairs, et l'insulter dans l'exercice de ses attributions législatives. MM. Benjamin Constant, Méchin, Casimir Périer, etc., s'élevèrent avec force contre une marche aussi audacieusement anticonstitutionnelle. — M. de La Bourdonnaye proposa à la chambre d'*ajourner indéfiniment* la discussion du *double* projet de loi sur le jury ; heureusement cette proposition fut rejetée, et le projet de loi voté par la chambre des pairs fut adopté, le 17 avril, par celle des députés, avec quelques amendements : nombre des votants, 287 : pour, 229 ; contre 58 ; majorité, 171..... Reporté à la chambre des pairs, en raison de ses amendements, le projet de loi y fut définitivement voté : nombre des votants : 123 ; pour, 117 ; contre, 6 ; majorité, 111.

L'article 1ᵉʳ de la loi en contient tout l'esprit ; il statue : que les jurés seront pris parmi les membres des colléges électoraux, et parmi les personnes désignées dans les paragraphes 3 et suivants de l'article 2 : ces paragraphes désignent des classes de fonctionnaires militaires ou civils qui n'ont pas la capacité électorale, et auxquels la loi confère cette capacité en les soumettant aux fonctions de jurés.

Cette loi, d'une très-haute importance, et par elle-même et par sa corrélation avec les lois électorales, est à la fois politique et civile ; si elle reçoit une franche exécution, la France entrera dans le régime constitutionnel dont elle ne possède encore que l'ombre..... Le droit électoral et la liberté de la presse sont les deux grands principes de vie de ce régime; aussi l'administration Villèle a constamment fait ses efforts pour les corrompre, se flattant d'amener ainsi la destruction de la Charte : espérons que la liberté constitutionnelle triomphera enfin du despotisme ministériel.

Les principales dispositions de la loi sont mises en harmonie avec le système constitutionnel; elle améliore l'institution du jury, sans y introduire néanmoins tous les perfectionnements réclamés depuis long-temps et dont le jury est susceptible : mais c'est déjà un grand pas vers la réforme des innombrables abus qui s'étaient glissés dans le choix et la désignation des jurés, mis par le despotisme impérial à la merci des préfets, et par conséquent à la merci du pouvoir arbitraire des ministres.

Sous le rapport électoral, la loi renferme un grand bienfait politique et civil. En prescrivant le mode de la formation annuelle des listes et de leur rectification; en fixant le nombre des noms dont les listes annuelles devront être formées au tiers de la liste générale; en établissant l'extension des capacités au-delà du droit électoral; en déterminant un mode précis et rigoureux de constater les incapacités et de pourvoir au remplacement des jurés incapables; en statuant que le recours ou l'appel des réclamants aura un effet *suspensif* contre les décisions ou jugements rendus à leur préjudice, la loi donne aux électeurs une garantie; elle leur accorde les moyens de faire valoir des droits dont se jouaient, sans pudeur et avec pleine impunité, la plupart des fonctionnaires publics.

La chambre des pairs s'est montrée noble gardienne des libertés constitutionnelles; elle a amendé le projet de loi et mérité, dans cette conjoncture comme dans celle du projet de loi sur la presse, les hommages et la reconnaissance de tous les bons Français.

La discussion des articles du projet de loi sur le jury a fourni, dans la chambre des pairs, une preuve éclatante de l'ignorance législative ou de l'audace ministérielle du garde des sceaux Peyronnet : un honorable pair « avait cité à l'appui de son argumentation une « loi relative aux attributions de monsieur le garde « des sceaux. M. Peyronnet s'est levé, et s'est écrié de, « cette voix retentissante qu'on lui reconnaît : *Je dé-* « *clare et j'atteste que cette loi n'existe pas!* M. le « comte Roy monte à la tribune, un volume du *Bul-* « *letin des Lois* à la main, l'ouvre, et, pour toute « réponse, lit le texte de la loi citée. » Un garde des sceaux ignorer ou nier l'existence d'une loi! que dire d'un ministre qui fait pareille école?

En voulant tromper les électeurs, le ministère *Villèle et Peyronnet* s'est trompé lui-même : il avait espéré que beaucoup de citoyens, désireux de se débarrasser des soins qu'entraînent les fonctions de juré, ne réclameraient pas contre la non-insertion de leurs noms sur les listes, et seraient en conséquence privés de leur droit électoral, la loi rendant communes et inséparables les fonctions de juré et les prérogatives électorales.

L'organisation du jury rendra plus difficiles les fraudes de l'administration en matière électorale, mais ne les préviendra encore qu'imparfaitement : il faudra qu'une loi rendue dans la session suivante sur les listes électorales, vienne donner aux citoyens une nouvelle garantie pour l'exercice de leurs droits politiques; mais cette nouvelle loi enchaînera-t-elle l'administration dans les limites posées par la Charte, si les préfets de M. de Villèle sont chargés de l'exécution des lois relatives aux listes électorales?..... En supposant que l'autorité administrative entrât franchement dans l'ordre légal, il ne manquerait plus aux Français, pour recouvrer la plénitude de leurs droits, que d'obtenir l'abolition du double vote dont la loi du 29 juin 1820, concernant les colléges électoraux, a fait présent à l'aristocratie et au despotisme ministériel*, en violation de la lettre et de l'esprit de la Charte constitutionnelle.

En attendant, bénissons la loi relative à l'organisation : elle entraînera la chute du ministère Villèle.

2. — Démission du duc de Doudeauville, ministre secrétaire d'État au département de la maison du roi... Il s'est opposé dans le conseil des ministres au licenciement de la garde nationale, et il s'est échangé, dit-on, quelques paroles un peu vives entre le grand seigneur et le plébéien Corbière. — En vain ses collègues ont fait auprès de lui les plus grands efforts pour le déterminer à garder son porte-feuille, le loyal duc n'a pas voulu rester plus long-temps associé à un ministère *lâche et répudié par l'opinion publique* (V. 29 avril). M. le duc de Doudeauville emporte dans sa retraite l'estime et la vénération publiques..... M. Sosthènes de La Rochefou-

* La loi du double vote (1820) est due, en grande partie, à une faute de M. Benjamin Constant, d'où résulta l'adoption de *l'amendement Boin;* le projet de loi était rejeté le samedi, sans le discours prononcé par M. Benjamin Constant qui porta la chambre à remettre sa décision au lundi ; dans l'intervalle, le ministère s'assura (on dit alors que ce fut à prix d'argent) de onze suffrages qui firent pencher la balance. Il est inutile de dire que M. Benjamin Constant n'eut aucune part à cette *faveur sonnante* du ministère ; il est, à cet égard, à l'abri de tout soupçon. Mais il n'en est pas moins vrai, malheureusement, que l'inopportunité de son discours prononcé le samedi fut cause que l'inconstitutionnelle loi du double vote fut adoptée le lundi, tandis qu'elle eût été rejetée sans ce discours intempestif.

cauld n'imite pas l'exemple de son père ; il conserve ses fonctions de demi-ministre.

Le baron La Bouillerie, intendant du trésor de la couronne, est chargé *par interim* de l'administration des affaires de la maison du roi.

4. — Le nommé Jacques *Dupont*, dit *le Pointu*, connu sous le nom de *Trestaillon**, porte-faix de Nîmes (Gard), si fameux par les assassinats qu'il a commis dans cette ville et autres lieux du Midi, en 1815, meurt paisiblement à Nîmes. — Ses obsèques ont lieu le lendemain. On a dit, nous ne pouvons le croire, que les *congréganistes* assistèrent à son convoi ; que les plus *marquants* d'entre eux portaient le drap mortuaire, et que plusieurs hommes de qualité parurent à ce convoi cachés sous le sac des pénitents.

En fait d'assassinats, *Trestaillon* a eu dans le Midi des rivaux dignes de lui, notamment *Truphémi* et cinq à six autres *capitaines* que nous nous abstiendrons de nommer.

Dans sa lettre aux auteurs du journal *la Renommée*, insérée dans ledit journal, 9 juillet 1819. M. C. Vence, auteur de l'écrit intitulé : *Troubles du Midi*, en 1815, dit : « ...*Magnier*, dont le nom est inséparable de celui de *Trestaillon* ; son digne émule, fut le chef d'une troupe vagabonde en 1815. Administrateur, caissier, et surtout receveur des contributions *forcées* qu'il prélevait sur les pays *délivrés* par lui, il fut, lorsque l'ordre public put être rétabli, accusé devant un conseil de guerre (à Marseille) qui l'acquitta, en 1816, sur la

---

* *Trestaillon*, ou *trestaillous*, signifie en langage languedocien *trois morceaux* : le monstre, dont il est ici mention, coupait en trois morceaux les victimes désignées à sa rage.

présentation d'une lettre de M. le vicomte de Bruges (frère de l'ex-grand chancelier de la Légion-d'Honneur, lieutenant général), qui contenait ces mots : « En « applaudissant à votre zèle pour le service du roi, je « ne puis trop vous recommander de ne faire porter « vos réquisitions que sur des individus qui, par leur « conduite et leur attachement aux mauvais principes, « ne méritent que peu d'indulgence. » « Et en outre, dit-on, sur un passage bien autrement singulier d'une lettre par laquelle le maréchal de camp, aujourd'hui lieutenant général comte de Loverdo, aurait autorisé le colonel Magnier à enrôler pour le roi cent cinquante détenus pour crimes dans les prisons de Tarascon, en leur promettant un *congé définitif* à la fin de la campagne. — Magnier avait commandé cette redoutable armée de Beaucaire qui signala son entrée à Nîmes par le pillage, les massacres et l'assassinat d'un grand nombre de militaires égorgés au mépris d'une capitulation, etc..... » Serait-il possible que M. le colonel *Magnier*, officier de la Légion-d'Honneur, fût la personne *dont le nom* (selon C. Vence) *est inséparable de celui de Trestaillon?* Nous ne le pensons pas : monsieur le colonel, dans sa lettre aux rédacteurs de *la Renommée* (19 juillet 1819), à laquelle répond C. Vence, se plaint amèrement « d'avoir été privé jusqu'à ce jour de toute solde de retraite et de son traitement comme officier de la Légion-d'Honneur ; ce traitement, comme officier de la Légion, a été rétabli en juillet 1819, sur le pied de 500 francs..... » En lisant *Marseille, Nîmes et ses environs en 1815, par M. Durand*, seconde partie, chapitre VI ; l'ouvrage infiniment remarquable de M. Lauze de Perret, sur le même sujet ; le numéro IV de la *Bibliothèque historique*, etc., on connaîtra les exploits commis par *Trestaillon* et son infernale bande.

Trestaillon osait se vanter de posséder l'estime de M. le duc Riffardeau de Rivière ; il avait l'impudence de dire qu'il en était protégé ! Comme si la loyauté du duc pouvait être soupçonnée d'avoir eu le moindre rapport avec un tel monstre !!! Très-certainement les bruits que l'on a propagés sur le compte de l'illustre duc ont été dictés par la malveillance et la calomnie : M. de Rivière a été étranger aux déplorables catastrophes qui ont ensanglanté Nîmes, Avignon et Marseille : qui en doute ?

Nos neveux croiront-ils que le monstre *Trestaillon*, à son retour de Riom, où il avait été acquitté des accusations capitales intentées contre lui, rentra en triomphe dans la capitale du Gard; que des personnages de qualité (nous ne voulons pas les nommer) allèrent au devant de lui et lui servirent d'escorte d'honneur, et que la partie de la ville de Nîmes où demeuraient ces personnages fut illuminée à l'entrée de la nuit ?...

5. — Frédéric-Auguste, roi de Saxe, meurt à Dresde, après deux jours de maladie ; il était né en 1750. Sa mort plonge les Saxons dans la douleur..... Son frère, Antoine-Clément, lui succède sous le nom d'*Antoine*.

Ce roi mérita l'amour de ses sujets, il fut juste et bon ; il se montra jusqu'au dernier instant fidèle à l'alliance de Napoléon qui l'avait élevé au rang des rois... La Prusse lui enleva la moitié de son royaume et le vénérable monarque fut jeté, au congrès de Vienne, dans le gouffre des spoliations royales, comme une victime du sort; le congrès de Vienne punit, dans sa personne, la bonne foi, la fidélité religieuse, le respect des serments. Le monarque saxon fut, comme on voit, cruellement puni de sa fidélité à une alliance que l'Autriche et la Prusse avaient bassement briguée. — Frédéric-Auguste supporta en roi son infortune, elle ne lui fit rien perdre de sa dignité; l'amour des sujets s'accrut en proportion des malheurs du monarque, et le tombeau du *Nestor* des rois de l'Europe fut arrosé des larmes de tous les Saxons.

7. — Séance de la chambre des députés. — Cette séance est remarquable par les attaques portées contre le ministère Villèle, dans les discussions relatives au budget..... M. Laffitte se prononce vivement contre le ministre des finances et affirme qu'il y a eu, en février et mars, un déficit considérable dans les recettes; il soutient que le budget est fondé sur des bases mensongères; il dit : «..... Des passions insensées fermentent ici et en Espagne, et voudraient se déchaîner contre l'Angleterre. Qu'avons-nous pour nous rassurer contre des prévoyances aussi sombres ? Serait-ce la fermeté du ministère? Ce n'est pas en outrageant des citoyens armés depuis quarante années pour le maintien de l'ordre, et qui inspirèrent le respect aux armées ennemies elles-mêmes (M. Laffitte faisait allusion au licenciement de la garde nationale. (V. 29 avril)... Des députés de la droite lui crient : « Que n'accusez-vous le ministère? » Il répond : « Si j'étais député de Paris, je proposerais l'accusation des ministres ; » (que ne le proposez-vous, s'écrie-t-on) ; « Que quatre députés se présentent pour proposer l'accusation, et je signerai le premier. (Aussitôt M. Benjamin Constant, Labbey de Pompières, Pétou, Méchin, Thiard, etc., se lèvent)... » La séance devient de plus en plus orageuse, et le plus grand tumulte règne dans l'assemblée. — M. Gauthier, de la Gironde, attaque corps à corps le ministre des finances; il démontre les irrégularités et

les inexactitudes du budget ; M. de Villèle répond par des allégations et des dénégations, débitées d'un ton tranchant, au discours éloquent et positif de M. Gauthier... M. de Damas dévoile toute son incapacité dans la manière dont il défend son ministère, relativement aux affaires d'Espagne. — Dès ce jour, il est facile d'apercevoir l'époque de la chute d'un ministère qui a perdu toute espèce de confiance et de considération publiques.

10 et jours suivants. — Affaires de la Grèce. — La nation grecque, rassemblée pour la troisième fois en assemblée nationale, décrète une Charte constitutionnelle. — Elle statue que la puissance souveraine réside dans la nation et se divise en trois pouvoirs : législatif, exécutif et judiciaire..... Il est inutile d'examiner les dispositions de cette constitution politique. Dans l'état où se trouve la Grèce, toutes les chartes que pourraient décréter ses assemblées nationales, n'auront d'existence et de valeur qu'avec le consentement et sous le bon plaisir des grandes puissances de l'Europe : la Grèce ne s'appartient pas encore, et les cabinets de Londres et de Saint-Pétersbourg ne lui permettront pas facilement de se soustraire à leur influence et à leurs intrigues dans la confection des lois qui pourraient assurer son indépendance, son repos et sa prospérité... Si la Grèce échappe au joug ottoman, elle tombera vraisemblablement sous la protection de l'Angleterre, de l'Autriche, de la France et de la Russie, et son territoire sera peut-être démembré et partagé comme la Pologne.

17. — Séance de la chambre des députés. — Les discussions relatives au budget donnent lieu aux plus

étranges révélations; dans la séance de ce jour, M. Hyde de Neuville prononce un discours véhément; il représente l'état d'anarchie de la péninsule espagnole, comme étant le résultat des fausses mesures prises par le ministère Villèle : M. Hyde de Neuville rappelle que, dans un de ses rapports officiels le ministre de Portugal avait accusé l'ambassadeur français à Madrid (le marquis De Moustiers) d'avoir, par son refus d'obéir aux instructions de son gouvernement, été cause des troubles du Portugal; il dit : «... monsieur le baron de Damas n'a pas donné des instructions doubles, il en est incapable. Eh bien donc! ou le ministre de Portugal a calomnié notre ambassadeur à Madrid, ou notre ambassadeur à Madrid n'a pas suivi les instructions de monsieur le ministre des affaires étrangères. Cette dernière supposition, messieurs, ne présente-t-elle pas des probabilités, quand on se rappelle, ce qu'en France personne n'ignore, que cet ambassadeur a été rappelé subitement et dans les circonstances les plus difficiles, qu'il a été reçu très-froidement, pour ne rien dire de plus, aux affaires étrangères, mais cependant accueilli à bras ouverts rue de Rivoli (chez M. de Villèle)? — Qu'on nous dise donc maintenant, messieurs, si nous avons aujourd'hui *deux* ministres des affaires étrangères, comme nous avions, pendant la guerre d'Espagne, *deux* ministres de la guerre... Je n'ai pas cherché à porter une accusation; mais enfin, si l'ambassadeur à Madrid a suivi ses instructions, qu'on le venge et que le ministère ne fasse pas retomber sur lui la responsabilité de ses propres fautes : mais enfin, si cet ambassadeur n'a pas suivi ses instructions, et l'on sait quelles peuvent en être les suites, pourquoi recule-t-on devant la loi? pourquoi n'a-t-il pas été destitué et mis en jugement?... Qu'on nous explique donc, messieurs, ce qui

s'est passé de si mystérieux dans la Péninsule; qu'on nous explique les étranges contradictions que j'ai dû, en bon et loyal député, signaler au roi et à la France, ou que le ministère se résigne à être de plus en plus accusé de duplicité, à nous entendre dire que nous ne savons ni servir nos amis, ni résister à nos ennemis...»
— M. De Moustiers, présent à la séance, ne répond rien au discours de M. Hyde de Neuville, et M. de Villèle y répond en faisant retirer à ce dernier le traitement de disponibilité dont il jouissait en qualité d'ancien ambassadeur!!

21. — Ordonnance du roi, qui nomme le conseiller d'État et intendant du trésor de la couronne Baron La Bouillerie, ministre d'État et membre du conseil privé.

23. — Ordonnance du roi. — Les affaires de la maison du roi seront administrées par un intendant général... L'intendant général remplira, en ce qui concerne les affaires de la maison du roi, toutes les fonctions précédemment attribuées au ministre secrétaire d'État de ce département, telles qu'elles sont déterminées par les lois, ordonnances ou réglements en vigueur.

23. — Ordonnance du roi. — Le sieur Baron La Bouillerie, ministre d'État et membre du conseil privé, est nommé intendant général de la maison du roi.

2 Juin. Affaires de la Grèce. — L'Acropolis (citadelle d'Athènes) se rend aux Turcs; la conclusion de la capitulation aura lieu le 5... Depuis long-temps la garnison, réduite à la dernière extrémité, avait à lutter contre toute espèce de maux; elle obtient en capitulant la vie sauve; le colonel Fabvier et les autres philhellènes

ont la permission de se retirer où bon leur semble ; le peu de Grecs qui étaient demeurés au Pirée, avec le général Church, se sont dispersés ou éloignés.

Les forces des assiégés étaient épuisées, ils n'avaient plus que pour quatre jours de vivres, toute espérance de secours leur était interdite et la perte de cette héroïque garnison devenait inévitable : le colonel Fabvier négocie avec habileté et énergie, le contre-amiral Rigny déploie les plus généreux efforts, et une capitulation sauve les assiégés... Pendant toute la durée du siége, le colonel Fabvier a soutenu, à force de dévouement personnel, le courage de ses soldats condamnés aux plus extrêmes privations : sa conduite a été admirable. Celle du contre-amiral de Rigny mérite de grands éloges ; il s'est rendu auprès du pacha, et il a négocié avec une dignité, une énergie toutes françaises ; il a exigé et obtenu les meilleures conditions que pussent espérer les assiégés ; il les a conduits lui-même à bord de ses vaisseaux, leur a distribué des vivres et les a débarqués en terre grecque..... Le contre-amiral de Rigny s'est couvert de gloire.

6. — Loi portant réglement définitif du budget de l'exercice 1825. — Elle statue sur des annulations de crédit, et des suppléments de crédit.

6. — Loi relative à l'ouverture de crédits supplémentaires pour les dépenses des services extraordinaires de l'exercice 1826. — Elle a pour objet de sanctionner les ordonnances royales en vertu desquelles ont été autorisés les suppléments de crédit montant à 18,693,000 francs.

10. — Bolivar proteste publiquement, contre les

intentions d'usurpation que lui prêtent ses ennemis. —
On trouve dans la lettre du libérateur, datée de Caraccas, ces lignes : « ..... Moi, un tyran, un usurpateur ! Je puis tout supporter excepté cela..... Ma seule *faiblesse* est l'amour de la liberté. J'aime la liberté plus que la gloire..... *Brutus est mon modèle; Sylla mon exécration*..... » Il est fâcheux que le *libérateur* soit obligé de protester aussi souvent contre les vues ambitieuses que lui supposent ses ennemis.

10. — L'Institut royal de France accorde un grand prix de 10,000 francs à MM. Pelletier et Caventou, pharmaciens, pour la découverte chimique du sulfate de quinine : ce fébrifuge puissant possède tous les avantages du quinquina, sans en avoir les nombreux inconvénients; il est employé aujourd'hui avec succès dans les deux mondes.

La médecine, la chirurgie et la pharmacie ont fait de grands progrès depuis la révolution française ; il n'est pas d'année où elles ne découvrent quelque moyen curatif, où elles ne perfectionnent les méthodes consacrées au soulagement de l'humanité..... Dès 1818, M. Laënnec, au moyen d'un instrument aussi simple qu'ingénieux, était parvenu à connaître les désordres causés par les maladies, soit dans le cœur, soit dans les poumons : cette méthode s'appelle *auscultation*, elle jette un grand jour sur les maladies de poitrine. — En 1820, MM. Caventou et Pelletier découvrent le produit chimique appelé *sulfate de quinine*. — En 1822, M. Civiale commence à faire ses opérations de lithotritie, ou broiement de la pierre dans la vessie : méthode qui, dans bien des cas, supplée à la dangereuse opération de la taille..... L'instrument dont se sert M. Civiale avait été inventé par M. Leroy. — En 1824,

M. le docteur François enrichit la médecine d'un médicament nouveau qu'il nomme *Thridace;* c'est un produit de la laitue des jardins, il remplace l'opium sans en avoir les inconvénients.

11. — La goëlette française *la Torche* arrive devant Alger : son commandant remet à M. Deval, consul général de France, des instructions du ministre des affaires étrangères en vertu desquelles ce dernier se rend à bord de *la Torche*, enjoint aux membres du consulat et aux sujets français de quitter Alger, et adresse au dey une note pour demander réparation des insultes graves qu'il a reçues, en audience publique, de ce souverain : le dey refuse la satisfaction demandée. — Les principaux griefs dont se plaint le dey, sont : « L'affaire du sieur Nathan Bacry et des sept millions payés en 1820, dont la régence et ses sujets n'ont encore rien touché; la morgue et la fierté que M. Deval affecte de prendre dans ses relations avec la régence, au sujet des affaires de France et des États romains, etc. »

Le 16 juin, une division navale française paraîtra devant Alger, pour bloquer le port; dès ce moment, la France est en hostilités avec la régence d'Alger, elles porteront un grave préjudice au commerce de Marseille..... Des négociations seront, dit-on, entamées plus tard pour faire cesser un tel état de choses, mais l'inflexibilité et les exigences du dey les rendront inutiles; le dey revendiquera toujours la somme dont il prétend être créancier dans l'affaire de Bacry : sept millions ont été payés, pour cette affaire, en 1820, sous la présidence de M. le duc de Richelieu, dont la loyauté ne saurait permettre d'ajouter foi aux rumeurs publiques, d'après lesquelles cette liquidation Bacry aurait été une spéculation dans laquelle de hauts fonctionnaires auraient touché des sommes considérables pour avoir fait décider le paiement d'une créance non fondée en titre. — Au surplus, l'affaire *Bacry* aura de graves conséquences, elle causera un grand scandale.

15. — Arrêt de la cour royale de Paris, qui confirme le jugement rendu par le tribunal de première instance contre le marquis de Maubreuil (V. 24 février). — M. de Maubreuil avait appelé de ce jugement, et fait assigner, en qualité de témoins : MM. le prince de Talleyrand, le général comte Dupont, Roux-Laborie, baron de Vitrolles, comte Anglès, Bourrienne, le duc de Rovigo, le général Bertrand, Foudras, de Brosses, Dasies, le comte de Sesmaisons, Le Loutre, Wolf, Vincent, Doze, Roustan, etc.; Roustan et Le Loutre, seuls, se sont rendus à l'assignation ; les autres assignés se sont excusés, ou ont refusé positivement de comparaître..... M. de Maubreuil et son défenseur ayant demandé que les témoins indiqués fussent tenus de comparaître et fussent entendus, monsieur l'avocat général s'est opposé aux conclusions prises par M. de Maubreuil, « lesdits témoins n'étant pas nécessaires pour l'éclaircissement de la cause. » — La cour rend son arrêt, et rejette les conclusions de M. de Maubreuil. « Attendu que les témoins ne peuvent être contraints à comparaître devant la cour, que lorsqu'ils sont assignés à la requête du ministère public. »... M. de Maubreuil demande alors que la cause soit remise, et déclare qu'il fait défaut : la cour rend un second arrêt, par lequel elle déclare qu'il sera passé outre aux débats..... Enfin, la cour rend un troisième arrêt, par lequel elle confirme le jugement de première instance. — M. de Maubreuil se pourvoit en cassation.

22. — Clôture de la session de 1827 des chambres législatives. — La séance de clôture a été remarquable : lecture faite du procès-verbal de la précédente réunion, M. Benjamin Constant demande la parole pour une rectification de rédaction ; mais le ministre de l'intérieur la réclame aussitôt, et donne lecture de l'ordonnance royale qui déclare close la session de 1827 : en conséquence, le procès-verbal n'a été ni adopté ni signé (c'est la première infraction de ce genre qui ait eu lieu depuis 1814) : M. Benjamin Constant dit : « J'en prends acte. »

« Le ministère (dit une feuille publique) avait réservé pour la dernière séance de la chambre des députés une nouvelle preuve de son dégoût pour les bienséances parlementaires, de son dédain pour les formes de délibération prescrites par le réglement qui a force de loi ; tranchons le mot, du mépris dont il honore la représentation nationale. »

M. Benjamin Constant avait réclamé la parole, « pour demander que les questions adressées au ministre (Villèle) sur les coups d'État et la censure fussent insérées textuellement, afin que le silence gardé par les ministres sur ces deux objets se trouvât ainsi constaté. » M. Benjamin Constant se proposait de dire :
« Il est utile que la France remarque ce silence ; car
« si, par hasard, la censure était rétablie sous peu de
« jours, il en résulterait que le ministère ne pouvant
« l'établir que pour des circonstances graves, ces cir-
« constances auraient existé avant la clôture de la session,
« et alors il aurait été du devoir des ministres d'en in-
« former les chambres et de s'appuyer de leur secours
« dans de pareilles circonstances. ».

24. — Ordonnance royale, qui rétablit la censure.

« — Les lois des 31 mars 1820 et 26 juillet 1821 sont
« remises en vigueur, à dater de ce jour. »

M. de Villèle n'a pas perdu un seul instant pour enchaîner la liberté de la presse : ses actes ministériels excitent de plus en plus le mécontentement public, mais il ne veut pas que les vœux et les plaintes de la nation puissent parvenir au pied du trône, il bâillonne les journaux et étouffe la vérité..... Les rhéteurs à gages du ministère, ces écrivains qui, à tant de cinq cents francs par mois, préconisent le despotisme et outragent la liberté, le tout au nom de la Charte constitutionnelle, ces publicistes d'antichambre n'ont pas à craindre les rigueurs de la censure, elle leur accordera le monopole de la calomnie : aussitôt ces littérateurs ministériels embouchent la trompette du journalisme et célèbrent le rétablissement de la censure, « mesure nécessaire, « indispensable, *conforme à la Charte*, et qui prouve « combien le ministère se tient *dans la ligne constitu-* « *tionnelle*. »

Il y a quelque chose de plus odieux encore que l'arbitraire, c'est la dérisoire lâcheté des agents de l'arbitraire.

24. — Ordonnances du roi relatives à l'exécution du rétablissement de la censure.

La première établit un bureau chargé de l'examen préalable de tous les journaux et écrits périodiques; il sera composé de six censeurs, et son travail sera dirigé par le sieur Lourdoueix, ouvrier en basse littérature; le sieur Deliége, non moins inconnu aux belles-lettres, est nommé secrétaire du bureau de censure et chargé, en conséquence, de donner le *visa* dont tout numéro de journal ou écrit périodique doit être revêtu avant d'aller à l'impression..... L'ordonnance établit de plus un conseil de neuf membres, chargé de la surveillance de la censure..... « Dans les départements, les préfets nomi- « meront, selon les besoins, un ou plusieurs censeurs, « chargés de l'examen préalable des journaux qui y se- « ront publiés. »

La seconde nomme les membres du conseil de surveillance de la censure : MM. Bonald, de Breteuil, d'Herbouville, membres de la chambre des pairs; Frénilly, Olivier, Maquillé, membres de la chambre des députés; Cuvier, conseiller d'État; Guilhermy, président de la cour des comptes; Broé, avocat général à la cour royale de Paris.

La troisième nomme les membres du bureau de censure, institué à Paris : MM. Levacher-Duplessis, ancien avocat aux conseils du roi ; Fouquet, archiviste de la couronne; Couvret de Beauregard, ancien sous-préfet; Joseph Pain, homme de lettres; Rio, professeur d'histoire; Caix, professeur d'histoire..... Ils sont sous la direction du sieur Lourdoueix.

Les noms d'individus si honorables, et qui se dévouent avec tant de courage au maintien et au perfectionnement de la liberté de la presse, ont des droits signalés à l'estime et à la reconnaissance nationales..... Ces noms doivent aller à la postérité, ils le méritent.

M. Rio et M. Caix refuseront les fonctions que le ministère leur inflige; une ordonnance royale nommera en remplacement M. Silans, secrétaire-rédacteur de la chambre des députés, et M. L'Évêque, ancien chef de division au ministère de la guerre...... M. Berchoux, poète de troisième classe, remplacera M. Fouquet.

24. — Loi relative à la fixation du budget des recettes et des dépenses de 1828. — Les dépenses de la dette consolidée et de l'amortissement sont fixées, pour

l'exercice 1828, à la somme de. . . 241,357,867 fr.
(2,517,746 fr. de plus que pour l'exercice 1827.)

Les dépenses générales du service, à la somme de. 543,841,184

Les frais de régie, d'exploitation, de perception et non-valeurs des contributions directes et indirectes, et des revenus de l'État. 126,412,551
(77,961 fr. de moins que pour l'exercice 1827.)

Les restitutions à faire aux contribuables sur les produits desdites contributions, et aux remboursements d'amendes attribuées. 11,100,000
(2,500,000 fr. de plus que pour l'exercice de 1827.)

Total. . . . . 922,711,602 fr.

(6,981,860 fr. de plus qu'en 1826 (V. 6 juillet 1826), et 33,261,019 fr. de plus qu'en 1825 (V. 13 juin 1825).

Il est essentiel de remarquer que, dans la fixation des dépenses générales du service, les dépenses départementales et communales *ne sont pas portées*, même pour *mémoire*.

Le budget des recettes est évalué, pour l'année 1828, à la somme de 924,410,361 fr.

(7,801,527 fr. de plus que pour l'exercice de 1827.) Le budget des recettes de 1826 avait été évalué à 7,486,970 fr. de moins; M. de Villèle rétablit l'équilibre à sa manière; *il y aura déficit*.

Pour *moyens de service*, le ministre des finances est autorisé à créer 125 millions de bons royaux, etc.

(V. 6 juillet 1826, pour les observations relatives à ces *assignats* de la trésorerie.)

27. — Ordonnance du roi, qui prescrit la formation des listes pour l'organisation du jury (V. 2 mai).

27. — Ordonnance du roi, portant convocation des conseils généraux des départements et des conseils d'arrondissement, et fixant l'ouverture, la durée et la clôture de leurs sessions..... Ces conseils ne représentent pas, ils ne peuvent pas même représenter l'opinion nationale : ce sont tout uniment des bureaux consultatifs, placés sous l'influence directe du ministère et de l'autorité préfectorale.

1ᵉʳ Juillet. — Ordonnance du roi qui approuve le bref du pape portant institution du sieur Pierre Wailly, supérieur général de la congrégation des *Lazaristes*. — Cette congrégation a été abolie par une loi; l'ordonnance qui la rétablit se fonde sur les lettres-patentes données, en faveur de ladite congrégation, sous les règnes de Louis XIII, Louis XIV et Louis XV, et sur les ordonnances rendues par Louis XVIII en 1815 et années suivantes... Les empiétements de la cour de Rome s'étendent chaque jour, et affectent de plus en plus les droits de la couronne de France; en nommant un supérieur de congrégation, le pape exerce en quelque sorte un droit de souveraineté en France, quoique le bref de nomination y soit (selon la formule ordinaire) reçu « sans approbation des clauses, formules et expressions qui sont ou pourraient être contraires à la Charte constitutionnelle, aux lois du royaume, aux franchises, libertés et maximes de l'Église gallicane. » Les principes ultramontains font irruption de toutes parts, la France voit des couvents s'élever dans tous les départements, et les jésuites ne déguisent plus leur intention de replacer le royaume sous le joug de la cour de Rome.

L'ordonnance de ce jour est d'une importance majeure; elle prouve que le ministère Villèle se dessaisit, au profit du pape, c'est-à-dire des jésuites, du droit de nommer le supérieur de la congrégation des lazaristes, droit que Napoléon Bonaparte s'était formellement réservé par son décret du 27 mai 1804 : ce décret, qui autorisait l'établissement, à Paris, d'une association de prêtres séculiers, sous le titre de prêtres des missions étrangères, avait été *rapporté* en 1809, et les missions à *l'intérieur* avaient été défendues ; la congrégation des lazaristes était donc et demeurait abolie de droit ; elle ne pouvait être rétablie qu'en vertu d'une *loi!* Il y a plus, les communautés ou congrégations religieuses, même de femmes, ne peuvent être établies qu'en vertu d'une loi (V. 24 mai 1825)..... Eh bien, M. Frayssinous, au mépris de toutes les lois antérieures, fait rétablir par ordonnance la congrégation des lazaristes! Qui ne voit clairement aujourd'hui que les jésuites peuvent, par conséquent, être rétablis au moyen d'une ordonnance? Voilà comment le ministère Villèle se joue de toutes les lois, même de celles qu'il a fait rendre (V. 24 mai 1825).—M. Frayssinous pourra être appelé, à bon droit, le second fondateur de l'ordre des jésuites.

2.— Camp de Saint-Omer (Pas-de-Calais). — L'évêque d'Arras (M. Latour-*d'Auvergne-Lauraguais*, s'appelant, avant 1789, Latour *Saint-Paulet*) bénit l'autel nouvellement construit en avant du camp d'Helfaut, et destiné à la célébration de l'office des dimanches, en présence des troupes du camp sous les armes..... Le *Moniteur* (14 juillet) fera le plus touchant éloge du recueillement des troupes pendant l'allocution prononcée par l'évêque, respectable prélat non moins fidèle à la légitimité qu'il s'était montré dévoué à la république et à l'empire..... Les troupes qui forment le camp ont élevé des autels et des oratoires en gazon; on admire l'adresse et le goût que ces pieux soldats déploient dans ces constructions; des architectes de profession n'observeraient pas mieux les proportions, les règles et les formes : le zèle et les talents de ces militaires sont des plus édifiants.

3. — Décret par lequel l'empereur du Brésil et roi de Portugal, don Pedro IV, nomme l'infant don Miguel son lieutenant en Portugal; le décret porte : « Lui re-
« mettant tous les pouvoirs qui m'appartiennent com-
« me roi de Portugal et des Algarves, et qui sont fixés
« par la Charte constitutionnelle, afin qu'il gouverne
« et régisse ces royaumes suivant la Charte. »
Don Pedro a pris (dit le décret) en sa royale considération l'intelligence, l'activité et la fermeté de caractère de son très-aimé et estimé frère l'infant don Miguel..... Don Pedro pourra juger avant peu de l'usage que don Miguel fera de ce décret!!!

4. — République d'Haïti. — Proclamation de Boyer, président de la république, à l'occasion d'une conspiration dirigée contre lui; elle est déjouée, et quatre des principaux conspirateurs sont condamnés à mort....... Le président Boyer a adopté un système de coercition militaire, pour soumettre le peuple aux travaux assidus de la culture des terres; ce système provoque le mécontentement des Haïtiens, qui sont en général peu satis-

faits de se voir forcés de payer une somme de cent cinquante millions, pour prix de la reconnaissance de leur indépendance par la couronne de France (V. 17 avril 1825).

4. — Ordonnance du roi, qui applique aux colonies françaises les principales dispositions du code d'instruction criminelle. — Cette ordonnance, quoique imparfaite, est un grand bienfait pour les individus de condition libre, et même pour les esclaves; mais son exécution éprouvera de grandes difficultés, si toutefois elle n'est pas éludée et violée ouvertement par les colons; ils s'opposent à toute amélioration dans le sort des hommes de couleur, et ne veulent envisager leurs esclaves que comme une propriété, un bétail dont ils peuvent disposer à leur volonté.

6. — Traité conclu entre la France, l'Angleterre et la Russie, pour la pacification de la Grèce. — Les trois puissances déclarent que le but de ce traité est de mettre un terme à l'effusion du sang humain qui dure depuis six années dans les provinces turques de la Grèce, et de garantir les intérêts maritimes et commerciaux des trois puissances dans la Méditerranée : en conséquence, intervenant dans les affaires de la Turquie en Grèce, elles proposeront à la Porte ottomane un armistice d'une durée limitée, pendant lequel les trois puissances feront tous leurs efforts pour arranger la question relative à la Grèce et à la Turquie sur une base telle que la lutte actuelle cesse définitivement.

Ce traité annonce des mesures dilatoires et de temporisation qui prouvent à quel point l'influence russe prédomine dans les conseils des grandes puissances; l'Angleterre et la France ne font rien, ou font peu en faveur de la Grèce, et font beaucoup pour la Russie qui ne se lie, dans cette transaction diplomatique, que par rapport à la question grecque, en conservant intactes toutes ses prétentions ou réclamations contre la Turquie par rapport à la question russe. Ce traité amphibologique, et sans prévoyance, secondera merveilleusement les vues et l'ambition du cabinet de Saint-Pétersbourg; la Russie a rassemblé une formidable armée sur les bords du Pruth, et n'attend qu'un prétexte pour lui donner l'ordre d'entrer en campagne; il trouvera ce prétexte dans le refus de la Porte ottomane d'accepter l'intervention des trois puissances par rapport aux affaires de la Grèce, refus qu'on peut déjà regarder comme certain. Ainsi, pendant que la Turquie continuera à épuiser ses forces contre les Grecs, la Russie lui demandera l'exécution de la convention d'Akermann (V. 7 octobre 1826), et se ménagera de plus en plus les moyens d'envahir la Moldavie et la Valachie pour s'ouvrir le chemin de Constantinople : le cabinet de Saint-Pétersbourg ne permettra point aux cabinets de Londres et de Paris de s'immiscer dans ses discussions avec la Porte ottomane, et profitera, dans son intérêt exclusif, de tous les embarras que le traité du 6 juillet doit susciter au divan.

Ce traité est une des plus perfides, ou des plus fausses et des plus timides résolutions que pussent prendre les ministres anglais et français; il doit nécessairement entraîner des résultats favorables aux intérêts russes, et nuisibles aux intérêts de la France et de l'Angleterre qui ne conserveront plus de garanties contre l'ambition russe que dans la modération de l'empereur Nicolas : enfin, ce traité dont les bases sont faussement posées, et dont les moyens d'exécution sont dérisoires s'ils ne sont pas perfides (répétons-le), peut être considéré comme l'*ultimatum* de la Russie contre la Porte, et par conséquent comme une déclaration de guerre en lettres-closes, lancée contre le divan par le cabinet de Saint-Pétersbourg..... M. Canning a eu l'intention, ou s'est trouvé forcé de ménager la Russie; il a cru arrêter, par une transaction diplomatique, l'ambition des successeurs de Catherine II, il ne fera que donner à cette ambition un nouvel aliment, en lui fournissant des prétextes plausibles pour entamer bientôt les hostilités : et la Grèce n'en sera pas plus libre!

8. — Une ordonnance du roi nomme les sieurs de Blaire, conseiller d'État, et Ollivier, conseiller à la cour de cassation, membres du conseil chargé de la surveillance de la censure, en remplacement de MM. Cuvier et Broé.

Sans rechercher les motifs qui déterminent ces deux membres à donner leur démission, l'opinion publique leur sait gré de se séparer des hommes chargés d'étouffer la pensée.

29. — Ordonnance du roi qui autorise la cour des comptes à recevoir le compte des fonds provenant de la souscription ouverte pour l'acquisition du domaine de Chambord, et à constater par arrêt le produit et emploi desdits fonds.

1er Aout. — Ordonnance du roi pour l'exécution du Code forestier. — Une direction générale exercera les attributions conférées par le Code à l'administration forestière; elle sera composée d'un directeur général et de trois administrateurs... L'ordonnance est en 197 articles; elle renferme plusieurs bonnes dispositions, et plusieurs aussi qui rendent en quelque sorte l'administration forestière juge des délits commis par ses agents, et qui compromettent par conséquent les intérêts et les droits des citoyens qui seront en litige avec ladite administration... Toujours l'arbitraire administratif sous le régime constitutionnel !

1ᵉʳ. — Ordonnance du roi qui fixe la répartition d'un nouveau crédit de 200,000 francs pour les armées de l'Ouest, accordé par la loi des finances du 24 juin 1827 pour l'exercice 1828. — La sollicitude vraiment royale de Charles X pour les Vendéens et les chouans qui ont soutenu la cause des Bourbons, atteste la reconnaissance dont le monarque ne cesse de leur donner des preuves.

3. — Le sénat et la chambre des représentants de la république de Colombie, assemblés en congrès, convoquent la grande assemblée nationale de la Colombie dans la ville d'Ocana, le 5 mars 1828, pour s'assurer si la constitution doit être réformée, et procéder dans ce cas à sa réforme..... Le 8 août, le congrès décrètera que la force armée effective et permanente des différentes provinces de la république, sera de 9,980 hommes.

8. — Georges Canning, né en 1770, membre du conseil privé du roi Georges IV, premier lord commissaire de la trésorerie, chancelier et sous-trésorier de la Grande-Bretagne et de l'Irlande, meurt à Chiswick (château du duc de Devonshire, à 6 milles de Londres)... Ce ministre cesse de vivre dans des conjonctures qui rendent ses talents et son énergie plus nécessaires que jamais à la prospérité intérieure et à l'influence politique de la Grande-Bretagne ; telle est l'opinion générale

du pays : sa mort répand l'affliction dans les trois royaumes... Les journaux anglais disent : « ... Les fa-
« tigues, les soins, les inquiétudes des quatre der-
« niers mois l'avaient conduit à ce lit de douleur dont
« il ne devait plus se relever. Il avait eu à combattre les
« obstacles les plus propres à détruire les forces d'un
« caractère tel que le sien, une persécution déloyale,
« basse et haineuse. Les insultes, les viles insinuations,
« les atroces calomnies dont M. Canning avait été l'ob-
« jet, n'avaient pas de parallèle dans l'histoire des
« haines de parti. »

Entré à l'âge de vingt-quatre ans dans la chambre des communes, sous les auspices de Pitt et de Burke, M. Canning se montra constamment leur adepte, leur disciple fidèle ; il voua une haine implacable à la révolution française ; attaqua les principes et les résultats de cette révolution avec une violence et une injustice souvent fatales aux intérêts de son propre pays ; se déchaîna, dans une foule d'écrits satiriques, contre les personnages les plus remarquables de France, et descendit jusqu'à la calomnie envers la plupart de ceux qui professaient des principes de liberté républicaine... L'humanité et la liberté constitutionnelle ont le droit de reprocher à la mémoire de M. Canning le caractère et la durée de cette *guerre d'extermination* qui répandit tant de calamités sur l'Europe.

Dès son avénement au trône consulaire, Bonaparte fait des ouvertures de paix, et il est permis de croire à leur sincérité ; Pitt a témoigné quelque désir de traiter, il a même déclaré *que le gouvernement consulaire s'annonçait avec toutes les apparences de l'ordre et de la stabilité :* Canning accourt en toute hâte, et fait éclater la plus vive indignation à la seule idée d'entrer en négociation ; il use de tout son ascendant sur l'esprit du premier ministre et contribue puissamment à le détourner de toute intention pacifique.— Après les traités de Tilsitt, Napoléon, de concert avec l'empereur Alexandre, fait de nouvelles propositions de paix au cabinet anglais; Canning les repousse avec hauteur; son langage est impérieux, ses manières sont insultantes et tout décèle dans ce ministre une haine aussi violente contre la France que peu éclairée sur les véritables intérêts de l'Angleterre : le système de *guerre d'extermination*, adopté en 1793 par le cabinet de Saint-James, sera donc suivi jusqu'en 1814, et M. Canning n'aura pas moins contribué que M. Pitt à étendre, à aggraver les calamités de l'Europe.

A l'exemple du fils de Chatam, M. Canning devient l'un des grands moteurs qui décident l'Angleterre à perpétuer, pendant vingt années, les épouvantables désastres dont les rois et les peuples ont également à gémir : son entrée au ministère des affaires étrangères est signalée par le bombardement de Copenhague et le vol à main armée de la flotte danoise; enfin Canning donne son assentiment à toutes les usurpations, à toutes les spoliations commises, en 1814 et 1815, par le congrès de Vienne, et associe avec orgueil son nom à celui de l'infâme lord Castlereagh dans les actes politiques les plus odieux commis par la *sainte-alliance*.

Pendant trente années, l'homme que l'Angleterre pleure aujourd'hui, a adopté, avec un froid enthousiasme, tous les plans, tous les actes destructeurs des libertés publiques; jusqu'à la mort de Castlereagh, il a soutenu, il a défendu de toute son éloquence parlementaire le système d'oppression embrassé par Metternich et Nesselrode; il a été le vil flatteur, il s'est honoré d'être ostensiblement l'appui de cette étroite, cruelle, et inepte politique qui rendra à jamais exécrables les noms des ministres dirigeant en 1814, 1815, etc., les affaires de l'Europe et celles de l'Angleterre.

M. Canning mérite encore de graves reproches, pour l'acharnement avec lequel il poursuivit Napoléon captif et désarmé : nous savons, et très-pertinemment, qu'il conseilla d'user de la plus extrême rigueur contre l'illustre victime de la perfidie britannique; il excita Castlereagh à redoubler les barbaries du traitement infligé à Napoléon; des personnes en position d'être bien informées vont jusques à assurer que M. Canning indiqua sir Hudson-Lowe comme le geolier *le plus digne* d'être gouverneur de Sainte-Hélène!

Les Anglais véritablement attachés aux libertés de leur pays ne sanctionneront pas les éloges si complaisamment prodigués à M. Canning, par les journalistes français... M. Canning a voté pour la suspension de l'*habeas corpus* et le maintien de l'*Alien-Bill;* il s'est opposé à l'amélioration du Code criminel, honte de l'Angleterre, code empreint d'une barbarie et d'une ignorance gothiques; il s'est prononcé en faveur de tous les bills tendant à restreindre la liberté de la presse; il a opiné pour la recherche des armes à domicile et la violation du toit domestique; il a repoussé à l'égal d'un crime, toute idée de réforme parlementaire, et n'a pas rougi de dire qu'il regardait la question de la réforme comme *monstrueuse et révoltante*. Dévoué aux doctrines du pouvoir absolu, ambitieux de places et altéré de renommée, M. Canning est demeuré pendant trente années dans les rangs des ennemis de la liberté constitutionnelle : dans tous ses discours on l'a vu se montrer chaud partisan des catholiques, et il s'est prononcé contre eux dans le cabinet lorsqu'il s'est agi de l'émancipation; disant, « que le moment de discuter favorablement la question pour eux, n'était pas arrivé, qu'il fallait attendre, etc. »

Devenu maître des décisions du département des affaires étrangères, alors, et seulement alors, le grand complice du système de Castlereagh proclame les principes et les droits de la liberté constitutionnelle; il s'écrie : *Liberté civile, religieuse, commerciale dans les deux mondes!* Mais à cette heure l'Angleterre elle-même ne peut plus être sauvée que par la liberté constitutionnelle; le premier ministre des trois royaumes reconnaît cette vérité et déclare « qu'il intervien-
« dra en faveur de tout peuple qui réclamera protec-
« tion et appui contre toute oppression politique et
« religieuse. » Autant vaudrait la sentence : *L'insurrection est le plus saint des devoirs!*..... M. Canning fait entendre, dans le parlement britannique, ces paroles : « Je ne doute pas, *d'après le pouvoir immense*
« *de la Grande-Bretagne,* que les mécontents de tous
« les pays, proscrits par leurs gouvernements, ne s'em-
« pressassent de s'unir à elle contre le pouvoir absolu. »
C'est appeler les sujets à la révolte contre leurs souverains : mais M. Canning ne pense pas, ne veut pas tout ce qu'il dit, tout ce qu'il fait : ce premier ministre menace les gouvernements absolus, il n'interviendra point, cependant, en faveur des peuples d'Espagne, de Portugal, de Naples, de la Grèce, ou il interviendra d'une manière funeste pour eux.

Au reste, il ne faut pas s'étonner que le cabinet de Saint-James prêche, par l'organe de M. Canning, le *droit d'insurrection* et *de révolte;* ce cabinet a bien proclamé le *droit d'assassinat,* par l'organe de lord Hawkesbury : ce chef du conseil britannique ne rougit pas de justifier les complots et machinations des Wickam, des Drake, des Georges Cadoudal, etc.; en

1804, il dit : « Tout gouvernement sage se doit à lui-
« même et au monde en général, de profiter de tout
« mécontentement qui existe dans le pays avec lequel
« il peut se trouver en guerre, et par conséquent
« de prêter *aide et assistance aux projets des mé-
« contents.* »

Irréconciliable ennemi de la France, M. Canning
a déversé les insultes et les outrages sur la nation française : un Français pourrait-il lui pardonner les discours qu'il se permit à Bordeaux, en 1816? L'insolence
et la bassesse (on ne peut, malheureusement, se servir
d'autres expressions) y furent portées au dernier excès;
et, ce qui est plus déplorable, ces discours causèrent
aux négociants bordelais des transports de joie si éclatants, et furent accueillis par de si vifs éloges, que l'orgueil d'un Anglais dut s'étonner et se réjouir de tant de
dégradation.

Une aussi grande insulte au nom français ne nous
rendra pas injuste envers le ministre qui descend aujourd'hui dans la tombe; après avoir montré M. Canning attaché pendant si long-temps au pouvoir absolu,
nous dirons que, dans les quatre dernières années de
sa vie, il manifesta la volonté de placer l'Angleterre à
la tête de la liberté du monde.

Ici commence, selon nous, la gloire de M. Canning.

L'on a prodigieusement exalté son génie, comme
homme d'État. Nous n'examinerons pas quel est le degré
de supériorité d'un ministre qui paraît adopter pour
base de sa conduite une politique *expectante;* nous ne
rechercherons même pas si ce ministre, arrivé au terme
de sa carrière, était véritablement l'ami, le partisan
de ces libertés constitutionnelles qu'il proclamait, avec
une si menaçante ostentation, contre le pouvoir ab-

solu : adoptons les déclarations, sans en scruter la sincérité.

M. Canning annonce qu'il va marcher à la tête de la civilisation européenne, pendant que M. de Metternich déclare une guerre à mort aux lumières du siècle et aux libertés nationales; mais les mesures actives du ministre anglais sont-elles conformes et proportionnées à des desseins si généreux? s'est-il préparé à l'attaque ou à la résistance avec cette profondeur de vues et cette force d'action qui peuvent seules en assurer le succès? Ses plans ne sont-ils, au contraire, qu'ébauchés? et ses desseins ne peuvent-ils pas être aussi facilement renversés qu'ils ont été tardivement conçus et faiblement entrepris? Enfin les discours et les actes du premier ministre se trouvent-ils en parfaite harmonie, ou bien l'homme d'État s'est-il mis en contradiction avec lui-même?

Interrogeons ici les événements et les faits. En politique, les plus beaux discours du monde ne signifient rien : c'est par les faits que l'homme d'État est jugé.

Quatre grandes questions se présentent : celles de l'Amérique du Sud, de la Grèce, de l'Espagne, du Portugal.

Dans l'affaire d'Espagne, M. Canning adopte le système de *neutralité*; il a déclaré « qu'il refusait à quel-
« que puissance que ce fût le droit d'intervenir par la
« force dans les affaires d'un pays; » et, néanmoins, il laisse la France intervenir à main armée dans les affaires intérieures de la Péninsule; il va plus loin, il approuve cette guerre « à cause du mal qu'elle doit
« faire à la France »; il reconnait, en plein parlement, l'injustice de l'invasion, mais pour *réparer* cet aveu, il ajoute « que la conduite des Français pendant
« les hostilités a été digne d'éloges. » Le ministre an-

glais s'embarrasse fort peu de la liberté constitutionnelle des Espagnols, il veut seulement empêcher que le renouvellement du *pacte de famille* (pacte abrogé par les articles secrets du traité conclu, en 1814, entre la France et l'Angleterre) ne devienne un des résultats de la conquête d'Espagne par les armées françaises. Que les cortès et les autorités constitutionnelles de ce royaume soient jetés dans la fosse aux lions, le ministre anglais ne s'en inquiète guère, quoiqu'il ait *reconnu* ces cortès et ces autorités ; il dira : « Je laisse à « la France tous les résultats de la guerre d'Espagne ; « j'ai trouvé une *compensation* pour l'invasion de l'Es- « pagne, pendant que je laisse à la France son fardeau « ingrat (l'occupation) dont elle voudrait bien se dé- « barrasser et qu'elle ne peut porter sans se plaindre. » Quant à la constitution espagnole, M. Canning a dit : « Elle peut être soumise à la révision, attendu que la « période de huit années fixée par elle-même pour cette « révision, était écoulée », comme si les huit années du gouvernement-modèle de M. de Châteaubriand (1812 à 1820), années de potences et de cachots, étaient huit années d'épreuves du gouvernement constitutionnel !

Forcé dans ses derniers retranchements par *l'opposition* parlementaire, M. Canning avoue qu'il a été trompé par le gouvernement français et dupe des protestations de ce ministère auquel il a fait, dit-il, toutes les concessions demandées : être dupe d'un homme d'État aussi médiocre que M. de Villèle ! Quelle perfidie dans les aveux, ou quelle courte vue en politique !

En définitive, M. Canning fait des vœux solennels pour le triomphe de la cause constitutionnelle en Espagne, et abandonne l'Espagne aux fureurs et aux vengeances des absolutistes. — « Il veut éviter la guerre, *vu la situation de l'Angleterre.* » Mais n'a-t-il pas menacé le pouvoir absolu du *pouvoir immense* de la Grande-Bretagne ralliant à elle les mécontents, les proscrits de tous les pays? Que conclure de tout ceci? Que M. Canning étale de beaux principes et suit une politique déloyale.

Quant à la Grèce : M. Canning a chanté, en vers passionnés, son amour pour la liberté de ce pays ; il ne fait rien pour lui ; il garde la *neutralité* dans l'épouvantable guerre qui couvre le Péloponèse de ruines et de cadavres ; il favorise en dessous main les féroces dévastateurs de cette contrée, et ne songe à *pacifier* la Grèce que lorsque sa population est décimée : il conclut le traité du 6 juillet entre la France, l'Angleterre et la Russie, afin de mettre un terme aux massacres ; mais le traité n'a et ne saurait avoir, en définitive, d'autres résultats que de laisser à la Russie un prétexte plausible et une entière liberté de démembrer la Turquie, démembrement que le cabinet de Saint-James tolèrera dans l'espoir d'obtenir à ce prix, peut-être, une grande influence dans l'archipel de la Grèce : même *compensation* que pour l'invasion de l'Espagne ! M. Canning ne protége pas la liberté constitutionnelle en Grèce, il cherche simplement à y *établir* la dictature maritime et commerciale de la Grande-Bretagne ; mais l'élève de Castlereagh et de Pitt se trompe dans ses calculs politiques : il laissera, au moment de sa mort, la Grèce plus exposée que jamais à l'influence russe.

La libéralité constitutionnelle de M. Canning n'aura été guère plus sincère dans les affaires du Portugal ; du moins, le ministre anglais s'est prononcé ici d'une manière vigoureuse « pour maintenir la tranquillité pu-« blique dans ce royaume. ». Tout en observant la neutralité, le cabinet britannique envoie une armée et une escadre dans le Tage; mais ce n'est pas la liberté constitutionnelle de la nation que soutient M. Canning, c'est une colonie anglaise qu'il défend : il occupe la capitale, et ne prend que des demi-mesures ; elles suscitent pour le moment des obstacles aux absolutistes qui ont annoncé hautement l'intention de renverser l'autorité légitime et la constitution de don Pedro ; mais ces demi-mesures auront bientôt pour effet de rendre les absolutistes plus puissants, plus atroces et plus acharnés à la destruction de la monarchie légitime et constitutionnelle.

Dans les affaires de l'Amérique du Sud, M. Canning a complétement réussi dans son amour pour les libertés politiques et religieuses, parce que l'intérêt national de l'Angleterre était dans cette conjoncture direct, immense et tout-à-fait pressant : le commerce, les finances, les manufactures de la Grande-Bretagne, se trouvaient dans un état de souffrance qui n'admettait ni délais ni tempéraments ; il fallait s'emparer, de manière ou d'autre, des mines d'or et d'argent, des plus précieuses productions des provinces espagnoles : aussi le cabinet de Saint-James, toujours *neutre* publiquement dans la querelle de la métropole avec les colonies, les a excitées en secret à secouer le joug ; il leur a fourni des munitions de guerre, des marins, des soldats, des directeurs politiques, le tout en respectant (à la manière anglaise) les droits de la couronne d'Espagne et la foi des traités..... La victoire s'est décidée pour les indépendants ; aussitôt M. Canning se prononce hautement en leur faveur : dès le 1er janvier 1825, il déclare aux ambassadeurs et ministres étrangers à Londres, que l'Angleterre reconnaît les États de Buénos-Ayres, du Mexique et de Colombie, et que des traités de commerce ont été négociés avec ces États sur la base de la reconnaissance de leur indépendance.

Admirable probité politique! M. Canning déclare solennellement que : « Les métropoles ont le droit de re-« conquérir leurs colonies, » et traite avec ces colonies en reconnaissant leur souveraineté; mais si l'Espagne parvenait à les reconquérir, M. Canning devrait donc retirer sa *déclaration* de leur indépendance; c'est évidemment abuser, tromper, sacrifier les colonies ou la métropole, selon l'ordre des événements. En même temps, le ministre dirigeant le cabinet de Saint-James renouvelle la déclaration que ce cabinet ne souffrira pas *qu'aucune puissance prête son appui à l'Espagne, dans l'exercice de son droit de reconquérir ses colonies;* c'est bien positivement consolider leur insurrection et violer tous les droits de la métropole.

Une semblable direction politique peut être conforme pour le moment aux intérêts nationaux, aux besoins commerciaux de l'Angleterre et aux exigences de son industrie; mais, à coup sûr, elle n'a pas cette hauteur de vues, cette portée de génie, qui signalent le grand homme d'État, l'homme qui règle le sort des nations et dispose des destinées de l'univers.

Le premier résultat de la reconnaissance des républiques de l'Amérique du Sud, précipite le commerce et l'industrie britannique dans des spéculations si immenses, si avidement entreprises, si étourdiment calculées, que les négociants des trois royaumes sont presque tous sur le point de faire faillite; une crise dont la violence et l'étendue effraient le monde commercial, vient mettre à nu la situation financière et industrielle de l'Angleterre; jamais *la prospérité toujours croissante du pays* n'a couru de si grands dangers! M. Canning les a-t-il prévus? s'est-il fait illusion sur l'état intérieur des provinces ci-devant espagnoles, sur la quantité des importations qu'elles pouvaient supporter et solder ? a-t-il éclairé les manufacturiers et les capitalistes des trois royaumes sur les effets que devaient inévitablement entraîner la quantité et la précocité de leurs opérations? ou bien n'aurait-il eu que de fausses données sur les véritables ressources intérieures de l'Amérique du Sud? Dans tous les cas, il y a imprévoyance ou défaut de connaissances positives : une crise épouvantable a éclaté en Angleterre, le commerce et les manufactures des trois royaumes ont été exposés à un bouleversement général au moment même où M. Canning a proclamé l'indépendance de l'Amérique méridionale.

La direction politique de ce ministre est remarquable : il menace et ne se met pas en mesure de frapper; il meurt et laisse indécises, plus embrouillées que jamais, il laisse dans une confusion toujours croissante les affaires de la Grèce, d'Espagne, de Portugal et même, à certains égards, celles de l'Amérique! Il a montré à l'absolutisme et à l'ultramontanisme les dangers qui les menaçaient, et rien n'a été préparé pour déjouer leurs complots et leurs hostilités flagrantes contre la civilisation : il fallait, ce semble, parler moins et agir davantage. Si M. Canning eût vécu quelques mois de plus, il eût jugé par lui-même de la solidité de son système de liberté politique et religieuse ; ce système a été renversé, sans opposition de la part de la nation anglaise, par l'homme le plus médiocre du siècle, par Wellington ; M. Canning avait bâti sur le sable.

Lors des conférences de Saint-Pétersbourg, relativement aux affaires de la Grèce (mars 1826), il était encore temps d'arrêter la Russie, de prévenir la guerre entre cette puissance et la Porte ottomane : M. Canning y serait très-certainement parvenu en déployant une attitude forte, en se prononçant d'une manière définitive : le successeur d'Alexandre était à peine assis sur le trône, l'Angleterre pouvait dicter des lois à Saint-Pétersbourg : quelques mois après, il n'était plus temps et la guerre était devenue, pour le nouvel empereur, une nécessité de position encore plus que d'ambition..... M. Canning parle du *pouvoir immense de l'Angleterre* et il ne montre pas ce pouvoir, et il déclare, au contraire, qu'il veut *à tout prix éviter la guerre* et maintenir la paix en Europe : mais de la sorte il n'évite la guerre que pour quelques mois, et il fait descendre l'Angleterre au rôle de spectatrice d'événements que bientôt il ne dépendra plus d'elle d'empêcher, ni de diriger : à peine le cabinet de Saint-Pétersbourg daignera-t-il informer le cabinet de Saint-James des mesures hostiles qu'il lui conviendra de prendre !....

Un an avant la mort de M. Canning, les grandes puissances du continent étaient assez embarrassées dans leurs affaires intérieures pour que ce premier ministre pût facilement les empêcher de se livrer à aucun acte hostile contre l'Angleterre ; mais il fallait, on le répète, se prononcer hautement, franchement, et c'est ce que M. Canning voulait éviter. La fausse direction de sa politique devait donc donner et a donné une plus grande force à l'ambition russe : avant qu'il soit longtemps, le cabinet de Saint-James éprouvera ce qu'une telle politique renfermait de pertes, de dangers et de honte : car si les Russes éprouvent des obstacles sérieux et n'arrivent pas à Constantinople avec autant de facilité qu'on le croit généralement, ils finiront de manière ou d'autre par planter leur étendard sur les tours de Sainte-Sophie ; la faiblesse et la corruption politiques sont telles aujourd'hui en Europe, qu'on ne voudra pas, qu'on ne saura pas empêcher le démembrement de l'empire turc; les grandes puissances se féliciteront même d'avoir une part de la dépouille, et reproduiront pour la Turquie l'honorable et habile politique dont elles se souillèrent envers la Pologne... Les événements ultérieurs feront juger le génie politique de M. Canning.

A certains égards, M. Canning était un personnage distingué, et l'on peut le placer au nombre des hommes dont s'honore l'Angleterre : mais constamment dominé par sa haine contre la France, il a porté de fortes atteintes à la liberté et aux intérêts de son propre pays en épousant les mesures et les vues de lord Castlereagh, en n'abandonnant un système destructeur de toutes les libertés nationales que lorsque les événements sont venus lui démontrer qu'un tel système allait entraîner la ruine immédiate de l'Angleterre : car l'on peut dire de ce ministre qu'il n'a abjuré les doctrines du pouvoir absolu qu'à son corps défendant; c'est un converti, regrettant sa première religion. Sans doute, en suivant les funestes et coupables errements de Pitt et de Castlereagh, M. Canning croyait travailler pour la sûreté et l'indépendance de l'Angleterre; mais l'homme d'État qui peut s'abuser à ce point, dépose contre son génie.

Toujours dupe de son aversion pour la France, le ministre des trois royaumes mettait sans cesse en avant et avec une sorte d'orgueil, sa confiance et son espoir dans le ministère français; était-il de bonne foi dans ces assertions? Il est difficile de le penser; M. Canning était, bien incontestablement, l'homme d'Angleterre qui avait le plus d'esprit: un esprit de cette étendue, ou de cette finesse, pouvait-il ne pas remarquer, apercevoir, soupçonner dans le premier ministre de France, l'absence totale de profondeur de vues politiques, de sentiments généreux, de talents et de probité en matière de législation, d'économie politique et de diplomatie, qui caractérise M. de Villèle? On peut se croire bien près de la vérité en pensant que M. Canning continuait, d'une manière déguisée, la politique de ses prédécesseurs : *faire le plus de mal possible à la France.*

Le cabinet de Saint-James commit en 1814 une faute immense; la position critique et si peu honorable où se trouve aujourd'hui ce cabinet, vient directement de cette faute; il dilapida ses succès politiques de 1814 et de 1815; il ne chercha qu'à humilier, qu'à affaiblir la France; il y fomenta les dissensions politiques et religieuses, et mit tous ses soins à les entretenir après les avoir ouvertement excitées : aussi, plus le ministère Villèle opprime les libertés nationales et dégrade le nom français, plus le ministre anglais parle de la conformité de vues, de l'harmonie, de l'union, du concert parfait, qui règnent entre l'Angleterre et la France! Il est difficile d'adopter un système politique plus faux, plus étroit, plus odieux; et tout cela pour avoir le monopole du café, du sucre et du coton. L'Angleterre perd l'Europe, afin d'usurper le commerce de l'Amérique du Sud; elle descend vis-à-vis de la Russie, au rang de puissance secondaire, et tellement secondaire qu'au moment de la mort de M. Canning, l'Angleterre ne pourra déjà rien empêcher à Saint-Pétersbourg..... Enfin tous les préparatifs politiques du premier ministre seront renversés aussitôt qu'il disparaîtra, et ses discours en parlement depuis son arrivée au pouvoir seront la seule chose qui restera de son système.

Pour être juste envers M. Canning, il faut lui tenir compte des obstacles que lui a continuellement suscités la haute aristocratie, et de la résistance presque invincible qu'il rencontrait dans certaine volonté : il faut encore jeter les yeux sur la dette publique de l'Angleterre, disent les partisans du ministre, pour expliquer la faiblesse et l'inutilité de ses efforts en Espagne, en Portugal et en Grèce : mais l'état des finances anglaises était un motif de plus pour se prononcer hautement envers la Russie ; elle se serait arrêtée sur les bords du Pruth et n'eût pas osé entreprendre ces hostilités qui forceront, un peu plus tôt, un peu plus tard, l'Angleterre à entrer en guerre... Tranchons le mot : lors de la conclusion du dérisoire traité de Londres (6 juillet 1827,*) la vieille Angleterre n'était plus, et M. Canning n'avait pas un génie assez puissant pour la ressusciter.

M. Canning sera toujours cité comme orateur et homme de lettres ; il avait beaucoup de littérature et d'instruction ; doué d'une imagination poétique, il abondait en images et en figures de rhétorique ; mais son éloquence tombait quelquefois dans la déclamation. Son style était en général pur, et sa diction élégante et facile ; son discours paraissait même naturel, quoiqu'il

---

* Nous disons que le traité du 6 juillet est dérisoire ; en effet, il n'a pas pour but l'indépendance de la Grèce qui a fait de si grands efforts pour reconquérir sa liberté politique ; il a pour but la réconciliation entre la Porte et les Grecs ; et, pour y parvenir, les signataires stipulent que la Grèce paiera une indemnité et un tribut annuel à la Porte ottomane..... Mais la Grèce ne se prêtera pas plus que la Porte à ce tribut, à cette réconciliation : peut-on raisonnablement supposer que les Turcs renonceront à leur système de barbarie et d'oppression envers les Grecs qui demeureront toujours, aux termes du traité, sous la suzeraineté ottomane ? Y a-t-il possibilité de réconciliation entre des bourreaux implacables et des victimes toujours placées sous le tranchant du sabre ?..... En dernière analyse, le traité du 6 juillet ne veut pas que la Grèce soit libre et s'appartienne à elle-même.

fût toujours étudié : il s'attachait à tourner en ridicule ses adversaires et ne leur épargnait pas les sarcasmes; il souffrait impatiemment la contradiction et la repoussait avec dureté, souvent même avec violence : M. Canning n'était pas toujours maître de lui, c'est un grand défaut dans l'homme d'État..... M. Canning n'avait pas l'éloquence véhémente et la vigoureuse diction de Pitt; il ne possédait pas non plus l'énergique dialectique de Fox, ni cette rectitude d'esprit que donne une profonde et continuelle réflexion : c'est que M. Canning n'avait pas l'âme de Fox, l'amour de l'humanité et de la liberté paraissait lui être étranger; aussi son attitude était calme, son regard serein et impassible au milieu des plus vives discussions parlementaires; il se renfermait ordinairement dans une froide ironie, et ses accents n'avaient rien de la vive chaleur qui distinguait l'éloquence de Fox.

Les absolutistes et les ultramontains font éclater, sans ménagement, sans pudeur, la joie que leur cause la mort de M. Canning; c'est le plus bel éloge qu'on puisse faire de ce ministre.

Les partisans des libertés constitutionnelles témoignent les plus vifs regrets en apprenant cette perte ; ils ouvrent à Paris une souscription pour faire frapper une médaille en l'honneur du ministre anglais : cette médaille n'est pas française!!!

9. — Le chansonnier Désaugiers meurt à Paris à la suite d'une opération de la pierre. — Nous ne ferions pas mention de cet individu s'il n'avait prouvé, comme chansonnier et rimeur de couplets de vaudevilles, jusqu'où peut descendre l'adulation : on peut dire à la lettre de M. Désaugiers qu'il fut le proxénète des événements et des circonstances, sans exception aucune.

Il se mit, dès 1794, à chanter la liberté et le *peuple souverain*, c'était alors dans l'ordre; depuis, tous les gouvernements qui se succédèrent en France pendant trente années eurent à subir ses éloges rimés, il en accabla surtout l'empereur Napoléon; sa petite muse revint aux Bourbons aussitôt que la Providence les eût rendus à la France. M. Désaugiers poussa l'excès de son dévouement de circonstance, au point de célébrer les désastres de l'armée française et de mettre en pot pourri la bataille de Waterloo. Un Français chanter la gloire de Wellington [*]! Au reste, ce chansonnier a ga-

[*] Wellington avait établi (juillet 1815) son quartier général à Gonesse, dans la belle ferme appartenant aux hospices de Paris; il était à table, lorsque Louis XVIII y arriva; le général différa de le recevoir, et l'auguste monarque fut obligé d'attendre; Wellington reçut enfin le roi au dessert, et lui fit avancer un fauteuil : le roi quitta bientôt le généralissime anglais, et alla coucher à Arnouville, chez M. de Machault, d'où Sa Majesté se rendit à Saint-Denis; ce fut dans ce dernier lieu que le maréchal Masséna, commandant général de la garde nationale de Paris, vint présenter ses hommages au roi et lui exposer la situation de la capitale. Le maréchal invita Louis XVIII à arborer la cocarde nationale, en lui représentant que cette mesure produirait le plus grand bien et serait infiniment agréable à la nation : « Vous avez raison (répondit « le roi au maréchal), mais je ne puis le faire; à ma première « entrée, j'aurais pu prendre sans inconvénient cette cocarde, « peut-être même aurais-je dû l'arborer; mais, maintenant, il « est trop tard; ma dignité ne me le permet pas. » Nous tenons ce fait de la bouche même du maréchal Masséna. — Louis XVIII avait trop de grandeur d'âme pour ne pas dédaigner les irrévérences de l'heureux de Waterloo, il ne retira pas ses bontés à Wellington et l'accabla au contraire de sa bienveillance : le généralissime anglais étant venu, de son quartier général de Valenciennes à Paris, présenter ses hommages au monarque, s'empressa de lui demander des nouvelles de sa santé : Louis XVIII, serrant affectueusement le bras de Wellington, lui répondit: «Ma

gné à chanter la restauration, la croix de la Légion-d'Honneur et une soupière de vermeil *.

M. Désaugiers a fait, seul ou en compagnie, une foule de petites pièces comiques et beaucoup de chansons. Sa versification était facile; ses productions ne

« santé ne va jamais mieux que lorsque j'ai mon premier mé-
« decin auprès de moi. » Il est difficile de mettre plus de courtoisie, plus de grâce dans un compliment adressé à un étranger, surtout si l'on songe que Louis XVIII avait le sentiment de sa dignité de roi de France; et l'anecdote suivante le prouve....
Louis XVIII, s'entretenant familièrement (1814) avec quatre ou cinq de ses courtisans, leur demanda quelles étaient, selon eux, les meilleures troupes de l'Europe : l'un se prononça hautement pour l'infanterie prussienne, l'autre pour la cavalerie autrichienne; celui-ci pour l'artillerie anglaise, celui-là pour les troupes légères russes, les *cosaques* : « Et vous, monsieur,
« dit Louis XVIII à M.***, quelle est votre opinion? — Sire, les
« meilleures troupes de l'Europe, et de toutes armes, sont
« sans contredit les troupes françaises : elles ont vaincu toutes
« les infanteries et les cavaleries des puissances étrangères.
« — Bien, très-bien, on n'est pas Français, messieurs, en
« pensant autrement : l'armée française est la première armée
« du monde; messieurs, avant tout nous sommes Français. »

* Que le chansonnier Désaugiers chante les désastres de Waterloo, il n'y a, dans une telle action, rien qui doive surprendre; mais que des personnages élevés en dignité expriment de pareils sentiments, voilà ce qui caractérise un grand oubli de la dignité nationale. — M. le général Dessolles va présenter, le 31 décembre 1815, ses compliments de nouvel an à S. A. S. monseigneur le prince de Condé; le prince les agrée avec bonté et dit au général : « Espérons que l'année prochaine sera plus heureuse que celle qui vient de s'écouler.
« — Plus heureuse, monseigneur! répond le général Dessol-
« les; n'avons-nous pas eu la bataille de Waterloo, et que
« peut-on désirer de mieux? » Cette anecdote a été racontée par M. le comte Robert de Maccarty, aide de camp du prince de Condé, membre de la chambre des députés de 1815, etc.

manquent pas d'un certain esprit; elles respirent surtout un grand fond de gaîté, le chansonnier la puisait dans son caractère et dans les plaisirs de la table.

Charles X, sur la proposition du vicomte de La Rochefoucauld, chargé de la direction des beaux-arts, accorde une pension de douze cents francs à la veuve de ce chansonnier; Sa Majesté accorde une bien plus grande faveur à sa mémoire. « Dans sa visite à l'exposition du Louvre, parmi les instruments de chirurgie que l'on doit à M. Gresling, le roi ayant remarqué l'instrument à broyer la pierre, a dit avec émotion : « Si Désaugiers avait été opéré par ce moyen, peut-« être n'aurions-nous pas à déplorer sa perte? » (*Moniteur*, 13 août.)

14. — Décret du roi d'Espagne, Ferdinand VII, pour la réorganisation de la police. — Le motif exprimé dans ce décret est de donner à l'établissement de la police générale créé le 6 janvier, l'*unité* et *la simplicité* qui lui manquent; le but est de veiller au dedans et au dehors du royaume à déjouer les conspirations contre l'ordre légitime et la sûreté de l'État, c'est-à-dire à établir l'absolutisme et l'ultramontanisme. — Toutes les attributions municipales et judiciaires sont confondues dans ce décret qui met l'Espagne en état de surveillance; mais telle est la désorganisation où se trouve ce malheureux royaume, que les conspirations y naissent les unes des autres : plus le gouvernement redouble de mesures de sévérité et de tyrannie pour y rétablir *l'ordre et la paix,* plus les dissensions et l'anarchie s'y étendent et s'y fortifient : le système de despotisme absolu, adopté par le gouvernement et poursuivi avec une si stupide inflexibilité, ne permet plus d'espérer que la tranquillité publique renaisse de long-

temps dans ce royaume que dévorent à la fois la tyrannie, la superstition, les moines et la misère... Les Espagnols sont soumis au régime des *cartes de sûreté*, inventé par le jacobinisme de 1793.

16. — Funérailles de M. Canning. — La cérémonie funèbre doit avoir lieu sans cet appareil et ces vanités décernés aux personnages élevés en dignité : telle est la volonté exprimée par l'illustre défunt : mais la douleur publique s'est chargée de la pompe des funérailles, et peu de ministres de la Grande-Bretagne auront reçu des hommages plus nationaux, plus flatteurs que ceux dont la population de Londres honore aujourd'hui les restes mortels du premier lord de la trésorerie : « Tous « les visages portaient l'empreinte de la douleur. Jamais « une population entière ne présenta peut-être « le spectacle d'une plus profonde consternation : » ainsi s'expriment les feuilles publiques; elles ont dit la vérité.

Le deuil est conduit par S. A. R. le duc de Clarence, héritier présomptif du trône, et par S. A. R. le duc de Sussex, frères du roi Georges IV : le duc de Portland, le duc de Devonshire, les plus grands seigneurs des trois royaumes, les personnages les plus considérables de l'État, se font un devoir de donner au ministre que pleure l'Angleterre, un solennel témoignage d'affection, d'estime, de respect... Le duc de Wellington, le lord Eldon, le comte de Westmoreland, M. Peel, etc., se dispensent d'assister au convoi; leur absence n'étonne point leurs ennemis; ces personnages se font justice, disent les feuilles anglaises : « Les oppresseurs ne doivent pas se montrer à côté de la victime. »

Le cercueil est déposé sous les voûtes de Westminster, à côté des tombes de Pitt, de Fox et de..... *Castlereagh*;

de Castlereagh, dont la dépouille mortelle fut souillée d'ordures, de Castlereagh dont la mémoire restera chargée, à si juste titre, de l'exécration publique : l'ombre de Canning s'en offensera-t-elle? jusque dans ses dernières années, Canning a suivi le système politique du ministre qui fut la honte de l'Angleterre et le bourreau de la liberté constitutionnelle en Europe : mais avant de mourir, Canning s'est réconcilié avec la civilisation européenne, il lui a fait amende honorable : ses mânes peuvent reposer en paix à côté de ceux de Castlereagh.

Immédiatement après la descente du cercueil dans le caveau, les ducs de Clarence et de Sussex, frères du roi, ont serré affectueusement les mains de Charles Canning et du marquis de Clarincarde, fils et gendre du défunt. L'Angleterre est le seul pays de l'Europe où les princes du sang royal s'élèvent à ce degré d'estime envers un particulier qui n'a d'autre titre honorifique que son nom.

A son lit de mort (disent toutes les feuilles publiques), Canning recommande à Georges IV, dont il a illustré le règne, « de ne pas permettre qu'il soit rien changé « à la politique intérieure et extérieure de l'Angle- « terre; » le monarque a fait donner plusieurs fois, au ministre mourant, l'assurance positive « qu'il ne « serait porté aucune atteinte au système qui régis- « sait maintenant l'Angleterre, et que tout ce qui avait « été créé par Canning serait fermement maintenu. »

Le caveau où sont déposés les restes mortels de Canning est scellé de la pierre tumulaire; le duc de Wellington est nommé commandant en chef des forces de terre de S. M.! — Les collègues du ministre défunt restent au ministère; c'est une concession faite à la douleur publique, une déférence de la couronne pour les vœux de la nation anglaise qui embrassait avec transport les vues politiques annoncées par M. Canning : mais les hommes de son choix, les hommes de l'Angleterre ne tarderont pas à être évincés de l'administration, et le premier ministère tombera entre les mains de l'homme le plus ignorant, le plus nul et le plus présomptueux que renferment les trois royaumes..... Un Anglais de beaucoup de loyauté, et jouissant d'une haute considération, a dit de Wellington : « C'est un « seigneur de la plus complète médiocrité : lorsqu'il a « parlé de ses chevaux et de ses chiens, il ne sait plus « que dire. » Pauvre Angleterre, que d'humiliations tu auras à subir!

S'il n'a pas été donné à M. Canning de voir, de juger les résultats du système libéral qu'il avait proclamé ; si cet homme d'État s'est trompé dans le choix des moyens qui pouvaient assurer le succès de ses plans, la mémoire du ministre qui manifesta l'intention de placer l'Angleterre à la tête de la civilisation européenne, n'en méritera pas moins la reconnaissance et le respect des deux mondes.

Il est permis de croire que M. Canning n'eût pas réussi dans ses généreux desseins : en effet, quelles mesures positives et efficaces avait-il prises pour secourir les nations opprimées? Sa conduite politique relativement aux affaires d'Espagne n'a-t-elle pas, au contraire, aggravé les calamités de ce pays et porté atteinte à la dignité comme à l'influence de la Grande-Bretagne?... Son intervention armée dans les affaires de Portugal produira, en dernière analyse, des résultats funestes pour ce royaume et déshonorants pour le cabinet de Saint-James; M. Canning n'avait-il pas en effet décidé, peu de temps avant sa mort, que les troupes anglaises évacueraient Lisbonne?..... Toutes ses déclarations en faveur de la cause grecque auront servi et presque uniquement servi l'ambition russe; enfin, le fameux traité du 6 juillet, conclu dans l'intention d'éviter la guerre d'Orient, précipitera les hostilités loin de les prévenir, parce que la Russie trouvera dans ce traité de très-plausibles raisons pour attaquer la Porte ottomane, en séparant la *question russe* de la *question grecque*... Aussi, à peine M. Canning a-t-il fermé les yeux que son système politique est modifié dans ses principales parties; au bout de quelques mois, il est détruit de fond en comble!

Nous ne contesterons point la sincérité des nouveaux principes de M. Canning en faveur des libertés constitutionnelles; rien de plus généreux, de plus politique, de plus élevé que cette proclamation : « Liberté reli-
« gieuse, civile et commerciale dans les deux mondes; » mais encore une fois, quelles ressources M. Canning s'était-il assurées pour l'exécution d'un si grand dessein? Ne pourrait-on pas l'appeler, aussi bien que Pitt, le *ministre des préparatifs?*..... Arrêtons-nous.

On a dit que M. Canning lisait dans l'avenir, que son génie lui ouvrait le livre des destinées de l'Europe; l'on a cité, à l'appui de sa prescience, les anecdotes suivantes. — Dans son dernier voyage à Paris, le premier ministre d'Angleterre dit à ***, l'un de ses anciens et intimes amis : « Dans la situation où se trouve l'Europe,
« et au train dont vont les choses en France et dans
« tous les gouvernements, je suis certain qu'à la fin de
« ce siècle il n'y aura pas un seul trône debout en Eu-
« rope, pas même celui d'Angleterre. — J'ai vu le mi-
« nistère français, il n'y a rien à faire avec de tels hom-
« mes, il n'y a rien de bon à espérer d'eux. — Je
« connais à peu près tous les hommes publics de France
« qui ont un nom; je n'ai trouvé qu'à un seul homme

« les qualités propres à faire un bon ministre, M. Mar-
« tignac... » Nous tenons ces particularités d'un témoin
auriculaire, et nous sommes certain de leur authenticité : nous les rapportons, sans adhérer aux jugements
et sans croire à l'esprit prophétique de M. Canning :
d'ailleurs, lorsque le ministre anglais hasardait sa phrase
sur l'avenir, la France était opprimée, avilie, dégradée
par le ministère Villèle ; il était permis de tout craindre
pour les trônes et pour les peuples : le renversement de
ce ministère ne laissera plus de crédit aux observations
prophétiques de M. Canning, elles ne serviront qu'à
faire mieux apprécier et bénir la haute sagesse de Charles X et son amour pour ses peuples : ce grand et bon
roi a raffermi tous les trônes, en chassant le ministère
qui opprimait d'une manière si honteuse la France et le
midi de l'Europe.

Le désintéressement pécuniaire de M. Canning n'a
jamais été mis en doute ; il est d'autant plus digne d'é-
loges, que lord Castlereagh avait donné l'exemple de la
plus excessive cupidité. M. Canning meurt pauvre ; depuis trente ans qu'il est dans les affaires publiques, ce
ministre n'a pas coûté à son pays soixante-dix mille livres sterling (1,750,000 francs), ou cinquante mille
francs, année l'une dans l'autre, tandis que des fonctionnaires publics des trois royaumes se sont attribué
des émoluments quatre ou cinq fois plus forts, notamment le marquis de Wellesley, frère du duc de Wellington, dont les inhabiles services ont coûté, en moins de
dix années, cent soixante mille livres sterling (4,000,000
de francs), ou quatre cent mille francs par an..... Lord
Castlereagh recevait, dit-on, d'une cour étrangère, une
pension annuelle de quinze cent mille francs (soixante
mille livres sterling.)

En mourant, M. Canning ne laisse pas dix mille fr.

de revenu net; il faudra que la munificence royale, pour répondre aux désirs de la nation anglaise, accorde une pension à sa famille, afin que la veuve et les enfants du premier lord de la trésorerie puissent soutenir, d'une manière décente, l'honneur de leur nom....... Malgré la modicité de sa fortune, M. Canning faisait cependant des actes de bienfaisance, de générosité; il a secouru quantité d'infortunés; sa conduite au moment des obsèques de Sheridan *, dénote une âme généreuse.

Lord Goderich et lord Dudley and Waard, connus par leur attachement aux principes et à la personne de M. Canning, seront nommés, l'un premier lord de la trésorerie, l'autre secrétaire d'État pour les affaires étrangères; ils ne feront que passer dans le ministère;

* « Lorsque les personnes qui se proposaient de rendre les honneurs funèbres aux restes mortels de Sheridan furent rassemblées, et que l'on fut sur le point de soulever le cercueil pour le placer sur le corbillard, un homme fort bien mis, qui paraissait profondément attristé, entra dans la pièce où se trouvait cette réunion, composée de l'élite des trois royaumes, s'avança ensuite vers le cercueil, et demanda pour grâce singulière qu'il lui fût permis de fixer, pour un dernier moment, ses regards sur les traits de son malheureux ami. Cette grâce fut accordée à ses vives instances. L'on dévissa le dessus du cercueil, et le visage de Sheridan fut mis à découvert. Mais quelle fut la surprise et l'horreur des assistants, lorsque l'individu en question sortit de sa poche un mandat de prise de corps, obtenu pour dettes contre Sheridan, et que, muni de cet instrument légal, il saisit le cadavre! M. Canning et lord Sydmouth, qui étaient au nombre des personnages réunis autour du cercueil, se retirèrent avec l'officier de justice, et soldèrent de leurs deniers la dette en question, qui s'élevait à environ 500 livres sterling (12,500 francs). » *Examiner.* — *Nota.* En Angleterre, les cercueils sont vissés et non pas cloués, afin de ménager la douleur des familles que le bruit des coups de marteaux ne pourrait qu'augmenter.

le duc de Wellington réussira, par ses intrigues, à se saisir du sceptre ministériel et à détruire en son entier le système de politique extérieure et intérieure suivi par M. Canning depuis 1823....... La bataille de Waterloo et la mort de Napoléon à Sainte-Hélène coûtent cher à l'Angleterre ! — L'Europe et l'Angleterre font pitié.

16. — Note remise à la Porte ottomane par les ambassadeurs des trois grandes puissances, la France, l'Angleterre et la Russie, signataires du traité relatif à la pacification de la Grèce (V. 6 juillet). — Par cette note, elles proposent formellement leur médiation entre le grand-seigneur et les Grecs pour faire cesser la guerre; elles demandent au gouvernement ottoman de suspendre, par un armistice, tout acte d'hostilité envers les Grecs; elles s'attendent que, dans le délai d'un mois, le gouvernement ottoman fera connaître sa détermination précise; elles déclarent qu'un nouveau refus, qu'une réponse évasive ou insuffisante, ou bien même un silence complet de la part du gouvernement ottoman, mettra les cours alliées dans la nécessité d'avoir recours aux mesures qu'elles jugeront les plus efficaces pour faire cesser un état de choses devenu désormais incompatible avec les véritables intérêts de la Porte, avec la sûreté du commerce en général, et avec la parfaite tranquillité de l'Europe....... La guerre entre la Russie et la Porte sera précisément le résultat de cette notification; c'est ce que veut le cabinet de Saint-Pétersbourg, et ce que les cabinets de Londres et de Paris n'oseront, ne voudront, ou ne pourront empêcher.

20. — M. Manuel, député du département de la Vendée, expulsé de la chambre des députés pour la

session de 1823, d'après la proposition du député Hyde de Neuville, meurt au château de Maisons (Seine-et-Oise), à l'âge de cinquante-deux ans : il était né à Barcelonnette (Basses-Alpes).

La liberté constitutionnelle fait une grande perte ; tous les bons Français déplorent la fin prématurée d'un orateur, d'un citoyen doué des plus heureux dons de la nature et possédant de grandes connaissances politiques.

Victime du lâche et avilissant despotisme ministériel sous lequel gémit la France, M. Manuel a été dépouillé par un coup d'État de ses fonctions de député; la représentation nationale a été violée dans sa personne; le vicomte de Foucault, colonel de gendarmerie, est entré dans la chambre des députés, et, s'adressant aux soldats qu'il commandait, a dit : « *Empoignez-moi M. Ma-« nuel.* » Le député a été arraché de son siége législatif; mais ce courageux défenseur des libertés nationales en est devenu plus cher à ses concitoyens, ils l'honorent, ils le vénèrent comme l'un des plus illustres martyrs de la liberté..... Manuel descend au tombeau, environné de l'estime nationale et pleuré par tous les gens de bien. La mort vient le frapper au début de sa carrière parlementaire, et au moment où vingt départements se seraient disputé l'honneur de le choisir pour leur représentant! Manuel eût fait pâlir d'effroi et rougir de honte cette administration qui s'est jouée, pendant six années, de l'honneur et des destinées de la France : il eût imprimé sur le front des ministres coupables de tant d'oppressions, de tant de dilapidations, l'ineffaçable empreinte de la réprobation publique, et son incorruptible éloquence eût ajouté des pages sublimes à l'acte d'accusation que la France entière dressera bientôt contre le ministère Villèle!

Dès sa première jeunesse, Manuel donna des preuves du patriotisme dont il était animé; simple soldat de la levée en masse, il remplit ses devoirs militaires, et les remplit avec gloire, dans cette armée d'Italie où chaque combat était une victoire; rentré dans sa patrie après le traité de paix de Campo-Formio (1797), il se destina à l'étude des lois et devint bientôt l'ornement du barreau d'Aix, qui avait compté dans son sein des avocats d'un mérite supérieur : son talent, sa probité et son patriotisme, le désignaient à la reconnaissance de ses concitoyens, ils l'élurent membre de la chambre des représentants (1815); Manuel y déploya une fermeté, une sagesse et une éloquence qui le rendirent célèbre dès son apparition dans la carrière législative...: Croira-t-on que le barreau de Paris refusa de l'admettre au nombre de ses membres? Le département de la Vendée, aussi royaliste pour le moins que le barreau de la Seine, s'honora de le choisir pour son député, et Manuel justifia les espérances et les vœux de cette noble contrée, en défendant les libertés publiques avec une incorruptibilité et une énergie qui peuvent être égalées, mais qui ne seront pas surpassées : cette probité et ce courage politiques prenaient leur source dans un esprit juste et dans une âme forte; aussi, son éloquence parlementaire se maintenait toujours à la même élévation et obtenait toujours de nouveaux succès : éminemment supérieur dans une foule de discussions constitutionnelles, Manuel avait attaqué, foudroyé avec une science et une logique également remarquables les fausses doctrines politiques si hardiment émises par M. de Châteaubriand dans plusieurs de ses écrits; mais le patriotisme constitutionnel était un crime aux yeux des ultra-royalistes, des sectateurs de l'ancien régime; il fallait donc enlever à la tribune nationale l'appui que le grand talent du député de la Vendée prêtait au régime constitutionnel; une phrase de cet orateur, non encore achevée et qu'on ne lui permit pas de continuer, de développer, cette phrase fut présentée par les absolutistes comme un acte de révolte et décida l'ostracisme législatif *. M. Manuel en parut plus grand, ses ennemis en furent plus petits, et le proscrit emporta dans sa retraite les regrets et l'estime de la France entière.

Manuel avait toutes les qualités qui font le grand orateur; son esprit réunissait la force à la justesse, et la clarté à la raison; il savait beaucoup et ne disait jamais que ce qu'il savait bien; son élocution était d'une élégance, l'on pourrait même dire, d'une onction qui prêtait à ses paroles un charme inexprimable; aucun orateur, parmi les hommes les plus distingués à la tribune nationale depuis 1789, aucun homme public n'avait donné autant d'esprit à la raison, prêté autant de grâces à la sagesse, et fourni autant de sagesse à l'expérience; Manuel avait un bon sens exquis, sa logique était d'une rectitude admirable : il possédait l'art d'éclaircir, de fixer, de résumer les discussions les plus épineuses, et de placer les questions constitutionnelles

---

* On ne permit à Manuel ni d'achever ni d'expliquer sa phrase... Il serait facile de trouver dans les discours de M. Siricys de Mayrinhac, et de quantité de députés aussi ultra-royalistes, aussi ministériels, des maximes plus répréhensibles que celles prêtées à Manuel, si l'on voulait séparer l'intention du député de la manière dont il l'a exprimée. Dans la chambre des pairs, M. Pasquier n'a-t-il pas dit que, si l'autorité marchait dans une mauvaise route, la désaffection pour la royauté pourrait gagner la nation? Cette phrase ayant été vivement critiquée, l'archevêque de Paris (Quélen) en prit la défense, et dit qu'on ne pouvait inculper M. Pasquier qui n'avait raisonné que sur une hypothèse..... A la cour, on appelait néanmoins M. Pasquier *le Manuel de la chambre des pairs*.

dans leur véritable jour; il les prenait exactement à leur point de maturité : cet orateur excellait dans l'improvisation; l'on eût dit qu'il prononçait un discours écrit, tant son élocution était précise, nette, pleine de force : toujours calme dans sa diction, toujours inébranlable dans son opinion, il entrainait à la fois la conviction et la persuasion de ses auditeurs : cet orateur raisonnait avec son âme et parlait avec son cœur.

Homme de bien, ami vrai, patriote et Français comme on l'était autrefois et comme on ne l'est presque plus aujourd'hui, simple dans ses goûts, sans ambition et presque sans amour-propre, Manuel devait avoir de l'orgueil; il eut celui d'étendre ses connaissances, et de devenir encore meilleur qu'il ne l'était, afin de rendre plus de services et de plus grands services à sa patrie : cette idée lui était chère, il la caressait au moment même où la mort s'approchait de lui pas à pas; Manuel fixa la mort sans crainte, sans trouble, sans remords, et ne lui abandonna sa faculté pensante que lorsque tous les principes de vie s'éteignirent en lui. Le courage de Manuel, au moment de sa destruction, eût honoré un stoïcien de l'antiquité..... On peut dire, avec vérité, de cet excellent citoyen : *En lui, le cœur est mort le dernier.*

24. — Funérailles de M. Manuel. — Le parti ultraroyaliste avait proscrit M. Manuel, membre de la chambre des députés; il ne permettra pas que des hommages publics soient rendus à sa cendre : l'administration *Villèle* a pu juger, aux obsèques du général Foy et du duc de La Rochefoucauld-Liancourt, de tout le mépris, de toute l'indignation qu'elle inspire à la France; cette administration ne souffrira donc pas que l'estime publique orne de ses regrets le cercueil d'un citoyen

courageux et éloquent, dont le patriotisme et les vertus sont chers à la nation : elle a interdit la reconnaissance, défendu les larmes, et déclaré séditieux le respect des tombeaux!..

Le corps de M. Manuel doit être inhumé au cimetière du père La Chaise ; l'autorité ne veut pas que le cercueil soit conduit au domicile de l'illustre citoyen, l'entrée de la capitale lui est interdite! Arrivé à la barrière des Martyrs, le cercueil est entouré d'une foule immense ; les jeunes gens veulent le porter à sa dernière demeure, l'autorité s'y oppose ; le cercueil doit rester sur le char, ainsi le veulent les *réglements de police* mis à exécution dans les funérailles du duc de Liancourt (V. 30 mars 1827); les chevaux sont aussitôt dételés, et mille bras traînent le char funèbre; le cortége suit les boulevards extérieurs ; partout, le peuple accourt sur son passage, et manifeste la douleur que lui cause la perte du citoyen qui s'était dévoué à la défense de ses droits : l'ordre et le recueillement règnent dans cette foule immense, et rien ne doit faire craindre que la solennité funéraire soit troublée, lorsqu'une force armée considérable, placée à la barrière de Ménilmontant, se déploie en ligne de bataille, ferme le passage au convoi, et exige très-militairement que le cercueil soit déposé sur un corbillard attelé de quatre chevaux, que l'autorité a fait disposer à cet effet : les ordres de l'autorité indignent la multitude, elle veut revenir sur ses pas et ramener le cercueil à *Maisons;* mais le cortége funèbre est environné de toutes parts, et la force armée présente l'attitude la plus menaçante...! Le sang va couler; M. Laffitte monte sur le corbillard, et réussit à apaiser l'irritation publique : le peuple cède aux sages représentations de l'ami de M. Manuel, et le convoi se rend au Père La Chaise, où cent mille

individus se pressent autour de l'illustre tombe.....
MM. Laffitte, Lafayette et Schonen, prononcent des discours empreints d'un noble et courageux patriotisme.

Proscrit dès son vivant, persécuté après sa mort, M. Manuel sera poursuivi, persécuté par le despotisme ministériel, jusque dans la relation de ses obsèques... M. Gauthier-Laguionie, imprimeur, et M. Sautelet, libraire, sont traduits devant les tribunaux, à raison de la *Relation historique des obsèques de M. Manuel*, relation dont M. Mignet se déclare l'auteur : MM. Manuel jeune, Laffitte, Lafayette et Schonen, réclament aussi leur part dans le *délit* de M. Mignet. Ce littérateur distingué * prononce devant le tribunal un discours rempli de dignité et de force : les sept accusés sont défendus par le premier avocat du barreau de Paris, M. Mauguin, dont le plaidoyer est un magnifique hommage rendu à la justice, aux lois, et à la mémoire de Manuel; il met à nu la faiblesse, le despotisme et les lâches persécutions de l'administration Villèle... Les accusés sont renvoyés de l'action intentée contre eux. L'arrêt du tribunal de police correctionnelle (8 septembre) est reçu aux acclamations publiques; les juges (MM. *Huart, Michelin et Lamy*) viennent de donner une preuve de l'indépendance, de l'impartialité et de la fidélité aux lois qui honorent la magistrature et lui méritent de plus en plus l'amour et le respect du peuple. Honneur à ces dignes magistrats ! Honte à l'administration Villèle !

* M. Mignet promet à la France un historien de mérite; sa conception est forte et étendue, son cœur est droit, et son caractère plein de noblesse.... M. Mignet a donné au public une *Histoire de la Révolution française*, remarquable par de hautes considérations morales et politiques.

25. — Déclaration de la commission du gouvernement de la Grèce; elle accepte l'armistice proposé par la France, l'Angleterre et la Russie (V. 16 août).

26. — Manifeste de l'empereur de Russie, Nicolas 1er, qui ordonne un recrutement général dans l'empire..... Il sera levé deux recrues sur cinq cents hommes. Les Hébreux seront assujettis aux levées de recrues *in naturâ*. — Plus le cabinet de Saint-Pétersbourg redouble de protestations pacifiques et d'assurances de modération, relativement aux affaires des Grecs et à ses discussions avec la Porte ottomane, plus il augmente ses préparatifs de guerre et ses forces militaires.....

29. — Arrêt définitif de la cour royale de Paris, relativement à l'affaire *Maubreuil* (V. 24 février et 15 juin). — Les *considérants* de l'arrêt établissent qu'il résulte de l'instruction : que Maubreuil a agi volontairement ; qu'il n'y a pas eu de provocation de la part du prince de Talleyrand ; que les faits ne présentent pas de circonstances atténuantes ; mais que, toutefois, rien ne prouve que l'action ait été préméditée ; enfin, que Maubreuil est en état de récidive. « La cour déboute Guerry de Maubreuil de son opposition à l'arrêt par défaut du 15 juin dernier ; et néanmoins, attendu que la préméditation est et demeure écartée, réduit l'emprisonnement à deux années, et l'amende à 200 fr. ; ordonne que l'arrêt par défaut sortira, au surplus, son plein et entier effet, et condamne Guerry de Maubreuil, par corps, en tous les dépens. »

Enfin, cette scandaleuse et déplorable affaire est terminée, et tous les hommes honnêtes se réjouissent de voir M. le prince de Talleyrand pleinement vengé, par la loi et la justice, des injures et des outrages de M. le marquis de Maubreuil.

30. — Lettre de don Pedro, empereur du Brésil, à l'infant don Miguel, pour le nommer régent du Portugal.

« Infant don Miguel, régent des royaumes du Portugal et des Algarves, et mon lieutenant dans ces royaumes, mon très-aimé et chéri frère et ami, moi, le roi, je vous envoie saluer comme celui que j'aime et que j'estime. Désirant faire connaître à tous *mes sujets portugais* combien je m'intéresse à leur félicité, j'ai jugé convenable de leur déclarer que, par mon décret royal du 3 juillet de l'année courante (V. cette date), je vous ai nommé régent des royaumes du Portugal et des Algarves, et mon *lieutenant, afin que vous les gouverniez en mon nom, et conformément à la charte constitutionnelle jurée par vous et tous les Portugais, jusqu'à ce que toutes les conditions exprimées dans mon diplôme en date du 2 mai 1826* (V. cette date) *soient remplies, ou que le contraire soit ordonné par moi;* ce qu'il m'a paru convenable de vous communiquer *pour que vous le fassiez publier ainsi.* »

Don Miguel doit aimer bien tendrement un frère, il doit être le plus fidèle sujet d'un souverain qui lui donne de si grands témoignages d'affection et de confiance..... Si don Miguel viole ses serments, répudie la fille de son frère, détrône son souverain et usurpe sa couronne, ce sera (osera-t-on dire) « par respect pour la religion et la légitimité, par amour pour les Portugais, » auxquels il donnera la charte des bourreaux et le régime des potences....

31. — Espagne. Document relatif à la Catalogne.—

Des mouvements insurrectionnels ont lieu, depuis plusieurs mois, dans diverses parties de cette province; chaque jour ils acquièrent plus d'étendue et d'intensité. C'est principalement dans les districts de Manresa, Vich et Girona, que l'insurrection a établi son centre d'action; elle est fomentée et soldée par les moines et les absolutistes d'Espagne et de France qui trouvent le gouvernement de Ferdinand VII trop modéré, quoique ce gouvernement-modèle de M. de Châteaubriand soit, après celui du grand-seigneur, le plus absolu des gouvernements européens : l'inquisition n'est pas, il est vrai, formellement rétablie en Espagne!

La gravité des dangers auxquels se trouve exposé le pouvoir royal de Ferdinand, détermine ce monarque à faire transmettre au capitaine général de la Catalogne, les instructions et les ordres les plus sévères pour poursuivre et étouffer la rebellion : en conséquence, plusieurs régiments vont être envoyés dans cette province avec un général qui, sous les ordres du capitaine général, sera chargé de la partie active des opérations militaires et autorisé à armer, à sa discrétion, les habitants loyaux et ceux qui se présenteraient volontairement pour poursuivre les factieux. — A force d'exécutions militaires et de potences, le cabinet de Madrid comprimera les insurrections de la Catalogne; mais le roi sera obligé de se rendre, de sa personne, dans cette province et d'y faire un long séjour pour connaître l'état des choses et s'assurer des causes et des moteurs de la révolte : elle sera momentanément apaisée, mais après le départ du monarque de nouveaux ferments d'insurrection se manifesteront en Catalogne! Voilà les résultats du despotisme; il engendre les troubles et les perpétue, il détache les sujets du gouvernement et prépare les révolutions : le conseil de Madrid a repoussé toutes les mesures constitutionnelles propres à ramener l'ordre et la paix en Espagne, il subit la punition réservée, tôt ou tard, à la tyrannie; la royauté se débat en Espagne dans les convulsions de l'anarchie, Dieu veuille qu'elle n'expire pas au sein des révolutions!

1er Septembre. — Ordonnance du roi, qui détermine le mode à suivre pour la formation du budget général de l'État. — Elle a pour but d'établir, à compter de l'exercice de 1829, l'évaluation des dépenses par branches principales de service; de statuer sur les crédits extraordinaires que rendraient nécessaires des services extraordinaires et urgents, et sur les crédits complémentaires qu'auraient rendus nécessaires des circonstances imprévues; enfin d'établir, par ministère, des tableaux trimestriels et détaillés des dépenses des exercices clos à imputer sur l'exercice courant, tableaux soumis à l'approbation du roi et qui remplaceront les ordonnances d'autorisation desdites dépenses.

Rien de mieux que tous les réglements financiers proposés par M. de Villèle, ils présentent tous les indices d'une régularité parfaite. La France est, sans contredit, le pays de l'Europe le plus fécond en ordonnances et réglements sur les matières financières, et c'est le pays où l'on a vu, ou l'on voit, et où l'on verra le plus de dilapidations ou de faux emplois des deniers de l'État, aussi long-temps que la responsabilité ministérielle ne sera pas établie de fait. Tous les beaux réglements de M. de Villèle conduiront à une augmentation graduelle et légale (moyennant ratification des chambres) d'impôts, à un accroissement régulier de la dette publique, et à un déficit non moins légal dans les finances de l'État. *Nota*. Nous donnerons, à la fin de cette année, un précis des budgets votés depuis l'avénement de M. de Villèle jusqu'à son renvoi du ministère; six années, 1822-1828 : l'on jugera, d'après cet aperçu, l'administration du Colbert de Toulouse.

4. — Le roi, accompagné de ses grands officiers, se rend au camp de Saint-Omer (Pas-de-Calais). — La France a les yeux fixés sur ce camp; les ennemis des libertés constitutionnelles ont répandu le bruit que les troupes rassemblées dans ce lieu doivent demander au monarque l'abolition de la Charte et le rétablissement pur et simple de l'ancien régime; le public s'est persuadé que les incorrigibles sectateurs de ce régime ont cherché, par tous les moyens possibles, à provoquer en sa faveur l'enthousiasme des militaires!... L'on dira plus tard, dans le public, que l'opinion très-prononcée de cette petite armée pour les idées constitutionnelles, a fait ajourner pour le moment les vues anti-françaises du ministère Villèle!

Toutes ces rumeurs, de quelque autorité qu'on ait prétendu les appuyer, sont évidemment absurdes [*]; il en est de même du propos attribué au président du conseil des ministres : on parlait devant lui des craintes que le camp de Saint-Omer faisait naître, relativement au maintien de la Charte : « Si nous voulions l'abolir, « nous n'aurions nul besoin (faisait-on dire à M. de « Villèle) de recourir à de semblables moyens; il suf- « firait d'une ordonnance de deux lignes, et rien ne « bougerait. Voyez le licenciement de la garde natio- « nale! » M. de Villèle n'a certainement pas dit chose semblable; malgré toute sa suffisance, nous ne le croyons pas de force à commettre une telle indiscrétion : il a

[*] M. de Châteaubriand a très-judicieusement dit : « Supprimez la Charte, et le lendemain vous n'aurez pas un écu. »

bien (si l'on veut) donné le conseil de licencier, par une seule phrase, la garde nationale de Paris; *la Charte autre chose!* et son conseil ne serait pas suivi.

A son passage à Saint-Quentin (Aisne), le roi Charles x reçoit une pétition signée par les principaux commerçants de cette ville, et présentée par M. Jules Joly, l'un des plus recommandables d'entre eux. — On remarque dans cette pétition les passages suivants : «... Votre Majesté se ferait illusion sur l'état réel de nos affaires, en les jugeant d'après l'apparence dans ce moment d'allégresse publique... Cette activité qui règne encore dans nos ateliers, est moins l'effet d'une prospérité croissante que le dernier effort d'une industrie épuisée. Nous ne devons pas le dissimuler, sire, l'espoir de temps meilleurs, la crainte de perdre entièrement des capitaux engagés, soutiennent seuls nos établissements; plusieurs d'entre nous, après de nombreux sacrifices, ont été forcés de congédier leurs ouvriers; d'autres seront bientôt réduits à les imiter, et ce n'est pas sans douleur et sans inquiétudes que nous voyons, aux approches de l'hiver, s'augmenter à chaque instant le nombre des familles malheureuses et privées de travail. — Pardonnez-nous, sire, d'affliger votre cœur paternel par l'affligeant tableau de notre position, mais jamais l'efficacité de votre protection ne nous fut plus nécessaire..... »

Il ne faut pas juger de la prospérité d'un royaume, par l'allégresse publique dont les ministres et les fonctionnaires sous leurs ordres font hommage aux princes dans leurs voyages. La présence d'un monarque est certainement un très-grand bienfait pour les peuples, c'est la Providence qui se montre à eux et ils espèrent tout de sa bonté, de sa justice, de son auguste et forte protection. Mais malheureusement les courtisans s'interposent toujours entre le monarque et ses sujets, ils lui dérobent la vérité et couvrent de fleurs jusqu'aux ruines mêmes. Tous les voyages des princes ressemblent, un peu plus, un peu moins, au voyage de Catherine II en Crimée, et les ministres de tous les États sont de petits *Potemkin* : aussi un roi qui ne cause pas avec ses sujets, que le paysan et le bourgeois n'ont pas la liberté d'approcher, ne saura jamais la vérité ; les courtisans étendront toujours un voile de gloire et de bonheur devant ses yeux : les larmes du peuple couleront, le prince ne les verra pas !... Il faut bénir, admirer la bonté, la popularité vraiment royale de Louis XVI, dans son voyage de Cherbourg : il montra dans cette occasion la bonté, la popularité de Henri IV et de Louis XII ; les grands seigneurs furent écartés, le monarque s'entretint avec le négociant, le bourgeois, le paysan, le peuple manifesta spontanément sa joie, ses espérances, ses vœux et le chef suprême de l'État recueillit l'amour, le respect et les bénédictions du peuple.....

En général, l'on amuse et l'on trompe les rois avec des fêtes et des acclamations publiques, comme on trompe et on amuse les enfants avec des hochets et des bonbons ; en tout temps, les ministres feront passer les princes sous des arcs de triomphe, et les ministres ne leur diront pas que ces arcs de triomphe sont construits avec la subsistance du peuple..... Comment les princes pourraient-ils croire à sa misère ? On ordonne au pauvre de cacher sa cabane sous des feuillages verts, au petit propriétaire de faire badigeonner sa maison, au maire de se présenter avec la fleur de sa population : les routes sont réparées et paraissent dans le meilleur état ; vingt-quatre heures plus tard elles seront impraticables, comme elles l'étaient huit jours plus tôt : mais les princes ont vu sur leur passage l'ordre, l'aisance, le contentement, de bonne foi peuvent-ils soupçonner que tout cela est l'affaire du moment, que tout cela n'est qu'une décoration d'opéra? — Il faut entrer dans la chaumière, visiter la ferme, l'atelier, la manufacture, pour connaître la vérité : les ministres et les courtisans ne la diront jamais aux princes.

Heureusement Charles x aime avant tout la vérité; aussi les estimables négociants de Saint-Quentin ne craignent pas de la lui dire. L'état fâcheux où se trouvent l'industrie et le commerce de leur ville, doit être attribué en partie aux vicieuses mesures de l'administration, aux mauvaises lois de douanes, au régime prohibitif, en un mot à la fiscalité despotique que le ministère Villèle étend de jour en jour au préjudice direct des premiers intérêts de la manufacture et de la consommation : mais la protection spéciale accordée, par le ministère, aux jésuites, aux corporations religieuses et à ce parti que le comte de Montlosier a caractérisé sous le nom de *parti-prêtre*, cette protection qui attente également à l'indépendance de la couronne et à la prospérité de la nation, peut être envisagée comme la première cause de la décadence progressive du commerce et de l'industrie. L'influence ultramontaine se propage à vue d'œil, elle prédomine d'une manière fatale dans toutes nos cités manufacturières; les couvents y remplacent les ateliers, et les moines y tiendront bientôt lieu d'ouvriers; les dames de paroisse, les quêtes, et les quêteuses (dont la charité est si louable lorsqu'elle s'exerce dans l'esprit de l'Évangile) se multiplient dans nos villes; les missionnaires affluent dans nos campagnes, ils détournent le laboureur, l'artisan et l'ouvrier de leurs utiles travaux; et bien que les missions soient des actes religieux très-respectables, elles causent, par les abus qu'y introduisent les jésuites, de grands préjudices et entretiennent dans le sein des familles les divisions et les troubles. La mendicité qui se met aux ordres des congrégations religieuses, est secourue et soldée; il s'ensuit naturellement que l'ouvrier et l'homme du peuple se dérobent au travail pour vivre et croupir dans une pieuse oisiveté..... Qu'on s'étonne ensuite de la décadence de notre commerce! Qu'on juge des conséquences que doit entraîner la multiplication des couvents et des congrégations dans les cités où le parti-prêtre exerce une influence presque absolue, en voyant la ville de Saint-Quentin, l'une de celles où ce fléau a été le moins introduit ou toléré, éprouver déjà de si fâcheux effets de la multiplicité des maisons religieuses!

9. — Grèce. — La flotte égyptienne, forte de cent voiles, dont quarante à cinquante bâtiments de transport, entre dans le port de Navarin; les amiraux des puissances *alliées* n'ont pas su ou n'ont pas voulu s'opposer à l'entrée de cette flotte dans les ports de la Grèce... Le 12, l'escadre anglaise se présentera devant Navarin et bloquera ce port; l'escadre française bloquera le port de Modon.

10. — Le roi, accompagné de ses grands officiers, arrive au camp de Saint-Omer : le 16, Sa Majesté partira de Saint-Omer pour revenir à Saint-Cloud, où elle arrivera le 21.

Ce voyage a été remarquable par les hommages que toutes les autorités militaires, administratives et judiciaires ont eu l'honneur de rendre à Sa Majesté, et par les acclamations dont elle a été saluée dans toutes les villes honorées de sa présence.

Le roi a assisté aux exercices militaires du camp de

Saint-Omer, où S. A. R. le prince d'Orange est venue complimenter Sa Majesté. Beaucoup d'étrangers se sont rendus au camp, ils n'ont eu qu'à se louer des égards dont ils ont été l'objet, les Anglais surtout. Le *Moniteur* (24 septembre) mentionne l'article suivant extrait d'un journal anglais, *Globe and Traveller :* « Nous
« avons appris avec une grande satisfaction que les
« officiers de notre pays qui ont visité Saint-Omer, à
« l'occasion des dernières revues, ont été honorés des
« attentions du roi de France, et traités avec la civi-
« lité la plus marquée par les officiers et les soldats
« français. Nous devons aussi au gouvernement fran-
« çais de dire qu'un droit de 55 fr., payable sur tous
« les chevaux qui entrent en France, et un autre droit
« de 5 fr. sur chaque cheval qui en sort, ont été re-
« mis en vertu d'un ordre de Paris, en faveur des offi-
« ciers anglais qui s'étaient rendus en France pour as-
« sister aux revues. »

Cette remise de *droits* est une prévarication; en vertu de quelle loi M. de Villèle se permet-il d'excepter tels ou tels individus de l'obligation d'acquitter les taxes ordonnées par les lois ? M. de Villèle s'arroge ici le pouvoir de *dispenser* de l'exécution des lois, il se met au-dessus, il les viole sans pudeur. En Angleterre, un ministre coupable de cette prévarication serait mis en accusation, mais en France la responsabilité ministérielle est une fiction; aussi le premier ministre peut y disposer à volonté des deniers de l'État; n'a-t-il pas défendu à l'administration de l'enregistrement de percevoir les droits de mutation dus par la succession de Napoléon Bonaparte[*]?

---

[*] Napoléon est mort le 5 mai 1821.
Un jugement arbitral, du 16 mai 1823, déposé au greffe du

18. — La junte insurrectionnelle de la ville de Manresa (Catalogne) publie un manifeste qui proclame la

tribunal de première instance du département de la Seine, a établi ainsi l'actif de la succession en France :

Fonds existants chez M. Laffitte, banquier.	3,248,500 fr.	» c.
Autres fonds en France.	522,024	30
Total.	3,770,524	30
Intérêt que M. Laffitte consent à payer aux légataires et non à la succession.	700,000	»
Total général.	4,470,524	30

Le testament olographe de Napoléon, en date du 15 avril 1821, est déposé avec quatre codicilles chez M. Bertrand, notaire ; ces actes établissent divers legs, montant ensemble à 5,600,000 francs, laquelle somme est à prendre sur les fonds déposés chez M. Laffitte.

La sentence arbitrale du 16 mai 1823 porte que les legs doivent être pris sur les fonds spéciaux, et que la portion disponible, ou moitié, doit être partagée entre les légataires conformément à l'article 926 du Code civil, au marc le franc.

D'après cette décision, le receveur des droits d'enregistrement réclame les droits de succession, tant sur la portion disponible léguée, que pour la succession directe de la moitié qui, d'après la sentence, revenait au fils de Napoléon. Voici l'état des droits :

A un vingt-cinquième pour cent, il était dû par le fils, sur la moitié.	4,713 fr.	20 c.
A 3 fr. 50 c. pour cent, il était dû par les légataires, sur l'autre moitié. . .	65,984	80
Total.	70,698	»
Dixième en sus.	7,069	80
Total général.	77,767	80

Après deux sursis accordés par le directeur général des domaines, une décision du ministre des finances, Villèle, en date du 7 janvier 1826, est intervenue ; cette décision porte déchéance de Ferdinand VII, et l'élévation au trône de Charles V, frère du roi (V. 31 août). Cette proclamation est faite à Manresa avec la plus grande pompe ; on y publie également une proclamation qui enjoint aux Catalans de faire leur soumission à la junte, il est dit que ceux qui n'auront pas fait leur soumission avant le 20 du courant seront passés au fil de l'épée.

L'insurrection fait chaque jour des progrès effrayants, elle s'étend de district en district; elle est soldée avec l'or des absolutistes d'Espagne et de France. Les révoltés exigent de l'autorité royale le rétablissement de la sainte inquisition, l'extinction totale de la police, le renvoi de tous les hommes maintenant en place qui ont servi à l'époque de la constitution, et enfin l'emploi de tous les vrais royalistes... Ils se sont rendus maîtres de plusieurs villes, et commettent des déprédations et des cruautés inouïes.

22. — S. M. Charles X visite le Calvaire (Mont-Valérien) et fait ses dévotions dans ce saint lieu. Tous les Français remercient le ciel d'avoir ramené, en parfaite santé, le monarque dans la capitale.

22. — Espagne. — Décret du roi Ferdinand VII pour tous motifs : « L'administration doit s'abstenir de toute « demande en paiement de droits de mutation sur les biens de « cette succession..»

Aurait-on craint de faire payer à Napoléon fils, les 4,713 fr. 20 c.? Craignait-on que les légataires ne contestassent, et que l'affaire vînt devant les tribunaux et fixât l'attention du public? Et qu'importe le nom de Napoléon? il ne doit plus faire peur à la France. On n'a pas, non plus, à redouter d'appeler l'intérêt sur la plupart des légataires.

M. de Villèle a fait perdre au trésor public 77,767 fr. 20 c.; il est comptable, en restitution, de cette somme; ou bien, les ministres sont au-dessus des lois.

contre la junte insurrectionnelle de Manresa. — En vertu de ce décret, le commandant général des troupes d'opération de la Catalogne, de concert avec le capitaine général de cette province, accorde amnistie aux individus qui se seront joints aux révolutionnaires, pourvu qu'ils soient rentrés dans leurs foyers avant le 25 ; les chefs en sont exceptés, et devront subir toute la rigueur des lois, etc., etc.

La Catalogne est à feu et à sang ; ainsi l'ordonnent les absolutistes et les prêtres qui veulent, à quelque prix que ce soit, placer la couronne royale à leurs pieds!!

23. — Ordonnance royale concernant l'établissement des Français en Suisse et des Suisses en France. — Elle est basée sur la convention conclue à Berne le 30 mai précédent, entre la France et les cantons et États du corps helvétique, suivants : Zurich, Berne, Lucerne, Fribourg, Soleure, Bâle, Schaffouse, Saint-Gall, Grisons, Argovie, Thurgovie, Tessin, Vaud, Valais, Neuchâtel et Genève. En vertu de ladite convention, les sujets de l'une des parties contractantes jouiront dans les États de l'autre, relativement à leurs personnes et propriétés, des mêmes droits dont jouissent, réciproquement dans leur propre pays, les sujets des deux parties contractantes : la convention repose sur les principes d'une parfaite égalité, sous les rapports commerciaux et industriels; on lit dans l'ordonnance publiée à cet égard : « Les sujets « ou ressortissants de l'un des deux États établis dans « l'autre ne seront pas astreints par les lois militaires « des pays qu'ils habiteront, mais resteront soumis à « celles de leur patrie. » Il serait, en effet, extraordinaire que les Français établis en Suisse eussent été astreints par les lois militaires du corps helvétique ; il

est déjà assez douloureux de voir les Français obligés de subir, dans leur propre pays, la juridiction suisse, dans les affaires civiles où un militaire suisse est impliqué.......

30. — Ordonnance du roi concernant l'organisation de l'ordre judiciaire et l'administration de la justice à l'île Bourbon. — L'article 73 de la Charte porte : « Les colonies seront régies par des *lois* et des réglements particuliers. » La couronne a le droit d'émettre, à leur égard, les réglements et par conséquent les ordonnances qu'elle juge convenables, elle n'a pas le droit de faire des lois sans le concours des deux chambres législatives..... A la couronne seule appartient l'administration de la justice, c'est-à-dire la nomination et l'institution des juges chargés d'administrer, au nom du roi, la justice ; mais l'établissement de tribunaux et de cours royales est du ressort des lois, et par conséquent du ressort des trois branches législatives ; l'établissement ou la suppression d'un tribunal, d'une cour royale, ne saurait, d'après le système constitutionnel établi par la Charte, articles 15 et 59, avoir lieu en vertu d'une ordonnance, et l'article 73, relatif aux colonies, reçoit même une nouvelle autorité desdits articles 15 et 59.

Nous rendons hommage aux dispositions énoncées dans l'ordonnance qui introduit à l'île Bourbon le Code civil, le Code de procédure civile, le Code de commerce, le Code d'instruction criminelle et le Code pénal ; mais nous observons, toujours dans le système constitutionnel, que ces codes ne peuvent être modifiés, même pour les colonies, qu'en vertu d'une loi.... Aujourd'hui, le despotisme ministériel a fait de tels progrès sous l'administration *Villèle*, qu'il usurpe sans cesse sur la puissance législative, interprète à volonté les lois et la Charte, et s'attribue en outre le droit de *dispenser* de l'exécution des lois.

30. — Ordonnance du roi, concernant les règles à suivre dans les colonies pour l'acceptation des dons et legs en faveur des églises, des pauvres et des établissements publics. — L'ordonnance montre une juste et touchante bienveillance pour les établissements publics, surtout pour les établissements pieux ; mais elle laisse trop d'influence aux ecclésiastiques et aux supérieurs des associations religieuses : peut-être aussi la sanction législative eût-elle été nécessaire pour légaliser les attributions conférées aux gouverneurs ou administrateurs en chef, après délibération ; ces attributions dérogent au Code civil et ne peuvent, en conséquence, dépendre que d'une loi.

4 Octobre. — Engagement entre la division navale française devant Alger, et onze bâtiments algériens : la division française est composée de : *l'Amphitrite*, de soixante canons ; *la Galatée*, de quarante canons ; *le Faune, la Cigogne* et *la Champenoise*..... L'escadre algérienne se compose de : une grande frégate portant du dix-huit, quatre corvettes portant même calibre, et six bricks ou goëlettes portant du douze. — L'engagement commence à midi et demi, et à deux heures et demie l'escadre algérienne se met sous la protection des forts et se dirige, à la nuit, sur le port : les onze bâtiments y rentrent..... Cet engagement, dans lequel les marins français ont fait preuve de leur valeur accoutumée, est sans conséquence : il n'y a eu ni morts ni blessés dans la division française !.... Une telle guerre inquiétera peu le dey, il refusera toute espèce de répa-

ration et prétendra, au contraire, qu'il lui est dû satisfaction. En attendant, le commerce français, principalement celui de Marseille, demeurera en souffrance, tant à cause de nos discussions avec Alger, qu'à cause des troubles de la Grèce et de l'état d'incertitude de nos relations politiques avec les nouvelles républiques de l'Amérique.

13. — Le comte Joseph de Puisaye, lieutenant général, grand'croix de l'ordre royal et militaire de Saint-Louis, meurt à Hammersmith, près de Londres..... Cet individu a acquis, à Quiberon, une funeste célébrité. En 1793, Puisaye insurgea, contre la convention nationale, la Bretagne, le Maine, le Perche et une partie de la Normandie; quelques-unes de ses bandes commirent de grandes dévastations, pillèrent, assassinèrent et firent la guerre en voleurs de grands chemins; elles avaient un général digne d'elles : Puisaye était de plus un chef d'intrigues, et de plus entièrement dévoué au ministère anglais; il ne faut donc pas être étonné que ce prétendu royaliste exerçât, à la tête de ses bandes, toutes les sortes de déprédations et de violences dans les pays soumis à son autorité militaire.

Il commandait en chef les royalistes à l'expédition de Quiberon (juillet 1795) : il donna, dans cette conjoncture, d'éclatantes preuves de son impéritie et de sa lâcheté; on doit attribuer, en très-grande partie, à Puisaye les désastres de cette expédition; ce général, aussi méprisé des royalistes que des républicains, prit la fuite le premier et regagna le bâtiment anglais qui l'avait vomi sur cette côte; on accusait généralement le noble chef de chouans d'être à la fois l'agent de la convention nationale, celui de la faction qui se proposait de placer la couronne sur la tête du duc d'Orléans (fait énoncé formellement dans les *Mémoires du comte de Vauban*), celui du ministère britannique, et enfin celui du régent de France, depuis Louis XVIII, qui l'avait autorisé à faire fabriquer, à discrétion, de faux assignats.

Voici la manière dont s'exprime M. Lacretelle jeune, sur les désastres de Quiberon : « Le jour avait montré
« aux émigrés l'étendard tricolore flottant sur les murs
« de la forteresse. Déjà toute l'armée républicaine s'a-
« vance contre eux; Tallien et son collègue Blad mar-
« chent à la tête des colonnes. Une artillerie formidable
« gronde au loin. C'est le général Hoche qui a réglé les
« dispositions du combat. Mais dans le camp, qui va
« être assiégé par tant de forces et avec tant d'impétuo-
« sité, règne un affreux désordre : chacun suit les
« inspirations diverses du désespoir ; pas un Anglais
« ne sort des vaisseaux pour venir mêler ses armes à
« celles des émigrés. On s'indigne, on s'effraie de leur
« perfide immobilité. Des chaloupes canonnières, des
« bateaux plats bordaient le rivage; une multitude de
« vieillards, de femmes et d'enfants, dont les Anglais
« avaient embarrassé cette déplorable expédition, se
« précipitent autour de ces frêles bâtiments, leur uni-
« que salut. O honte! des hommes armés, des combat-
« tants les leur disputent, s'en emparent avant eux.
« M. de Puisaye est à leur tête, il entraîne avec lui la
« troupe de chouans..... » (*Précis historique de la révolution française, directoire exécutif*, par Lacretelle jeune, Paris, 1806. Tome 1er, p. 35 et 36.) Cet écrivain est assez exact dans les détails, et son histoire de la révolution française peut être consultée avec quelque fruit, mais seulement dans les publications qui ont eu lieu avant l'empire, surtout avant la restauration : quoique médiocre, cette histoire vaut encore

mieux que celles dont on surcharge chaque jour la littérature française.

16. — Arrêt de la cour d'assises de Paris, qui condamne Joseph Contrafatto, prêtre, aux travaux forcés à perpétuité, au carcan, à la flétrissure des lettres T. P., et aux dépens à titre de dommages et intérêts : le pourvoi en cassation, formé par le condamné, sera rejeté ; le scélérat subira la peine qui lui est infligée et sera envoyé au bagne de Brest avec Molitor, prêtre, condamné aux fers pour attentat à la pudeur. — Contrafatto, Sicilien de nation, affilié à la secte des jésuites, exerçait le saint ministère dans une des paroisses de Paris, faubourg Montmartre ; il commit les plus effroyables attentats sur la personne d'une fille âgée de cinq ans ; arrêté, le 3 août, à la requête du ministère public, il fut mis en liberté, sur le rapport de M. le juge d'instruction (*Frayssinous*, neveu de M. l'évêque d'Hermopolis, ministre des affaires ecclésiastiques)...... Contrafatto ayant poussé l'impudence au point d'insulter et de braver la mère de sa victime, madame Le Bon, veuve du colonel de ce nom, celle-ci porta plainte ; la cour royale de Paris évoqua l'affaire et nomma pour juge d'instruction M. *Agier*, qui décerna un mandat d'arrêt contre Contrafatto : toutes les démarches faites, par les jésuites, pour sauver ce scélérat furent inutiles, et la cour d'assises lui fit l'application des peines prononcées par le Code pénal..... Croira-t-on que la censure, dirigée par le sieur Lourdoueix, ne permit pas aux feuilles publiques d'insérer, dans leurs colonnes, l'allocution du président de la cour d'assises, M. de Montmerqué ; allocution si touchante par les principes de religion, de morale et de justice, dont elle est empreinte ; allocution, où l'intègre et con-

rageux magistrat rendait un éclatant hommage aux principes de vertu dans lesquels la mère de la victime de l'effroyable lubricité de Contrafatto élevait ses enfants! Jamais la censure n'avait fait un usage aussi vil, aussi odieux de l'arbitraire.

19. — Lettre de l'infant don Miguel à l'infante régente de Portugal. — « ..... Résolu de conserver inviolables les lois du royaume et les institutions légalement accordées par notre auguste frère, que nous avons tous juré d'observer, de faire observer et d'employer pour gouverner lesdits royaumes..... afin d'exécuter les instructions royales de notre auguste frère, je me prépare à retourner dans le royaume, et je vous prie en conséquence, ma chère sœur, de faire équiper une frégate et un brick..... etc. » — Don Miguel s'est engagé de la manière la plus solennelle à prêter tout son appui à la *charte constitutionnelle* et aux institutions *légalement données par don Pedro*; il détruira cette charte et violera ses serments : c'est par le poison et le poignard, par les assassins et les bourreaux, qu'il gouvernera le Portugal, dès son arrivée à Lisbonne ; il foulera aux pieds les ordres de son roi, de son frère, et usurpera sa couronne : et don Miguel commettra de si épouvantables forfaits, au nom de la religion et de la légitimité!..... Le journal de l'absolutisme et de l'ultramontanisme, le journal de Montrouge, intitulé *la Quotidienne*, donnera, dans son numéro du 23 décembre, une lettre infiniment curieuse; don Miguel y est représenté comme agissant, dans tous ses serments en faveur de la charte constitutionnelle, d'après sa conviction personnelle et l'intérêt du Portugal : le prince n'a cédé, dans ces actes, à aucune influence étrangère, il n'a consulté que sa conscience et l'élévation de son

âme..... don Miguel, ce *Titus* de *la Quotidienne*, ne tardera pas à déployer l'élévation d'âme de Néron, de Domitien, de Robespierre.

20. — Grèce. — Combat de Navarin. — Le 23 septembre, il avait été convenu verbalement (à Navarin) entre les commandants des divisions navales d'Angleterre et de France, et Ibrahim pacha, commandant les forces turco-égyptiennes en Morée, que ce dernier chef s'abstiendrait de toutes opérations hostiles jusqu'après réception des instructions ultérieures de son gouvernement; le grand-seigneur persistant à ne pas reconnaître l'intervention des puissances étrangères dans ses propres affaires, Ibrahim pacha reçut le 9 octobre, de Constantinople, l'ordre d'employer toutes ses forces pour amener la soumission de la Morée, et fit, en conséquence, embarquer 16 à 17,000 hommes pour les diriger sur Calamata, dans l'Arcadie et dans la province de Maina : les amiraux commandant les forces d'Angleterre, de Russie et de France, ayant vainement tenté de détourner Ibrahim pacha de ces actes d'hostilité, l'amiral Codrington força la flotte turco-égyptienne, qu'il rencontra près de Patras, de rentrer à Navarin; et, par suite de la tentative d'Ibrahim pacha, que les trois amiraux envisageaient comme une violation patente de la promesse verbale faite par lui de suspendre tous actes d'hostilité, les commandants des trois flottes alliées décidèrent, le 18 octobre, de venir prendre position dans Navarin; ils entrèrent le 20 dans le port.

Flotte alliée : escadre anglaise, trois vaisseaux de ligne, quatre frégates ou corvettes, trois bâtiments inférieurs, un cutter et un brick; — escadre française, trois vaisseaux de ligne, deux frégates et deux bâtiments inférieurs; — escadre russe, quatre vaisseaux de ligne, quatre frégates...... Total, vingt-sept voiles.

Flotte turco-égyptienne : trois vaisseaux de ligne, quatre grosses frégates, dix-neuf frégates, vingt-quatre corvettes, quatorze bricks, six brûlots. Total, soixante-dix voiles; quarante bâtiments de transport étaient rangés derrière la flotte turco-égyptienne : cinq transports autrichiens, spectateurs du combat dont ils se tiennent éloignés.

« Les Turcs avaient formé une ligne d'embossage en fer à cheval, sur le contour de la baie, en triple ligne, formant un total de trois vaisseaux de ligne, un vaisseau rasé, seize frégates, vingt-sept grandes corvettes, et autant de bricks. — La force principale se trouvait réunie vers la droite en entrant, et composée de quatre grandes frégates, deux vaisseaux de ligne, une grande frégate, un vaisseau, puis des frégates de divers rangs achevant le contour, et renforcées en deuxième ligne par les corvettes et les bricks. — Six brûlots étaient placés aux extrémités du fer à cheval, pour être à même de venir se jeter sur les escadres alliées, si un engagement avait lieu, et au vent desquelles ils se trouvaient naturellement placés. » Tels sont les renseignements, et on est fondé à les considérer comme exacts, fournis par le *Moniteur* (9 novembre).

Le capitaine de la frégate anglaise *le Darmouth*, ayant envoyé un canot au commandant de l'un des brûlots turcs dont la trop grande proximité gênait les mouvements de la frégate, pour l'inviter à se reculer, un coup de fusil parti du brûlot tua le commandant du canot anglais; cet incident engagea aussitôt l'action qui ne tarda pas à devenir générale : elle commença à deux heures et demie; « à cinq heures, la première ligne des Turcs était détruite : les vaisseaux et frégates rasés, coulés, incendiés ; le reste s'en allait à la côte où ils se brûlaient eux-mêmes. »

La flotte alliée compte : l'escadre française, environ 50 hommes tués et 140 blessés ; l'escadre anglaise, environ 80 hommes tués et 200 blessés ; l'escadre russe a éprouvé une perte considérable, mais aucun renseignement positif, ou simplement officiel, n'ayant été publié à cet égard, nous ne saurions la préciser. — L'escadre anglaise a beaucoup souffert dans ses mâts et dans ses vergues : l'escadre française a éprouvé de grands dommages dans son matériel ; deux de ses vaisseaux de ligne ont été forcés de retourner à Toulon pour s'y réparer, une de ses frégates a éprouvé de très-graves avaries : l'escadre russe paraît avoir moins souffert dans son matériel que les deux autres.

Des personnes à même d'être parfaitement instruites, ont assuré que les pertes en tués et blessés de la flotte alliée avaient été plus considérables que celles dont nous venons de faire mention.

Dans la flotte turco-égyptienne, on compte : « un vaisseau turc brûlé, deux autres échoués et brisés ; une grosse frégate coulée, une autre échouée et brisée ; deux autres brûlées ; quinze frégates brûlées et coulées ; trois échouées et brisées ; une échouée à la côte, mâts debout ; quinze corvettes brûlées et coulées ; neuf bricks coulés et brûlés ; un échoué, mâts debout ; six brûlots et trois transports détruits. » Tels sont les détails fournis par l'amirauté anglaise..... La perte des Turcs en tués, brûlés ou noyés, est évaluée de 5 à 6,000 hommes.

L'échauffourée de Navarin a causé la destruction presque totale des forces navales turco-égyptiennes dans l'Archipel. Les escadres ont combattu à l'ancre ; les équipages des flottes alliées ont fait preuve d'un grand courage, ceux de la flotte turco-égyptienne ont montré beaucoup d'intrépidité.

Cet engagement imprévu a eu les résultats les plus heureux pour les trois puissances signataires du traité du 6 juillet ; mais après avoir rendu hommage à la bravoure et aux talents de leurs amiraux, de leurs officiers et de leurs marins, elles doivent rendre grâce au hasard qui dispose, si souvent, des événements les plus décisifs... Nous ne craignons pas de présenter à nos lecteurs les détails suivants, nous avons acquis la preuve de leur authenticité.

'Les Turcs avaient si parfaitement pris leurs mesures à Navarin,' d'après les conseils de plusieurs officiers français de terre et de mer, que nous nous abstiendrons de nommer, que toute la flotte chrétienne, jusqu'au dernier bâtiment, aurait été incendiée la nuit qui suivit le combat ; et que tous les marins qui, sur des esquifs ou à la nage, seraient parvenus à gagner le rivage, auraient été massacrés par les troupes turques, disposées à terre pour les exterminer... Contre toute probabilité, l'incident suivant conduisit à un dénouement tout-à-fait opposé.

Les vaisseaux d'Ibrahim, malgré l'armistice verbalement convenu, étaient sortis de Navarin et avaient été, comme nous l'avons dit, contraints de rentrer dans ce port.

Les trois amiraux avaient écrit à Ibrahim, pour lui notifier que, par suite de cette infraction et d'après la difficulté d'un blocus continuel du port, ils allaient entrer dans la baie et se ranger en face de l'escadre turco-égyptienne, sans motifs hostiles quelconques, mais seulement afin d'empêcher ses vaisseaux d'en sortir.

Ibrahim avait pris ses mesures en conséquence, et

donné les ordres les plus précis de recevoir amicalement les flottes alliées, afin de leur inspirer une profonde sécurité ; ses vaisseaux étaient embossés et ses brûlots disposés en avant, afin que, *la nuit suivante et par un mouvement spontané*, on incendiât les vaisseaux des trois nations... Ibrahim n'était pas à Navarin lors du combat ; il se trouvait éloigné de quinze ou vingt lieues dans les terres ; tous les rapports s'accordent sur ce point.

Par suite des dispositions prises, la flotte chrétienne entra sans obstacle et profita des vides que les infidèles lui avaient laissés à dessein.

La ligne des brûlots des infidèles gênant un peu le développement de la flotte combinée, le capitaine Fellows de la frégate *le Darmouth*, envoya un canot au commandant des brûlots turcs, avec mission de faire un peu reculer sa ligne : le parlementaire arrivant à bord fut tué d'un coup de pistolet et tomba dans le bateau qui l'avait amené, bateau sur lequel les Turcs tirèrent en même temps ; le capitaine de la frégate anglaise envoya sa bordée au brûlot qui, par une précipitation contraire à ses ordres, fut ainsi la cause du combat... Le projet d'Ibrahim était sans doute abominable, mais les Russes et les Anglais ne sont-ils pas dans l'usage de recourir à de semblables moyens ? et qu'auraient-ils eu à reprocher aux Turcs, après les massacres de Parga et l'incendie de Moscou, après l'incendie de la flotte de Copenhague, les machines infernales vomies à l'île d'Aix, et les sanglantes scènes de Parga ?

La flotte chrétienne a échappé, par hasard, par une sorte de miracle, à son entière destruction, et la flotte turco-égyptienne a été détruite.

Le combat, ou plutôt l'échauffourée de Navarin, excite des transports de joie parmi les peuples chrétiens ; mais leurs gouvernements en considèrent le résultat sous des rapports divers, et n'envisagent cet événement qu'avec douleur : en Angleterre il est regardé comme *fâcheux*, en Autriche comme *déplorable*, la Russie s'en *réjouit*, la nation française le reçoit comme un triomphe guerrier ; mais ce triomphe embarrasse et inquiète visiblement le ministère Villèle qui ne veut de la gloire à aucun prix, et qui, dans l'intérêt de son pouvoir personnel, met l'honneur français aux ordres de la diplomatie étrangère.

Le combat de Navarin doit ouvrir à la Russie le chemin de Constantinople ; aussi le cabinet de Saint-Pétersbourg se répand en éloges et prodigue les décorations aux amiraux et aux officiers des escadres alliées : il juge parfaitement les conséquences que doit, de nécessité, entraîner en sa faveur l'affaire de Navarin. Le cabinet de Saint-James les juge aussi très-bien dans son intérêt particulier ; sa perfidie, sa faiblesse ou plutôt sa décadence politique, sont tout-à-fait à découvert depuis la mort de Canning, qui avait montré du moins des velléités de force et de loyauté ; le ministère britannique déplore la victoire de Navarin, et peu s'en faut qu'il ne punisse sur l'heure l'amiral Codrington qui a vaillamment soutenu l'honneur du pavillon anglais : le cabinet de Saint-James voit aujourd'hui l'influence russe prédominer dans les affaires d'Orient, il n'ose s'opposer ouvertement aux envahissements de la Russie ; il ne le peut pas, il est trop tard... Le combat de Navarin va ébranler les armées russes qui bordent les rives du Pruth et décider leur marche au-delà du Danube ; dès ce jour-là, la guerre entre la Russie et la Porte devient imminente, et toutes les mesures que pourront prendre la France et l'Angleterre pour arrêter le successeur d'Alexandre, ne serviront qu'à constater la faiblesse de leurs cabinets et l'impuissance de leurs moyens... La Russie a joué son jeu avec autant d'habileté que de perfidie; elle reste maîtresse de la partie, et bientôt il dépendra peut-être d'elle de se saisir des enjeux, tant elle a bien engagé jusqu'ici ses partenaires...... Déjà l'on peut considérer la Moldavie et la Valachie comme *occupées* par les bataillons russes.

En France, le combat de Navarin est reçu par la nation comme un triomphe militaire qui vient relever l'honneur du nom français : le ministère Villèle désapprouve ce triomphe, mais il est forcé d'accepter, comme victoire nationale, l'avantage remporté sur la flotte turco-égyptienne. Le combat de Navarin ranime l'opinion publique, et donne de nouvelles forces aux partisans des libertés constitutionnelles ; le ministère Villèle change aussitôt de langage, et, le croira-t-on, ce ministère qui n'a cessé de prêter secours et appui aux oppresseurs, aux dévastateurs de la Grèce, va se féliciter lui-même de la victoire que la religion et la liberté viennent de remporter en Grèce sur le mahométisme et le despotisme! M. de Villèle, s'admirant dans ses conceptions, s'écriera : « *L'affaire d'Orient est ter-*
« *minée.....* D'un seul coup l'effroyable lutte qui, de-
« puis quatre ans, attristait l'humanité, a pris fin; d'un
« seul coup, la paix est rendue au monde. — Car tout
« est là, et la docilité de la Porte, et celle des Grecs,
« et le rétablissement du commerce, et le maintien de
« l'équilibre européen, et même le succès de la civili-
« sation en Égypte.....» Selon les goujats politiques de M. de Villèle, la victoire de Navarin doit être *d'un grand profit pour l'empire ottoman, qu'elle arrache, par la conviction de sa faiblesse, à des rêves de tyrannie et de vengeance,* etc.; « la victoire ne profite pas
« moins à ce grand vassal de la Porte, dont le génie a

« su greffer sur une tige encore sauvage les fruits de
« la civilisation, qui se précipitait les yeux ouverts dans
« l'abime. *Quitte désormais envers son suzerain*, il
« sortira de cette lutte onéreuse dans laquelle l'avaient
« engagé à la fois *son penchant pour les améliorations*
« *et son respect pour la foi jurée*. Le voilà rendu tout
« entier aux besoins, au bonheur de la riche province
« qui lui doit sa reconnaissance, et qui le dédommagera
« de ses sacrifices avec usure..... » Mehemet pacha,
vice-roi d'Égypte, et son fils Ibrahim pacha, doivent des
remerciments aux vainqueurs de Navarin qui viennent
d'anéantir leur flotte; le vice-roi d'Égypte doit être
particulièrement flatté des éloges que lui prodigue
M. de Villèle, qui lui a permis de construire des bâtiments de guerre dans les ports de France et s'est montré, jusqu'à ce jour, l'un de ses plus puissants alliés
dans la dévastation de la Grèce : que d'avantages politiques le vice-roi ne va-t-il pas recueillir des désastres
essuyés par ses forces de terre et de mer! De son autorité ministérielle, M. de Villèle le délie de ses serments de sujet et le déclare *quitte désormais envers son*
suzerain, et affranchi *de son respect pour la foi jurée*..... Voilà l'insurrection proclamée le plus saint des
devoirs.

Il faut lire dans le *Moniteur* du 10 novembre, ce
ramas de lieux-communs, d'ineptie et de dévergondage
politiques, pour se persuader que le ministère d'une
grande nation puisse se permettre de telles jongleries;
elles rappellent les *carmagnoles* de Barrère à la tribune
de la convention nationale, celles des écrivains de
M. de Villèle sont seulement moins spirituelles, moins
académiques :... voilà cependant le degré d'abaissement
où M. de Villèle a fait descendre la politique française !
Cet homme d'État ne prévoit rien, il ne voit pas à huit

jours de distance, à dix pas de lui; enveloppé dans son système de déception et d'ignorance, il embouche la trompette ministérielle pour annoncer que *l'affaire d'Orient est terminée, que d'un seul coup la paix est rendue au monde*, lorsque les affaires se compliquent de plus en plus en Orient, lorsque la guerre devient plus que jamais inévitable entre la Russie et la Porte, lorsque cette guerre peut embraser l'Europe entière : inepte, ou hypocrite, ou perfide administration! Chacune de ses opérations est désastreuse aux libertés publiques et aux finances de l'État, chacune de ses prévisions politiques est déçue, chacune de ses négociations diplomatiques entraîne un résultat entièrement opposé à celui pour lequel elles ont été pratiquées, ou annoncées.....

Le combat de Navarin peut amener, en deux ou trois campagnes, la Russie à Constantinople, à moins que le grand caractère du sultan * (qui annonce un autre Napoléon) et l'intrépide fanatisme des musulmans n'arrêtent pour quelque temps encore les armées russes; mais comment la Porte ottomane conjurera-t-elle des dangers si pressants, elle est abandonnée de ses plus

---

* Le sultan est fils d'une Française, appelée *d'Épinay de Saint-Luc*. Sa mère s'étant embarquée pour les colonies, le vaisseau fut pris par un corsaire algérien; la mère et la fille furent vendues : la mère mourut peu de temps après; la fille, âgée de quinze ans, fut achetée pour le sérail de Constantinople : elle plut à Mustapha et lui donna un fils, c'est le sultan régnant : la sultane Validé est morte il y a un an, laissant ses bijoux à sa famille; le grand-seigneur lui ayant permis d'en disposer de cette manière, a fait connaître à M. Guilleminot qu'il désirait qu'on fît les recherches nécessaires sur la famille de l'ex-demoiselle *d'Épinay de Saint-Luc*, et qu'il ferait remettre la cassette et les bijoux, lorsque les droits de la famille auraient été constatés.

anciens alliés! La France va depuis long-temps à la dérive, successivement traînée à la remorque par l'Angleterre et la Russie; l'Angleterre ne sait, ne veut, ou n'ose plus s'opposer que par d'insignifiantes conventions diplomatiques aux envahissements progressifs de la Russie : l'Autriche attend, avec sa loyauté ordinaire, l'issue de la lutte pour exiger ou accepter sa portion des dépouilles du vaincu; quant à la Prusse, elle est retenue dans les liens diplomatiques de la Russie : les autres puissances du continent ne sont rien. Voilà l'Europe en 1827.

24. — Avant le départ des escadres alliées de Navarin, le vice-amiral Codrington, dans l'ordre général du jour, « adresse les remercîments les plus sincères à ses nobles collègues les deux vice-amiraux (français et russe), pour la manière habile dont ils ont dirigé les mouvements de leurs escadres; et aux capitaines, commandants, officiers, matelots et soldats de marine qui ont si fidèlement exécuté leurs ordres et complété, avec tant de bravoure, la destruction de leurs adversaires..... » L'empereur de Russie adressera, le 20 novembre, un rescrit au vice-amiral Codrington : entre autres choses très-flatteuses, l'empereur lui dira : « ..... Votre nom appartient désormais à la postérité. Je croirais affaiblir par des éloges la gloire qui l'environne ; mais j'éprouve le besoin de vous offrir une marque éclatante de la gratitude et de l'estime que vous inspirez *à la Russie*. C'est dans cette vue que je vous envoie ci-joint l'ordre militaire de Saint-Georges. La marine russe s'honore d'avoir obtenu votre suffrage devant Navarin, etc..... » — Les escadres *alliées* ont vaincu à Navarin au bénéfice de la Russie bien plus qu'au profit de la Grèce, il est naturel que les remer-

ciments du cabinet de Saint-Pétersbourg soient aussi vifs qu'ampoulés.

31. — Ordonnance du roi sur le service des officiers, des élèves et des maîtres à bord des bâtiments de la marine royale..... Elle comprend dix-huit titres, divisés en sections et chapitres renfermant 722 articles; à cette ordonnance sont annexés cinq réglements et un grand nombre de modèles et de tableaux : elle forme un très-fort volume in-8°. — Il est impossible de pousser plus loin le luxe des ordonnances que ne le fait le ministre Chabrol; celle-ci est un code tout entier, où les officiers de tout grade trouvent jusqu'à la politesse, aux civilités et aux égards qu'ils se doivent mutuellement... Le titre 18, intitulé *des Honneurs*, gradue avec une précision et une justesse admirables les honneurs à rendre, depuis la personne de S. M., jusqu'au plus petit fonctionnaire public : le nombre des coups de canon à tirer et des cris de *vive le roi* à prononcer par les équipages, s'y trouve prescrit avec le plus exquis discernement. Le ministre Chabrol est entré dans les moindres détails sur tout ce qui peut concerner le service des officiers, des élèves et des maîtres ; l'étendue et la profondeur de son esprit se manifestent dans les nombreuses ordonnances émanées de son ministère, elles forment une véritable constitution du service naval. Nous ignorons si l'amirauté de Londres a émis de si sages réglements : désirons seulement que la marine française soit aussi bien instruite, exercée, dirigée et gouvernée, que la marine anglaise.

5 Novembre. — Ordonnance du roi : « La chambre « des députés est dissoute. »

(Cette ordonnance convoque les colléges électoraux :

ceux d'arrondissement et ceux des départements qui n'ont qu'un collége, pour le 17 du mois; les colléges départementaux pour le 24; le collége du département de la Corse pour le 3 janvier prochain.)

« La session des chambres de 1828 s'ouvrira le 5 février prochain. »

Nota. Aux termes de l'article 50 de la Charte, le roi, en cas de dissolution de la chambre des députés, doit en convoquer une nouvelle dans le délai de trois mois.

L'ordonnance de ce jour désigne les lieux où se réuniront les colléges électoraux et nomme les présidents et vice-présidents de ces colléges; on remarque parmi eux plus de 160 *députés sortants*, les parents et amis de M. de Villèle, et les fonctionnaires départementaux et communaux les plus dévoués à sa déplorable administration.

M. de Villèle a épuisé les moyens de corruption et lassé la servilité de la chambre septennale; ce *long parlement* lui a concédé de la meilleure grâce du monde la septennalité, la loi sur le droit d'aînesse et les substitutions, la loi sur le sacrilége, la loi de *justice et d'amour* destructive de la liberté de la presse, la loi du milliard d'indemnité en faveur des émigrés, la loi de création des trois pour cent et de conversion des cinq pour cent en trois et quatre et demi pour cent; enfin, elle a livré avec le plus cordial dévouement, et presque sans examen, tous les milliards des budgets présentés par le président du conseil des ministres. Il eût été difficile de trouver une chambre plus obéissante, plus servile, plus assouplie à toutes les impulsions ministérielles, et M. de Villèle serait bien incontestablement le plus ingrat de tous les ministres passés et futurs, s'il ne plaçait pas une chambre aussi introuvable en tête de ses plus chères affections politiques.

Malheureusement, tous les actes de son ministère ont porté un caractère si vil de déception et d'oppression, qu'il a perdu, avec sa chambre septennale, toute puissance sur l'opinion nationale! Ce ministre a gravement compromis la légitimité, tous les esprits et tous les cœurs sont exaspérés contre son administration : ainsi s'est exprimé M. de Lézardière, séance du 9 mai (V. cette date). Ce député, dont le noble caractère et le dévouement à la royauté ne sauraient pas plus être mis en doute que l'honneur et la véracité, a hautement provoqué la chute du ministère Villèle, et, du haut de la tribune nationale, il l'a proclamée prochaine et certaine. On voyait évidemment, et c'était un grand sujet de consolation pour tous les amis de la paix publique et de l'ordre constitutionnel, qu'une forte opposition se formait dans le côté droit de la chambre septennale contre l'administration qui pesait depuis six années sur la France, qui mettait en danger l'auguste dynastie des Bourbons, qui déchirait pièce à pièce la Charte constitutionnelle : cette opposition devenait de jour en jour plus nombreuse, plus menaçante contre le premier ministre; la *majorité compacte* du centre et du côté droit, formée en 1824 par les janissaires législatifs de M. de Villèle, était ébranlée, divisée, et la plupart de ses membres les plus influents étaient passés ou allaient passer dans les rangs de l'opposition; M. de Lézardière avait été leur organe, et le ministre qui asservissait la France et la chambre des députés sous son sceptre de corruption et de honte, ne pouvait plus espérer de gouverner avec sa verge d'or et de boue cette chambre dans la session de 1828..... Nous n'examinerons pas si, après avoir violé pendant quatre ans la Charte avec tant d'impudeur contre-révolutionnaire, certains membres de la ci-devant majorité compacte de M. de Villèle invoquent aujourd'hui la Charte avec tant de passion constitutionnelle, par amour pour les droits du trône, pour les droits de la nation ; nous n'examinerons pas si c'est l'homme ou son système que cette majorité proscrit maintenant, si elle cherche à s'emparer du pouvoir afin de l'exploiter à son profit et de faire à son bénéfice particulier cette contre-révolution dont les *trois cents* (ils se sont eux-mêmes donné ce nom) ont été les fervents apôtres législatifs : bornons-nous à dire que M. de Villèle, à force d'impostures et de violences ministérielles, a trouvé le rare secret de tout compromettre, de tout braver, de tout mécontenter, et de ne rien comprendre à l'état actuel de la France!

M. de Villèle se décide à faire dissoudre la chambre des députés, fermement persuadé que, maître des élections par les moyens si puissants dont il dispose, il nommera lui-même les trois quarts au moins de la nouvelle chambre : l'ordonnance royale est donc rendue.

Dans le respect et le dévouement que nous portons au roi et à la prérogative royale, nous déclarons de la manière la plus formelle qu'une ordonnance royale tombe, de droit constitutionnel, sous la responsabilité ministérielle : à Dieu ne plaise, que dans la critique ou seulement dans l'examen d'une ordonnance royale on veuille, le moins du monde, toucher aux prérogatives du trône! elles sont sacrées, hors de toute responsabilité, même morale, et c'est précisément dans ce sens que la Charte a établi, article 35, la responsabilité des ministres qui contresignent les ordonnances royales, qu'elle a déterminé leur accusation et leur traduction devant les chambres législatives. La sûreté et la stabilité du trône tiennent, plus qu'on ne le croit peut-être encore dans les hauts lieux, à la responsabilité ministérielle; critiquer les actes des ministres, ce n'est donc point attenter à la prérogative royale, c'est au contraire la défendre : *gouvernement* veut dire la constitution d'un pays, et sous ce rapport le prince peut être considéré, mais d'une manière fictive, comme le gouvernement lui-même, parce qu'il en est le chef suprême : *administration* ou *ministère* veut dire la direction, l'exécution des affaires de ce pays, et sous ce rapport ce n'est pas le gouvernement ou le roi, mais le ministère dont il s'agit... Les ministres ont beau dire : « Le gouvernement c'est le roi ; nous sommes les ministres du roi, par conséquent le gouvernement c'est nous, et nous attaquer, c'est attaquer le roi. » Rien de plus faux, de plus absurde, de plus opposé au régime, au système représentatif et constitutionnel ! La royauté et le ministère sont deux choses absolument distinctes, dans tout gouvernement constitutionnel : la royauté est inviolable, et placée si haut qu'aucune responsabilité quelconque ne saurait l'atteindre ; le seul mot *responsabilité royale* serait un attentat contre le trône, contre le monarque. Le ministère est au contraire blâmable, accusable, condamnable et passif des peines les plus sévères, selon la nature des crimes dont il peut se rendre coupable par la transgression ou la violation des lois que le roi lui ordonne d'exécuter et de faire exécuter.

Ainsi, d'après la Charte et le régime constitutionnel qui régissent ou doivent régir la France, les chambres législatives ont le droit d'investigation et d'enquête dans tous les actes de l'administration ministérielle, et par conséquent dans les actes ou ordonnances contre-signés par les ministres : soutenir une doctrine opposée, ce serait soutenir en d'autres termes qu'il n'y a plus de Charte dans le royaume de France, que les chambres législatives sont inutiles et qu'on doit les supprimer.

M. de Villèle a raisonné dans ce sens : que la Charte

était faite pour les menus plaisirs du despotisme ministériel! Tous ses actes autorisent à le présumer, et même à l'affirmer : ses aberrations et ses inepties n'en sont aussi que plus remarquables.

Le président du conseil des ministres a fait un emploi si étendu et si excessif de tous les moyens de corruption et de fraude, il a opprimé la pensée et la parole avec une tyrannie si inquisitoriale et si basse, enfin il a tellement travaillé à dégrader, à étouffer l'esprit public, qu'il se tient pour assuré des votes et des consciences qu'il achète à prix d'or et d'infamie : ce premier ministre se regarde donc comme directeur, maître et autocrate des élections.

Mais ici apparaît dans toute son étendue l'incapacité de M. Villèle, considéré comme homme d'État. En effet, quel est son but? de rester premier ministre. Quels sont ses moyens? une nouvelle chambre qui doit lui rendre la majorité que l'ancienne va lui refuser tout à l'heure. Jusque-là le despotisme de l'homme d'affaires a bien raisonné; mais, pour ne pas se tromper dans le grand résultat, il fallait s'assurer de l'esprit public, de l'esprit dominant dans les départements : comment négliger ou méconnaître un point si important, lorsqu'on recourt à l'opinion nationale, c'est-à-dire électorale? comment, lorsque toutes les paroles, tous les actes, toutes les décisions du ministère dont il est le chef, ont excité au plus haut point la méfiance, la haine, l'exaspération de la nation et jusqu'au mécontentement des plus affidés serviteurs de ce ministère dans la chambre des députés, comment ne pas voir, ne pas juger que les électeurs vont proclamer sa condamnation et sa chute? Où sont donc cette prévoyance, cette finesse, cette profondeur d'intrigue politique, si l'on veut, dont on fait honneur à M. de Villèle? a-t-il seulement fait preuve dans cette conjoncture de ce simple bon sens qui, dans une transaction ordinaire entre particuliers, pèse le pour et le contre?.?... M. de Villèle dissout sottement la chambre des députés et ne sait pas même gagner du temps, chose d'un si grand prix en affaires d'État; plus sottement encore il en appelle à l'estime, c'est-à-dire à la conscience nationale, au jugement du pays, lorsque de toutes parts s'élèvent contre lui les plaintes et les réprobations. M. de Villèle ne se doutait donc pas de ce qu'il faisait en déterminant la dissolution de la chambre des députés; quelle étendue de génie! Après le résultat des élections, M. de Villèle ne verra pas qu'il doit forcément quitter le ministère; quelle connaissance des affaires! M. de Villèle se tiendra deux mois encore accroché à son porte-feuille; quel esprit de conduite! »

Ce premier ministre croyait avoir tué l'opinion publique, la Charte et la France, et il leur donne une vie nouvelle; la dissolution de la chambre des députés est l'acte d'abdication de M. de Villèle; et, chose merveilleuse, il le provoque, il le prépare, il le proclame lui-même!..... Depuis l'ordonnance du 5 novembre, tous les actes du ministère Villèle sont empreints de la plus complète impéritie et de la présomption la plus extravagante, mais aucun de ses actes n'est comparable à celui-ci en fait d'ineptie politique.

M. de Villèle se tient il est vrai pour assuré de la victoire électorale, tant il a forcé jusqu'aux moindres ressorts de l'arbitraire et de la corruption : tous les fonctionnaires, depuis le préfet jusqu'au maire, au garde champêtre de la plus petite commune, répondent, sur leurs places, des élections; les fonctionnaires qui montrent de la répugnance à faire usage des moyens ministériels pour fausser les élections sont destitués; les *boursiers* des colléges sont chassés de ces établissements et renvoyés à leurs parents, si le vote de ceux-ci n'est pas conforme à la volonté ministérielle; la maxime de M. Corbière : « Tout fonctionnaire public se doit au « gouvernement qui le paie, il doit opter entre sa con-« science et sa place. » Cette maxime est passée en force de loi : il faut y obéir ou perdre ses moyens d'existence.

Les villes qui ont garnison sont menacées de n'en plus avoir, ou de voir leur garnison réduite; on promet une garnison aux villes qui n'en ont pas : telle cité est menacée de perdre sa préfecture, telle autre son tribunal de première instance : on promet à celle-ci un pont, une place publique; on promet à celle-là un édifice, un canal : tel département reçoit l'assurance qu'il lui sera permis de cultiver une plus grande quantité de tabac, et que le gouvernement lui en achètera une plus forte partie; on donne à tel autre département l'espérance que les droits de douanes, qui pèsent d'une manière funeste sur les principaux produits de son industrie, seront diminués.

Le ministère expédie, sous les bandes des journaux interprètes de l'opinion nationale, des pamphlets anonymes, virulents et remplis de calomnies contre les hommes les plus recommandables, contre les candidats constitutionnels qu'il craint de voir monter à la tribune législative; ces pamphlets sortent de l'imprimerie royale, et portent, dit-on, le nom des premiers imprimeurs de Paris qui réclameront en vain contre cette fraude d'une nouvelle espèce; ou ils sont sans noms d'imprimeur, ce qui est une violation cynique des lois sur l'imprimerie!

L'administration Villèle confond dans sa haine les constitutionnels qui veulent la Charte, et les royalistes de l'ancien régime qui ne veulent pas subir le joug ministériel : elle réserve toute sa tendresse, toutes ses candidatures pour les *ministériels* proprement dits, pour les congréganistes et les jésuites... Ombres de Mazarin, de Dubois, de Terray, humiliez-vous ; M. de Villèle vous a surpassés en *administration !*

Des instructions impératives et des circulaires menaçantes sont expédiées aux employés de tous les rangs, de tous les étages ; ils ont ordre d'employer la fraude, la corruption et même la violence : des sommes considérables sont envoyées dans les chefs-lieux de préfecture et d'arrondissement pour subvenir aux frais des machinations ministérielles; le départ des feuilles constitutionnelles est retardé et même suspendu à la direction générale des postes ; l'on ouvre et l'on intercepte les lettres, on supprime les avis adressés à l'opinion nationale. Les faux, les soustractions, les vols, se commettent patemment, et les journaux ne craignent pas d'en accuser formellement le ministère et ses agents ; La calomnie est officiellement mise à l'ordre du jour; si l'on n'a pu parvenir à corrompre l'opinion, on veut l'égarer : on dénigre, on diffame les citoyens les plus honorables, ceux que l'estime publique désigne aux choix des colléges électoraux ; faux certificats d'impositions, suppositions de personnes, fausses pièces délivrées, ou attestées par les autorités administratives, tout est mis en usage : on lance des réquisitoires et presque des excommunications contre les candidats constitutionnels, on fabrique de fausses listes d'électeurs, on raie de ces listes des électeurs réunissant toutes les capacités exigées par la loi, on y place de faux électeurs, des hommes à double et triple domicile, des espions de police, des prolétaires tout-à-fait inconnus dans le collége où ils ont ordre de voter*; toutes les récla-

* Un magistrat de cour royale ne craignit pas de proposer à M. Corbière, d'introduire dans les colléges un tiers de

mations adressées aux autorités supérieures sont écartées ou ajournées; la plupart des préfets se jouent, à bureau ouvert, des pétitions et des plaintes qu'excitent leurs prévarications; les droits les plus légitimes sont méconnus, violés, déniés par les administrateurs spécialement chargés de les protéger : en un mot, la violence, le dol et la fraude s'exercent publiquement, sans pudeur, et même avec une sorte de vanité administrative : tel est le spectacle qu'offriront les élections préparées par le ministère Villèle.

5. — Ordonnance du roi, qui déclare que « l'ordonnance royale du 24 juin dernier, qui a remis en vigueur les lois du 31 mars 1820 et 26 juillet 1821, cessera d'avoir son effet. »

M. de Villèle a tenu la presse en charte privée depuis le 24 juin (V. cette date), il rend aujourd'hui la liberté aux journaux et feuilles périodiques, il révoque la censure : ce ministre l'a établie afin de se ménager la facilité de calomnier, sans obstacles, tout à son aise, les véritables royalistes, c'est-à-dire les royalistes constitutionnels, afin de préparer dans les ténèbres de la corruption, les nominations de ses affidés dans les colléges électoraux : ses choix sont faits, imposés, toutes ses dispositions sont prises, à l'aide de cette précieuse censure qu'il a eu l'impudence d'établir sans aucune des circonstances graves, nécessaires pour la légitimer; il la retire ou plutôt la suspend, lorsqu'il se croit certain du succès de ses machinations ministérielles. Il

faux électeurs; le ministre répondit que ce moyen n'était pas légal : qu'appelez-vous légal? répliqua le magistrat. Il s'agit bien de légalité, lorsqu'il faut sauver la royauté; eh bien, faites, par lettres-patentes, trente mille électeurs, et tout de suite, sans quoi le ministère est à bas... Dans presque tous les départements le moyen des faux électeurs sera mis à exécution...

s'est dit : Les feuilles périodiques n'auront que quelques
instants pour parler à la France électorale ; à peine
restera-t-il aux citoyens le temps d'arriver à leurs colléges, ceux d'arrondissement doivent s'ouvrir dans douze
jours, et ceux des départements dans dix-neuf jours ;
les feuilles libérales ou constitutionnelles ne pourront
donc pas, à coup sûr; déjouer mes batteries ministérielles, et une *seconde chambre de* 1824 viendra
m'asseoir pour plusieurs années dans le fauteuil de la
présidence : les électeurs qui me sont le plus opposés
n'auront pas la facilité de se concerter pour contre-mi-
ner mes opérations, il n'y a donc plus de danger pour
moi à rendre la parole aux journaux ; je retire la censure..... Merveilleuse et rare conception !

L'ordonnance qui lève la censure était parfaitement
inutile, et M. de Villèle pouvait s'épargner cette insulte
constitutionnelle, car la censure tombe *de droit* devant
l'ordonnance de dissolution de la chambre des députés :
la loi est précise à cet égard [*].

Les louanges que les feuilles de la trésorerie prodiguent à M. de Villèle pour cet acte de *libéralisme*, ne
sont pas une des choses les moins curieuses de la révolution qui se prépare; jamais la cupidité et la bassesse

[*] Loi du 17 mars 1822, article 4 : « Si dans l'intervalle des
sessions des chambres, des circonstances graves rendaient momentanément insuffisantes les mesures de garantie et de répression établies, les lois des 31 mars 1820 et 26 juillet 1821,
pourront être remises immédiatement en vigueur, en vertu
d'une ordonnance du roi, délibérée en conseil et contre-signée
par trois ministres.

« Cette disposition cessera de plein droit un mois après l'ouverture de la session des chambres, si, pendant ce délai, elle
n'a pas été convertie en loi.

« Elle cessera pareillement *de plein droit*, le jour où serait
publiée une ordonnance qui prononcerait la dissolution de la
chambre des députés. »

n'usurpèrent un langage plus constitutionnel : à les entendre « le président du conseil des ministres est dévoué à la Charte; tous les actes de son administration tendent à affermir la loi fondamentale ; c'est sur la large base des libertés nationales qu'il veut asseoir le trône : que n'a-t-il pas fait pour le trône et pour les libertés nationales depuis son avénement au ministère, et quels bienfaits la France ne doit-elle pas espérer encore de l'homme d'État qui a si puissamment contribué à cicatriser les plaies de la révolution ? On chercherait vainement dans notre histoire, depuis quarante années, un génie aussi vaste, un homme d'État qui ait rendu de si éminents services et déployé en même temps des connaissances aussi profondes et une loyauté aussi généralement reconnue...... » Et c'est à l'homme dont l'administration provoque depuis six années toutes les alarmes et tous les dangers, que des écrivains, connus autrefois par des principes constitutionnels qui leur donnèrent une sorte de renommée, ne rougissent pas de prodiguer de pareils éloges : disons, il est vrai, que M. de Villèle commandait, dictait, corrigeait les articles des journaux condamnés à publier ses louanges ; plus tard, ce ministre, ainsi que M. Peyronnet, descendra au rôle de collaborateur d'une feuille publique achetée des deniers de la trésorerie, et l'on verra l'ex-président du conseil des ministres porter en personne au bureau de cette feuille les *lettres* qu'il adressera à son génie : jamais, non jamais ministère tombé n'eut recours à des moyens si petits, si ridicules, si ignobles.

5. — Ordonnance du roi, qui élève à la dignité de pairs du royaume soixante-seize individus à la tête desquels sont cinq archevêques, dont un archevêque *in partibus :* on trouve dans cette liste trente-neuf

membres de conseils généraux de département et un membre de conseil d'arrondissement, deux maréchaux de France (Soult, duc de Dalmatie, qui est enfin parvenu à capter la faveur ministérielle, et le maréchal de Hohenlohe-Bartenstein : ce dernier n'est pas Français) ; le prince Pierre d'Aremberg, il n'est pas Français ; trois lieutenants généraux, un contre-amiral, huit maréchaux de camp, un lieutenant colonel, cinq individus désignés *propriétaires*, et cinq individus sans désignation autre que celle de leurs noms, etc. : trente-sept de ces nouveaux pairs ont fait partie de la chambre septennale et montré un dévouement absolu aux volontés de M. de Villèle..... Le public s'étonne de voir élever à une si haute dignité plusieurs individus qu'aucun service ne recommande à la reconnaissance publique, et dont les noms sont pour la plupart inconnus à la France; mais la presque totalité de ces nouveaux membres de la chambre des pairs s'est hautement prononcée, depuis 1814 jusqu'à ce jour, contre les libertés constitutionnelles, soit dans la chambre des députés, soit dans les administrations publiques. — Un autre sujet d'étonnement pour le public, est de ne pas voir le nom de M. le comte Beugnot figurer dans la liste des soixante-seize : ce grand seigneur de la révolution a, depuis 1821, des lettres-closes de Louis XVIII qui l'élèvent à la pairie; mais M. de Villèle ne juge pas à propos de l'admettre au nombre des pairs, en sorte que M. Beugnot reste toujours *in partibus :* on a plaisamment observé que ce ministre d'État était le *Tantale de la pairie*. Au reste, M. de Villèle fait-il preuve de justice dans l'espèce d'ostracisme qu'il fait subir depuis son avénement au ministère à l'ex-membre de la chambre des députés? M. Beugnot a été libéral il est vrai, mais encore plus ministériel à la tribune national : il a même poussé la réserve, étant élu par deux colléges électoraux, jusqu'à ne faire un choix entre les deux départements qu'après deux années de réception, en sorte qu'il a été député double..... Et aujourd'hui, d'après l'ingratitude ministérielle, M. Beugnot n'est ni membre de la chambre des députés, ni membre de la chambre des pairs : destinée qui lui est commune avec M. Viennot-Vaublanc, quoique M. Beugnot ait trop d'esprit pour publier, comme ce dernier ministre d'État, qu'il est *un homme usé*.

L'ordonnance de ce jour, qui crée soixante-seize pairs, porte, art. 2 : « La dignité de pair du royaume
« qu'il nous a plu de conférer aux personnes nommées
« par la présente ordonnance, ne sera *héréditaire* qu'à
« la charge par elles de constituer un majorat de dix
« mille francs au moins de revenu net en biens im-
« meubles. — Il est dérogé à leur égard à l'article 1er
« de l'ordonnance du 25 août 1817. »

L'article 1er de l'ordonnance du 25 août 1817 avait statué que nul ne serait nommé pair s'il n'avait institué un majorat ; ce majorat ne pouvait être de moins de trente mille francs de revenu net pour le titre de duc, de moins de vingt mille francs pour le titre de marquis ou de comte, de moins de dix mille francs pour le titre de vicomte ou de baron... L'ordonnance contre-signée *Villèle* détruit les dispositions voulues par celle de 1817 devenue, en quelque sorte, la seconde Charte de la pairie ; l'ordonnance Villèle élève à la dignité de pair des individus qu'elle dispense d'instituer un majorat ; elle les oblige seulement à cette institution, s'ils veulent que la pairie qui leur est conférée soit héréditaire ; elle ne fixe point, selon le titre, la quotité du majorat à instituer ; elle n'exige qu'un majorat de dix mille francs au moins de revenu net : ainsi le majorat du duc, du comte ou du marquis peut n'être, aux termes de la présente ordonnance, que de dix mille francs, comme celui que l'ordonnance de 1817 prescrivait au vicomte et au baron d'instituer; plusieurs des nouveaux pairs ne sont même revêtus d'aucun titre..... L'ordonnance de ce jour introduit, dans la chambre des pairs, des individus sans titre, sans fortune et par conséquent hors d'état de soutenir la splendeur de la haute dignité dont ils sont revêtus : depuis 1814 jusqu'à ce jour, le gouvernement a été réduit à gratifier un grand nombre de membres de la chambre des pairs, de pensions de quinze, de douze, de dix, de huit, de six mille francs; sans ce secours, plusieurs d'entre eux se seraient trouvés dans l'impossibilité de supporter les frais de représentation nécessairement attachés à la pairie..... Et, par une disposition dont l'esprit est absolument contraire, des pensions de dix et de douze mille francs ont été accordées à des pairs jouissant d'une grande fortune, de riches traitements, et de plusieurs emplois ou sinécures ! En sorte que d'un côté il a fallu donner à certains pairs une pension alimentaire, et que d'un autre côté l'on a donné cette même pension à des pairs jouissant d'une immense fortune *.

* Une feuille publique très-estimée donnera, dans deux de ses numéros, la liste des pairs pensionnés, sur le fonds de deux millions porté au budget.

Membres de la chambre des pairs revêtus du titre de duc, marquis, comte, vicomte, baron, pensionnés ou dotés antérieurement à 1828.

DUCS PENSIONNÉS.

MM.   A 24,000 fr.
Le duc de La Vauguyon.

     A 20,000 fr.
Le duc de Lévis.

L'institution de la pairie a donc été viciée dans son principe. Introduire des prolétaires, c'est-à-dire la dé-

DUCS PENSIONNÉS.

MM.   *A* 15,000 fr.

L'abbé duc de Montesquiou. Le duc de La Fare.
Le duc d'Aumont.

A 13,000 fr.

Le duc de Caraman.

A 12,000 fr.

Le duc de Castries.
Le duc de Clermont-Tonnerre.
Le duc de Duras.
Le duc d'Escars.
Le duc d'Esclignac.
Le duc de Feltre (Clarke).
Le duc de Fitz-James.
Le duc de Grammont.
Le duc de La Trémoille.
Le duc de Laval-Montmorency.
Le duc de Lorges.
Le duc de Maillé.
Le duc de Narbonne-Pelet.
Le prince de Poix.
Le duc de Reggio (Oudinot).
Le duc de Richelieu.
Le duc de Rivière.
Le duc de Tarente (Macdonald).
Le duc de Sabran.
Le duc de Cadore (Champagny).
Le duc de La Force.
Le duc d'Uzès.
Le duc de Walmi (Kellermann).
L'abbé duc de Rohan.
Le duc de Saint-Aignan.

A 10,000 fr.

Le duc de Conégliano (Moncey).
Le duc de Damas-Crux.
Le duc d'Harcourt.
Le duc d'Havré-Croy-Solre.
Le duc de Luxembourg.

MARQUIS PENSIONNÉS.

A 15,000 fr.

Le marquis d'Ecquevilly. Le marquis de Raigecourt.
Le marquis de La Tour-Maubourg.

A 12,000 fr.

Le marquis d'Arragon.
Le marquis Barthélemy.
Le marquis de Bonnay.
Le marquis de Béthisy.
Le marquis de La Tour-du-Pin.
Le marquis de La Tour-du-Pin-Montauban.
Le marquis de Chasseloup-Laubat.
Le marquis de Jaucourt.

mocratie dans une chambre aristocratique par essence, est un contre-sens non moins étrange, non moins fu-

MARQUIS PENSIONNÉS.

MM.

A 12,000 fr.

Le marquis La Place.
Le marquis Maison (maréchal).
Le marquis Lauriston (maréchal.)
Le marquis de Rastignac.
Le marquis de Vence.
Le marquis de Saint-Simon.
Le marquis Sapinaud.
Le marquis de Malleville.
Le marquis Barbé-Marbois.
Le marquis Pastoret.
Le marquis Pérignon (maréchal.)
Le marquis Huguet-Sémonville.

A 10,000 fr.

Le marquis Lally-Tollendal.
Le marquis de Monteyard.
Le marquis de La Roche-Jacquelein.
Le marquis de Chabannes.

A 8,000 fr.

Le marquis de La Suze.

A 6,000 fr.

Le marquis de Brézé.
Le marquis de Nicolaï.

COMTES PENSIONNÉS.

A 15,000 fr.

Le comte Claparède.
Le comte Curial.
Le comte de Durfort.
Le comte de La Roche-Aymon.

A 12,000 fr.

Le comte Abrial.
Le comte d'Aboville.
Le comte d'Ambrugeac.
Le comte d'Andigné.
Le comte d'Argout.
Le comte d'Autichamp.
Le comte de Beaumont.
Le comte Boissy-d'Anglas.
Le comte Bordesoulle.
Le comte Bourbon-Busset.
Le comte Bourke.
Le comte de Bourmont.
Le comte Chabrol (Crouzol).
Le comte de Choiseul-Gouffier.
Le comte Guilleminot.
Le comte Chaptal.
Le comte Chollet.
Le comte Clément de Ris.
Le comte Colchen.
Le comte Cornet.
Le comte Cornudet.
Le comte Davoust.
Le comte Hédouville.
Le comte Déjean.

neste que celui d'introduire de hauts dignitaires, c'està-dire l'aristocratie dans une chambre démocratique par

COMTES pensionnés.

MM. *A* 12,000 fr.

Le comte Desèze.
Le comte Destutt-de-Tracy.
Le comte Dupuy.
Le comte Emmery.
Le comte Fabre (de l'Aude).
Le comte de Gassendi.
Le comte Herwin.
Le comte d'Haubersaert.
Le comte Klein.
Le comte de La Bourdonnaye.
Le comte de La Tour-Maubourg.
Le comte de La Ferronnays.
Le comte Lynch.
Le comte Lanjuinais.
Le comte Molitor (maréchal).
Le comte de Mesnard.
Le comte de Montausier.
Le comte Montbadon.
Le comte Le Mercier.
Le comte Le Couteulx-Canteleu.
Le comte de Montesquiou.
Le comte de Noé.
Le comte Peyronnet.
Le comte Portalis.
Le comte Ricard.
Le comte Péré.
Le comte Rampon.
Le comte de Pontécoulant.
Le comte Porcher-Richebourg.
Le comte de Rully.
Le comte Siméon.
Le comte de Sparre.
Le comte de Sainte-Suzanne.
Le comte de Ségur.
Le comte Soulès.
Le comte Vaubois.
Le comte Vilmanzy.
Le comte Vimar.

A 10,000 fr.

Le comte de Castellane.
Le comte du Cayla.
Le comte de Vaudreuil.
Le comte Jourdan (maréchal).
Le comte de Bouillé.
Le comte Belliard.
Le comte Lagarde.
Le comte Mollien.

VICOMTES pensionnés.

A 12,000 fr.

Le vicomte Bonald.
Le vicomte de Castelbajac.
Le vicomte de Châteaubriand.
Le vicomte Gratet-Dubouchage.
Le vicomte Lainé.
Le vicomte Dode de La Brunerie.

A 10,000 fr.

Le vicomte Digeon.

essence (la chambre des députés); c'est briser les deux principes vitaux de tout gouvernement représentatif et constitutionnel.

Depuis le ministère de M. de Villèle, cent dix-neuf individus ont été élevés à la pairie, dont vingt-un archevêques et évêques; il n'a pas oublié, dans la promotion ecclésiastique, son cousin *Villèle*, archevêque de Bourges; dans la promotion laïque, il n'a pas oublié son ami et associé-banquier, dit-on, *Lapanouze* : on trouve, dans cette dernière liste, deux individus qui ont fait partie du conseil de censure, c'est le plus éclatant de leurs services publics..... Six individus avaient été élevés à la pairie, à la suite de la campagne d'Espagne, en récompense de leur conduite dans cette guerre; cinq de ces nouveaux pairs jouissent, en cette qualité, d'une pension de 12,000 francs.

L'ordonnance du 25 août 1817 n'ayant pas été abro-

BARONS PENSIONNÉS.

A 12,000 fr.

Le baron de Barante.   Le baron de La Rochefoucauld.
Le baron Dubreton.   Le baron de Charette.
Le baron de Glaudevèz.

A 10,000 fr.

Le baron Mounier.

Il est permis de présumer que cette liste de pensions ou dotations n'est pas complète, quelque longue qu'elle soit; on a sans doute oublié de citer plusieurs pairs laïques, plusieurs pairs ecclésiastiques ne sont pas non plus portés sur la liste (entre autres M. l'archevêque de Bourges, Villèle, jouissant de 12,000 fr. de pension). Nous remarquerons que plusieurs cardinaux sont aussi pensionnés et cumulent cette pension avec leurs traitements de cardinal, d'archevêque, de ministre d'État, etc.; plusieurs maréchaux, ministres d'État, hauts fonctionnaires salariés, cumulent aussi leur pension de pair avec leurs divers traitements militaires, administratifs et civils.

gée ou révoquée, doit, ce semble, avoir son exécution ; mais l'ordonnance du 5 novembre 1827 vient *dispenser* les nouveaux pairs, et, ce qu'il y a de plus singulier, la dernière rappelle la première, précisément pour exempter les nouveaux pairs de l'obligation sans laquelle ils ne peuvent être nommés à la pairie! Ainsi, après avoir faussé l'esprit de l'institution de la chambre des pairs, M. de Villèle vient, en quelque sorte, briser la pairie en la faisant conférer à des individus qu'il fait dispenser de l'exécution des conditions textuellement imposées par l'auguste créateur de la pairie et de la chambre des pairs.

« La nomination des pairs de France appartient au « roi. Leur nombre est illimité : il peut en varier les « dignités, les nommer à vie ou les rendre héréditai- « res, selon sa volonté. » Ainsi veut et ordonne la Charte ; mais, dans aucun de ses articles, la loi fondamentale ne fait mention de l'institution des majorats, et sans doute le créateur de la Charte et de la pairie ne jugea point à propos, en octroyant celle-là, d'imposer à celle-ci l'obligation des majorats; ils n'existent qu'en vertu d'ordonnances postérieures à la Charte; or, une ordonnance peut être rapportée, modifiée ou détruite par une autre ordonnance : ainsi l'obligation où se trouve le pair de France d'instituer un majorat peut cesser dès l'instant où le roi en exprimera la volonté : l'institution des majorats de pairs de France n'est donc pas stable et invariable, cette institution demeure dans le provisoire, si l'on peut s'exprimer ainsi.

Constitutionnellement parlant, et d'après le texte de la Charte, l'institution des majorats peut être considérée comme illégale; c'est une dérogation formelle aux articles du Code civil qui régissent le droit de propriété. L'ordonnance royale du 25 août a prononcé, il est vrai, l'institution des majorats, mais une ordonnance peut-elle affecter le droit de propriété et abroger les dispositions explicites du Code civil, peut-elle rendre inaliénable et insaisissable à perpétuité une portion des biens d'une famille, en l'attribuant à un de ses membres? La Charte a établi et consacré les *droits publics des Français*, elle a dit : « Les Français sont égaux « devant la loi, quels que soient d'ailleurs *leurs titres* « *et leurs rangs.* » Cet article est violé par l'institution des majorats.

Objectera-t-on en faveur de cette institution les décrets de Napoléon, les lois et même les sénatus-consultes (dits organiques) rendus par cet empereur? Mais les décrets de Napoléon n'ont pas et ne sauraient avoir le caractère de lois; d'ailleurs, ces lois et sénatus-consultes s'appuyaient sur la constitution de l'an VIII qui était censée régir la France; les sénatus-consultes et les lois rendus sous le gouvernement de Napoléon, n'étaient applicables que d'après la susdite constitution de l'an VIII, et l'on sait à quel point le despotisme impérial dénaturait et modifiait cette constitution année par année, décret par décret. Napoléon attaquait violemment, illégalement, le droit de propriété en fondant des majorats en faveur des membres du sénat-conservateur, ou des fonctionnaires civils ou militaires dont il voulait récompenser les services; mais cette violation du droit public des Français n'est pas un titre en vertu duquel Louis XVIII ait pu, constitutionnellement, légalement, statuer *par ordonnance* que les membres élevés à la pairie seraient tenus de fonder un majorat : si telle avait été la volonté du fondateur de la Charte et de la pairie, il l'eût exprimée dans la loi fondamentale qu'il *octroyait* à ses peuples; or, la Charte garde le plus profond silence sur les *majorats*; il y a plus : l'article 71 les proscrit, puisqu'en rendant à l'ancienne noblesse ses titres et en conservant à la nouvelle les siens, il est formellement déclaré que le roi fait des nobles à volonté, mais « ne leur accorde que des rangs « et des honneurs, sans aucune exemption des char- « ges et des devoirs de la société. » Frapper, dans la main du pair de France, un immeuble d'inaliénation, perpétuelle, déshériter la famille de ce pair de l'immeuble érigé en majorat au bénéfice d'un seul des membres de cette famille, ôter cet immeuble de la circulation et le soustraire aux dispositions du Code civil concernant les créanciers et les débiteurs, n'est-ce pas attenter aux *droits publics des Français?*

En parlant de la sorte, nous ne combattons pas le principe de l'institution des majorats ; bien au contraire nous le regardons comme utile, nécessaire même à l'existence de la pairie, car cette haute dignité ne saurait être environnée de trop de solidité, de respect et d'éclat; la pairie, corps politique, est une des trois branches de la puissance législative, c'est-à-dire de la souveraineté; puisque la souveraineté réside essentiellement dans le droit de faire la loi. Nous sentons la nécessité d'imprimer à la chambre des pairs une stabilité qui réponde aux éminentes fonctions dont elle est investie; et sous ce rapport l'institution des majorats paraît tenir à l'essence même de la pairie : mais d'après une si haute considération, une loi et non une ordonnance devait fonder cette institution et la rendre stable à tout jamais.

La dignité de la pairie exigeait, également, que l'institution des majorats fût exclusivement réservée aux membres de la chambre des pairs : autoriser de simples citoyens à ériger des majorats, c'est-à-dire à dépouiller leur famille d'une partie de la propriété que lui assurent les dispositions du Code civil, c'est attenter directement à l'article 1ᵉʳ de la Charte qui consacre, d'une manière irrévocable, les droits publics de tous les Français sans exception : le roi peut bien conférer à volonté des lettres de noblesse, des titres de baron, de marquis, de duc et même de prince, mais il n'a pas le droit de permettre aux individus investis de ce titre de fonder un majorat; Louis XVIII n'a pas même voulu s'attribuer ce droit, puisqu'il ne l'a point exprimé dans la Charte qui est devenue loi fondamentale pour le monarque comme pour les sujets.

Autant il est convenable que les pairs de France jouissent d'une fortune irrévocablement attachée à leur dignité, autant il serait contraire au régime légal, c'est-à-dire constitutionnel, que de simples citoyens érigeassent en majorat une partie de leurs propriétés. La manie nobiliaire couvrirait bientôt la France d'une nouvelle espèce de gens de *main-morte*, et l'altération des deux grandes sources de la prospérité publique, l'agriculture et l'industrie, serait la conséquence de cette funeste dérogation aux principes vitaux de tout gouvernement constitutionnel.

La Charte, que les ministres ne cessent d'invoquer et de violer, de respecter et de détruire, la Charte a circonscrit la transmission de la pairie dans la descendance directe; les ministres établissent un privilége de *transmission*, de *substitution*, de *survivance*, en faveur de petits-fils en ligne féminine, de gendres, de neveux, de cousins d'un individu investi de la dignité de la pairie; ainsi, l'on a des pairs héréditaires, avec ou sans établissement de majorats, avec ou sans pension du gouvernement; des pairs à vie; des pairs en survivance; des pairs à brevet et même des pairs à *lettres-closes*, c'est-à-dire *in petto*. De bonne foi, est-ce bien le moyen d'imprimer à la pairie, dans l'esprit du peuple, ce haut respect, cette considération profonde dont une si haute dignité a besoin d'être investie pour la stabilité du trône comme pour le maintien de la liberté constitutionnelle? La pairie doit être la récompense d'une grande illustration, c'est-à-dire de services signalés rendus à l'État; et, quelle est l'illustration, quels sont les services de parents de pairs de France dont la France ne connaît pas même le nom? être gendre ou neveu d'un pair, est-ce donc là un titre pour obtenir la pairie? cette dignité est-elle créée, fondée dans l'intérêt du trône et du peuple, ou dans l'intérêt exclusif de quelques familles ou des alliés de ces familles? qu'est-ce que la pairie sans illustration, et l'illustration est-elle acquise de *droit* aux parents d'un pair? est-ce à des spéculations privées, à des calculs personnels, à des vanités privilégiées que la noble et salutaire institution de la pairie doit être sacrifiée? Déjà assez d'hommes inconnus en ont été investis, faut-il que des hommes plus inconnus encore en aient la survivance? établir la *substitution* dans la plus haute des dignités, c'est en dénaturer l'origine, l'éclat, l'utilité; c'est travailler contre la stabilité et la gloire du trône. La prérogative du prince dans la création des pairs est illimitée, on le répète; mais la raison, la justice, la conscience publique et par-dessus tout cela l'intérêt sacré du trône exigent, également, que des collatéraux sans nom et sans services, sans aucun titre enfin qui les recommande à l'estime nationale, que des individus aussi obscurs n'envahissent pas les siéges de la pairie; remplir la chambre haute de semblables médiocrités, ce serait la ternir et l'effacer en quelque sorte, ce serait créer en outre la plus faible, la plus pitoyable des aristocraties politiques, ce serait abuser du principe constitutionnel qui admet tous les Français à toutes les dignités comme à tous les emplois : car si la chambre des pairs doit être ouverte à tous, il est bien entendu qu'il n'y aura de dignes, que ceux qui se seront illustrés. La révolution a produit en France une aristocratie *plébéienne*, elle est remarquable par sa morgue, sa vanité et ses ridicules ; cette aristocratie de parvenus qui veulent singer l'ancienne aristocratie nobiliaire, est même, dans l'opinion nationale, au-dessous de l'aristocratie de l'ancien régime qu'elle veut contrefaire..... On voit, d'après ces considérations, combien il est important dans l'ordre politique que l'aristocratie constitutionnelle et véritablement nécessaire de la chambre des pairs soit investie de la considération et du respect publics dans la personne des membres de cette chambre législative ; on ne saurait donc trop désirer, dans l'intérêt du trône et dans celui de la nation, que les individus investis de la haute dignité de pair jouissent d'une grande illustration personnelle.

Un pair obtiendra la transmission de sa dignité sur la tête de son neveu en ligne féminine, sur la tête d'un particulier auquel il destine la main de sa fille, et ce neveu, ce gendre, investis de la pairie, prendront le nom du pair de France qui aura obtenu en leur faveur la transmission de son titre : peut-on imaginer une atteinte plus forte à cette importance, à cet éclat, nous dirions presque à cette vénération dont la pairie doit être environnée dans l'opinion nationale ? D'ailleurs, les ministres ont-ils le droit de faire changer, par ordonnance, l'état civil des citoyens, et d'établir, par exemple, que l'individu qui s'appelle Jumilhac, s'appellera Richelieu, parce que le dernier aura obtenu de la couronne la transmission de sa pairie en faveur du premier qui a épousé la nièce de ce pair ? La loi, les tribunaux, peuvent seuls autoriser les changements de nom, ou bien l'état civil tombe sous le bon plaisir ministériel ; il est inutile d'insister sur les graves inconvénients qui peuvent résulter d'un semblable état de choses, tout le monde les sent.

Mais pourquoi les titres de pairie ne passeraient-ils pas aux collatéraux, sous le régime de la Charte constitutionnelle ? disent les favoris des ministres et ces gens de cour qui conservent avec tant de fidélité le feu sacré de l'œil de bœuf : il en est ainsi, disent-ils, en Angleterre, et l'on ne voit pas que la pairie en soit moins considérée, moins utile au corps politique ?... Il faut être dans une profonde ignorance de la constitution anglaise pour s'appuyer sur un tel raisonnement. — Les lords temporels n'ont pas plus de rapports de création et d'existence avec les pairs de France créés et établis depuis 1814, que les lords spirituels n'ont de rapports avec les ecclésiastiques admis, par ordonnances royales, dans la chambre des pairs de France (V. 17 mai 1825). Sauf un petit nombre d'exceptions, les pairies anglaises sont de véritables propriétés de famille, propriétés formellement stipulées et garanties par le contrat passé entre les barons et la couronne; lors de l'établissement de la grande Charte (du roi Jean), « laquelle était en connexion, dit Edmund Burke, avec une autre Charte de Henri 1er, et l'une et l'autre n'étaient rien moins que la reconfirmation d'une autre loi du royaume encore plus ancienne : » ce publiciste ajoute avec une parfaite justesse : « Nous avons une couronne hérédi-
« taire, une pairie héréditaire, et une chambre des
« communes et un peuple qui tiennent, *par l'héri-*
« *tage d'une longue suite d'années*, leurs priviléges,
« leurs franchises et leur liberté. » — Y a-t-il la moindre ressemblance entre la pairie anglaise fondée de-

puis plusieurs siècles par le régime féodal, et la pairie française fondée depuis quatorze ans par la Charte en 1814? Le régime féodal régit politiquement et même civilement sous plusieurs rapports les trois royaumes formant l'empire britannique; le régime féodal est à jamais anéanti en France... Les pairs britanniques possèdent, en général, d'immenses propriétés territoriales; leurs noms sont historiques, depuis plusieurs siècles; ils se recommandent à l'estime nationale par les services rendus autrefois à la couronne et au peuple, ils ont établi les libertés publiques! Les pairs français, à quelques exceptions près, ont une fortune modique, et la plupart vivent des traitements ou des bienfaits du gouvernement, ce qui les place sous la dépendance, sous l'influence ministérielle, ce qui est un grand vice politique : les noms de beaucoup d'entre eux sortent à peine de l'obscurité; quelques-uns ont rendu de grands, d'utiles services dans les armées ou dans l'administration, mais le plus grand nombre des pairs, surtout des dernières créations, ne présentent ni services rendus à l'État, ni illustration personnelle; enfin les pairs français n'ont point établi les libertés, les franchises nationales, et les ont reçues au contraire, comme tous les Français, du législateur qui fonda la Charte et la pairie.

Tout est fondé politiquement et depuis des siècles en Angleterre; rien n'est encore fondé, c'est-à-dire établi d'une manière stable en France; les lois, les ordonnances changent, modifient et abrogent même chaque jour ce que des ordonnances et des lois ont voulu, ordonné, réglé. Dans un ordre de choses qu'on peut appeler provisoire, à raison de l'instabilité de principes, ou plutôt à défaut d'un système fixe et suivi de gouvernement, on voit de quelle extrême importance il est pour le trône et la nation que la pairie jouisse d'une stabilité, d'une splendeur et d'une considération publique à l'abri de toutes les intrigues de cour et de toutes les corruptions ministérielles : le sort de la Charte et par conséquent de la monarchie tient, plus que ne le croient les hommes de l'ancien régime, à l'indépendance, à la consolidation et à l'illustration de la pairie ; mais ces grands résultats, qu'on peut appeler des nécessités politiques, le gouvernement ne les obtiendra pas en faveur de la chambre haute, par la transmission de la pairie à des collatéraux, par la création de pairs inconnus à la nation, sans services réels envers le trône, sans services utiles aux libertés publiques, grands seigneurs sans illustration comme sans mérite, aristocrates nés d'hier dans des antichambres de palais, dans des cabinets ministériels ou ce qui pis est dans des sacristies jésuitiques : que le ministère y réfléchisse sérieusement ; il s'agit de consolider l'auguste dynastie de nos princes et les libertés nationales garanties par la Charte ; il ne faut pas que l'opinion publique fasse descendre un pair de France au rang d'un sénateur du régime impérial : il doit y avoir entre l'un et l'autre, en stabilité et en illustration, autant de différence qu'entre la légitimité et l'usurpation, entre la monarchie constitutionnelle et le pouvoir absolu.

Ces hautes considérations font sentir la nécessité d'appeler à la pairie des notabilités nationales, et non des médiocrités, des nullités de cour ou de bureau ; les ministres doivent présenter à la faveur du prince les citoyens les plus recommandables par de bons, par de grands services rendus à l'État, et non des intrigants et des hypocrites politiques dont la conscience et le vote sont à la disposition de qui les achète : les ministres sont constitutionnellement responsables et du nombre et du choix des individus qu'ils désignent au prince, comme dignes d'être élevés à la haute dignité de la pairie.

Relativement à la multiplication de la pairie, le roi a le droit incontestable de nommer les pairs de France, dans tel nombre qu'il juge convenable de le faire, l'exercice de la prérogative royale est sans bornes à cet égard ; mais la nomination des pairs de France tombe nécessairement sous la responsabilité ministérielle, parce que les conseillers de la couronne ne doivent lui indiquer que les personnes plus dignes par d'éminents services d'être élevées à la plus haute des dignités, d'obtenir la plus grande et la plus illustre des récompenses que puisse désirer un Français ; c'est tromper le monarque, c'est surprendre sa religion d'une manière funeste pour la constitution politique du pays, et par conséquent pour le trône lui-même, que de présenter à sa royale faveur des personnes qui n'ont pas mérité, par de grands et utiles services, d'être élevées à la pairie ; les conseillers trahissent, dans un tel cas, le trône et la nation.

Il sera permis de prononcer qu'il y a eu trahison, lorsque quatre membres de la commission d'enquête, nommée par la chambre des députés (en vertu de la prise en considération, par cette chambre, de la proposition faite par M. Labbey de Pompières, pour la mise en accusation du ministère *Villèle*), l'auront déclaré par l'organe de M. Girod (de l'Ain), rapporteur de ladite commission : « Y a-t-il trahison, aux termes de la Charte, dans le fait du conseil donné de créer soixante-seize pairs en 1827 ? » — « Oui, parce que le conseil donné de
« créer des pairs ne l'a pas été dans l'intérêt du trône
« ou du pays, mais dans celui des ministres qui vou-
« laient se former une majorité dans la chambre des

« pairs, en s'assurant ainsi, par la dissolution de la
« chambre des députés et les fraudes multipliées dans
« les élections, une majorité factice et inconstitution-
« nelle; que cette combinaison exposerait le pays à un
« double danger : le ministère réussissant, le pays eût
« perdu toute représentation véritable; ou, le minis-
« tère échouant, la chambre des députés aurait pu se
« trouver en opposition avec celle des pairs, et ce
« désaccord entre les pouvoirs aurait pu amener les
« conséquences les plus désastreuses. » (Quatre membres de la commission d'enquête ont ainsi répondu et
voté.)

Outre la trahison, il y a impéritie totale de la part de
M. de Villèle d'avoir donné le conseil de la création et
de la *promulgation*, le 5 novembre, des soixante-seize
pairs : cette mesure ne pouvait qu'ajouter à l'exaspération
nationale ; elle a puissamment contribué à rendre la majorité des élections antiministérielle : il était plus simple et bien plus adroit de donner le conseil de créer et
promulguer les soixante-seize après les élections, M. de
Villèle eût pu se flatter du moins d'obtenir un plus grand
nombre de députés serviles ! En vérité, l'on est toujours étonné du nombre et de l'importance des bévues
commises par le premier ministre, même dans ce qui
touche le plus près à son pouvoir; il ne met ni talent,
ni prévoyance, ni esprit de conduite dans son despotisme : cet homme d'État si vanté ne sait que corrompre et diviser, promettre et tromper; et, si l'on veut
connaître toute la petitesse de son esprit, il suffira
d'observer qu'il n'a su amener à fin rien de ce qu'il a
entrepris; il n'a pas compris la portée de ses actes ministériels, et ne s'est pas même douté des conséquences
qu'ils devaient forcément entraîner pour le trône, pour
le pays et *pour lui-même*.

11 NOVEMBRE 1827.

8. — Espagne. — Tous les officiers illimités qui avaient participé à l'insurrection de la Catalogne, ou qui étaient *soupçonnés* d'y avoir pris part, ont reçu l'ordre de se rendre au chef-lieu de leur corrégiment « pour y être de nouveau classés et enregistrés. » À peine ont-ils rempli cette formalité, qu'ils sont constitués prisonniers; ils seront, pour la plupart, envoyés aux galères de Ceuta..... Plusieurs des grands seigneurs, appelés à Tarragone par le capitaine général de la province, sont arrêtés et emprisonnés comme les officiers *illimités*. Les prisons se remplissent et les échafauds sont dressés de toutes parts, les exécutions se succèdent journellement à Tarragone, la potence y est en permanence..... Le désarmement de tous les Catalans est ordonné, sous des peines très-sévères contre les individus qui cacheraient des armes, et même contre les individus qui, sachant qu'on a caché des armes, ne feraient pas leur dénonciation à l'autorité..... Une profonde terreur règne dans la Catalogne, l'Espagne en est au régime de 1793. — Le général comte d'Espagne, ancien émigré français, est chargé de l'exécution de ce système de terreur; il remplira lui-même, dans plusieurs circonstances, les fonctions d'alguazil ou de sbire.

11. — Mandement du cardinal-archevêque de Toulouse (Clermont-Tonnerre), à l'occasion des élections. — Ce mandement est remarquable sous deux rapports : premièrement, le prélat s'y immisce, en qualité de haut fonctionnaire ecclésiastique, c'est-à-dire de pasteur des fidèles, dans les affaires politiques de l'État; il announce à ses ouailles que la nomination des soixante-seize pairs doit réunir tous les suffrages; *que c'est une affaire consommée*, émanée de l'autorité du roi et

tout-à-fait conforme à nos lois fondamentales. Secondement, le prélat vient entretenir les fidèles de la dissolution de la chambre des députés et de la convocation de tous les colléges électoraux du royaume ; et, prenant texte de cette ordonnance royale, monsieur l'archevêque déclame avec véhémence contre l'impiété et les désordres du corps social qui, selon lui, règnent en France ; il dit : « Les ennemis de la religion et de
« l'État se flattent d'y trouver l'occasion de réaliser leurs
« sinistres projets contre le trône et l'autel, et les gens
« de bien ne peuvent se défendre d'une certaine crainte,
« en considérant tous les ravages de l'impiété, la fu-
« neste influence des mauvaises doctrines que la licence
« de la presse a répandues dans toutes les classes de
« la société, et l'union qui existe entre les ennemis de
« tout bien, pendant que l'esprit de discorde s'est glissé
« dans les rangs de ceux qui semblaient appelés par la
« divine Providence à nous garantir de tous les mal-
« heurs dont nous sommes menacés..... Quelles espé-
« rances n'avions-nous pas conçues des élections de
« 1815 et de celles de 1824? Quel est celui de nous
« qui, à ces deux époques, ne regardait pas la France
« comme *sauvée* et prête à recueillir tous les avan-
« tages de la restauration, à goûter tous les fruits de
« la légitimité? D'où vient qu'au contraire le vent des
« passions humaines a soufflé avec plus de violence que
« jamais, et qu'à la faveur de la licence effrénée des
« écrits impies et licencieux, l'esprit d'irréligion, de
« révolte et de libertinage a fait, dans quelques années,
« les progrès les plus effrayants? Ah! N. T. C. F.,
« n'en doutez pas, c'est l'esprit de discorde qui est la
« cause de tous nos maux. Si tous les amis de la reli-
« gion et du roi étaient restés unis, ils auraient sondé
« sans prévention les plaies de l'État, et adopté avec

« le plus touchant accord toutes les mesures néces-
« saires pour faire le bien que nous attendions de
« leur zèle, de leurs talents et de leurs vertus. La reli-
« gion serait en honneur; le trône, désormais iné-
« branlable, serait environné du respect de ses enne-
« mis ; tous les vrais Français seraient unis et heureux;
« les méchants dévoreraient en silence leur impuis-
« sance de troubler et de nuire..... »

En lisant un pareil mandement, ne dirait-on pas que le trône est de toutes parts environné d'ennemis et se trouve dans le plus grand danger, que la religion est insultée et outragée, que la France est en proie à la discorde et aux calamités? Et jamais, depuis la restauration (1814), le trône n'a été entouré de plus de respect et d'amour, jamais la religion n'a plus été en honneur et en vénération, jamais les ministres du culte catholique n'ont été plus largement rétribués, jamais l'État n'a joui d'une tranquillité et d'une paix plus profondes, jamais les Français n'ont montré plus de soumission au roi et plus d'obéissance aux lois!

Permis à monsieur le cardinal de regretter la majorité compacte de M. de Villèle et les actes arbitraires du ministre de la guerre, Clermont-Tonnerre; permis à monsieur le cardinal d'envisager avec douleur l'opposition législative que viennent de manifester le centre et le côté droit de la chambre des députés ; mais, dans une allocution aux fidèles de son diocèse, a-t-il le droit de discuter et de juger les affaires publiques? Ses violentes sorties contre la licence de la presse ne sont pas moins déplacées; c'est au ministère, c'est aux tribunaux qu'il appartient de connaître si la presse se renferme dans les bornes fixées par la loi ; c'est aux cours royales à réprimer la licence des écrits! Monsieur le cardinal-archevêque de Toulouse se trompe d'époque et de régime : depuis 1789, il serait difficile de citer une époque où les écrivains aient montré plus de respect religieux, plus d'attachement aux saines doctrines et aux bonnes mœurs que les écrivains actuels ; quel est le littérateur tant soit peu estimé de notre temps, qui osât souiller sa plume des obscénités répandues dans la littérature par le cardinal de Bernis, par les abbés de Voisénon, Grécourt, Lattaignant, etc.? La presse, il est vrai, signale de nos jours le faux zèle, l'hypocrisie et les attentats de quelques ecclésiastiques indignes de leur saint ministère ; mais révéler au public la scélératesse et les forfaits des prêtres Maingrat, Molitor, Contrafatto, etc. ; que le glaive de la justice a frappés, ce n'est pas tomber dans la licence de la presse ; dénoncer à la France entière l'horrible et si dangereuse faction des jésuites, réclamer contre ces sectaires l'exécution des lois du royaume, ce n'est pas faire preuve *d'irréligion, de révolte;* c'est, au contraire, remplir les devoirs d'un fidèle sujet, d'un bon royaliste, d'un bon chrétien : il faut que le clergé, et même les jésuites en attendant qu'ils soient expulsés du royaume, en vertu des lois existantes et non abrogées, s'accoutument à la liberté de la presse : tous leurs efforts ne parviendront pas à la détruire, ils ne l'enchaîneront plus désormais.

Monsieur le cardinal est, certes, bien difficile si les élections de 1815 et de 1824 n'ont pu le satisfaire : les deux chambres produites par ces élections ont mutilé en tous sens la Charte, et l'on ne saurait leur reprocher d'avoir négligé les intérêts religieux ; la dernière de ces deux chambres a surtout montré, dans la loi du sacrilége, à quel point elle voulait que la religion fût en honneur! Tous les reproches du prélat de Toulouse portent donc à faux : assurément, nous ne révoquons pas en doute sa piété, et nous l'honorons, en sa qualité d'archevêque, de tout notre cœur; mais plus M. de Clermont-Tonnerre est pénétré des sublimes leçons de notre divin Sauveur, plus il doit se tenir renfermé dans le sanctuaire et demeurer étranger dans ses mandements aux affaires politiques. Le prêtre ne doit pas se mêler des affaires temporelles; il est tenu, comme tous les citoyens, à une obéissance absolue aux lois de l'État, et, s'il viole ces lois, il est passible des peines qu'elles prononcent contre leur infraction. Tout ce qui concerne le dogme et la foi est du ressort ecclésiastique; mais tout ce qui touche à la discipline est du ressort de l'autorité temporelle, c'est-à-dire de l'État; il appartient à la loi civile de permettre ou de défendre l'établissement des congrégations religieuses, de prescrire le mode de l'instruction publique, de déterminer les conditions et l'exercice des cultes publics : s'il en était autrement, si les ecclésiastiques s'attribuaient le droit de juger les actes de l'autorité temporelle et n'obéissaient aux lois de l'État que selon leur bon plaisir, l'État serait bouleversé, et le prince serait sujet de la puissance spirituelle et vassal du pape.

On ne saurait trop dire et répéter ces choses, tant elles importent à la stabilité du trône, à la prospérité de la religion, à la tranquillité de l'État, et enfin à tous les intérêts sociaux.

On ne peut qu'être profondément attristé en voyant un prélat aussi éminent en dignités ecclésiastiques, un prêtre blanchi dans l'exercice du saint ministère, méconnaître à ce point ses devoirs de sujet; déjà le conseil d'État a censuré sa conduite, mais c'est inutilement que les ministres du roi ont averti monsieur le cardinal de ses écarts; il persévère dans ses empiétements ecclésiastiques, et la France le verra, l'année prochaîne, méconnaître les droits de l'autorité royale, s'ériger en censeur de ses actes, leur refuser obéissance et se constituer formellement en hostilité avec le gouvernement du roi.

14. — Ordonnance du roi portant répartition du crédit de cent quatre-vingt-seize millions accordé, par la loi du 24 juin dernier, pour les dépenses ordinaires du ministère de la guerre pendant l'exercice 1828.

14. — Ordonnance du roi, qui répartit en six sections spéciales la somme de cinquante-sept millions pour les dépenses du ministère de la marine pendant l'exercice 1828. — Les dépenses du ministère de la guerre et de celui de la marine excèderont de plusieurs millions les sommes qui leur sont affectées par le budget, mais c'est l'usage sous le ministère Villèle ; à chaque session le déficit se remplit par les crédits extraordinaires que vient accorder le budget suivant. M. de Clermont-Tonnerre excède chaque année ses dépenses, et daigne à peine faire connaître à la chambre des députés les causes de cette augmentation : l'on croira sans doute que nos places fortes et le matériel de l'armée reçoivent chaque année de grandes améliorations, il n'en est rien : nos places fortes sont en mauvais état, et le matériel de l'armée n'est pas à beaucoup près aussi satisfaisant que doit le faire supposer l'énormité des dépenses : l'arbitraire et la désorganisation règnent dans le ministère de M. de Clermont-Tonnerre.

15-20. — Russie. — Le cabinet de Saint-Pétersbourg ne perd point de temps pour profiter du combat de Navarin (V. 20 octobre); il fait remettre

aux ministres étrangers accrédités près la cour de Russie une note dans laquelle il est dit : « ..... La Russie
« réitère aux puissances de l'Europe l'assurance très
« positive de ne pas vouloir agrandir son territoire
« aux dépens de qui que ce soit de ses voisins ; mais
« elle leur renouvelle aussi la résolution prise par
« l'empereur de poursuivre le plan arrêté avec ses al-
« liés de pacifier l'Orient. S'il arrivait donc que la
« Porte, même après la destruction de sa flotte, con-
« tinuât à refuser de se prêter à des concessions rai-
« sonnables, l'empereur se verrait forcé d'avoir recours
« à d'autres mesures pour atteindre le but proposé... »

Rien de plus clair que cette notification diplomatique : à force d'assurances positives de ne pas s'agrandir aux dépens de qui que ce soit, à force de concessions raisonnables qu'on se borne à exiger de la Porte ottomane, à force de modération et de désintéressement, le cabinet de Saint-Pétersbourg enverra un de ses hospodars gouverner en Grèce et démembrera l'empire turc ; et ce sera en faveur de l'ambition russe que les escadres anglaise et française auront livré le combat de Navarin, et détruit la flotte turco-égyptienne....... Les préparatifs de guerre sont en conséquence poussés avec la plus extrême activité en Crimée et dans la Bessarabie, tous les vaisseaux susceptibles de tenir la mer sont réparés et armés dans le port de Sewastopol, les bataillons maritimes sont augmentés et une armée de réserve est formée ; enfin le cabinet russe ne néglige aucun moyen pour pacifier l'Orient, ce qui veut dire pour marcher sur Constantinople.

16. — Espagne. — La division française qui occupe Barcelone (capitale de la Catalogne), évacue cette place forte. La nouvelle de l'évacuation a été annoncée à la

garnison par l'ordre du jour suivant : « Le roi ayant chargé son ambassadeur de proposer à S. M. le roi d'Espagne l'évacuation de la capitale de la Catalogne au moindre désir qu'elle en témoignerait, cette proposition a été acceptée. En conséquence, les troupes composant la division de la Catalogne commenceront leur mouvement sur la France à dater du 16 du courant, et partiront en huit colonnes, savoir : les 16, 17, 18, 20, 22, 24, 26 et 28..... » Les 27 et 28 novembre, cette place, la plus importante de l'Espagne après Cadix, sera entièrement remise aux troupes espagnoles.

Le *Moniteur* (18 novembre) dira : « Le roi ayant
« appris que Sa Majesté Catholique était dans l'inten-
« tion de se rendre à Barcelone, et sachant qu'elle avait
« à sa disposition un corps considérable de troupes es-
« pagnoles, avait pensé qu'elle pouvait désirer ne se
« montrer dans cette capitale qu'entourée de ses su-
« jets..... »

Le gouvernement espagnol a répondu par le mépris aux notifications amicales du gouvernement français, tendant à solliciter l'introduction d'un système politique conforme aux intérêts du trône et du pays : le ministre des affaires étrangères de France, baron de Damas, a eu la naïveté d'en faire l'aveu à la tribune de la chambre des députés, et la France a appris, d'une manière officielle, que son gouvernement ne recevait que des mépris du cabinet espagnol pour résultat définitif d'une guerre et d'une occupation qui ont coûté près de quatre cents millions....... Le cabinet de Madrid n'a cessé de demander, d'exiger l'évacuation de la Catalogne, « S. M.
« Ferdinand VII, ne voulant entrer dans cette place
« que lorsqu'il n'y aura plus de Français, » n'ont pas craint de dire les feuilles étrangères. Nous avons fait les plus grands sacrifices pour pacifier l'Espagne; telle

18-30 NOVEMBRE 1827.

est la reconnaissance que nous accorde le cabinet de Madrid.....

M. de Villèle a conduit pas à pas la France au dernier degré d'abaissement et de honte.

18. — Ordonnance du roi, qui répartit en six sections spéciales la somme de quatre-vingt-douze millions sept cent vingt-un mille quatre cents francs pour les dépenses du ministère de l'intérieur, pendant l'année 1828. — Ce ministère est celui où les dépenses se renferment le plus dans les crédits accordés par le budget; les dépenses excèdent rarement les crédits, et même il y a quelquefois un reste de fonds en caisse après l'exercice de l'année : l'administration du ministère de l'intérieur est, sous le rapport de la comptabilité financière, un modèle d'ordre et de régularité : le ministre Corbière fait preuve dans cette partie, d'une probité qui mérite les plus grands éloges.

18. — Ordonnance du roi, portant établissement d'un conseil nautique dans chacun des chefs-lieux d'arrondissement maritime. — « Les fonctions de ce conseil seront d'examiner, sous les rapports nautiques et militaires, la conduite des capitaines de vaisseau, capitaines de frégate et autres officiers du corps royal de la marine, qui auront commandé un ou plusieurs bâtiments de guerre réunis. »

18-30. — En vertu de l'ordonnance du 5 de ce mois, les électeurs qui concourent à la nomination des députés ont commencé le 17 à se réunir dans les collèges d'arrondissement. — A Paris, tous les bureaux provisoires formés par les présidents choisis par le ministère, ont été renversés à une immense majorité : les huit candidats constitutionnels, connus par leur opposition au ministère, recommandables par de grands services et de grands talents, ces huit candidats sont nommés, aux acclamations publiques, membres de la chambre des députés : MM. Dupont (de l'Eure), député sortant; Jacques Laffitte, *idem;* Casimir Périer, *idem;* Benjamin Constant, *idem;* de Schonen, conseiller à la cour royale; Ternaux aîné, ancien député; Royer-Collard, député sortant; le baron Louis, ancien député)..... On compte environ huit mille votants; sur ce nombre, les royalistes constitutionnels obtiennent près de sept mille suffrages, le ministère en obtient à peine onze cents : telle est à Paris l'opinion publique.

Dans les provinces, le ministère obtient quelque succès tant il y a multiplié les corruptions, les fraudes, les menaces, les violences : préfets, sous-préfets, maires, procureurs du roi, percepteurs, tous ont ordre impératif de faire élire, coûte qui coûte, les candidats désignés par le ministère, et d'empêcher, par tous les moyens possibles, l'élection des candidats chers à l'opinion nationale, et désignés sous le nom de *libéraux* ou *constitutionnels.* Nous avons signalé (V. 5 novembre) les machinations employées par le ministère Villèle, du 5 au 17, pour fausser les élections et priver les citoyens des droits électoraux que la Charte leur confère : malgré tant d'intrigues et de fraudes, un grand nombre de candidats, écartés par ordre ministériel dans les élections de 1824, sont élus cette année dans les colléges d'arrondissement, et le ministère voit repousser par l'opinion nationale les deux tiers des candidats qu'il a présentés comme présidents de collége : ses plus affidés serviteurs, MM. Piet, Vaublanc, Dudon, Benoît, Josse-Beauvoir, Cornet-d'Incourt, Saint-Chamans, De Moustiers, Quinsonnas, etc., etc., sont hautement rejetés par les électeurs; à Bordeaux et à Bourges *, les électeurs refusent leurs suffrages à M. le garde des sceaux Peyronnet : M. Ravez, ex-président de la chambre des députés, ne peut obtenir malgré les ordres du ministère les suffrages des électeurs dans les colléges d'arrondissement de la Gironde (Bordeaux), et son élection y est tellement douteuse dans le collége départemental, que le ministère enverra, par le télégraphe, au collége départemental du Nord (Lille), l'ordre d'élire l'ex-président de la chambre!... Jamais, depuis 1789, l'opinion publique ne s'était manifestée en France d'une manière aussi franche, aussi solennelle, aussi légale, et c'est avec raison que les élections de 1827 seront appelés *le jugement du pays*. Tous les candidats connus par leur noble et constante opposition à la déplorable administration de M. de Villèle sont élus; nous signalerons parmi eux, MM. Lafayette, Benjamin Constant, Kératry, Bignon, Chauvelin, Dupont (de l'Eure), Labbey de Pompières, etc.; MM. Casimir Périer, Ternaux, Benjamin Constant, Mauguin, etc., sont élus dans plusieurs départements, M. Royer-Collard est élu par sept colléges..... Les chefs de l'opposition royaliste que le ministère voulait écarter à tout prix, sont élus précisément à cause de l'espèce d'ostracisme que le ministère a lancé contre ses anciens amis ; il aura la douleur de voir monter à la tribune nationale, M. Hyde de Neuville, Delalot, Lézardière, La Bourdonnaye, etc.,

* L'écrit suivant, imprimé à Bourges, fut répandu parmi les électeurs du département du Cher : « Je puis dès à présent « vous annoncer que M. le garde des sceaux (Peyronnet) « est candidat au grand collége, et qu'*après avoir pris les or-* « *dres du roi, il opte d'avance* pour le département du Cher. « M. le duc de Rivière est dépositaire de sa parole ».

qui depuis quelque temps ont tonné contre ses actes arbitraires, provoqué hautement sa chute.....

L'opinion nationale, quoi qu'en disent les écrivains ministériels, n'est ni *ingrate* ni *oublieuse*. Un citoyen est-il en haute estime parmi ses concitoyens, leurs suffrages se réunissent pour le porter aux fonctions législatives : la nomination de M. de Laborde est infiniment remarquable sous ce point de vue ; l'illustre citoyen se trouve, au moment des élections, à mille lieues de sa patrie, le collége départemental de Paris le nomme à une immense majorité membre de la chambre des députés, et M. de Laborde apprend, dans le fond de l'Arabie, que la capitale de la France l'a choisi pour l'un de ses représentants : il était digne de cet honneur ; militaire, administrateur, artiste, savant, homme de lettres, orateur, toujours citoyen et toujours fidèle à l'honneur, à la loyauté, à la bienfaisance, M. de Laborde réunit toutes les illustrations : il a fait honorer et aimer le nom français dans les diverses contrées où l'a conduit son amour pour les sciences et pour l'humanité ; cher à l'étranger, en vénération parmi ses compatriotes, M. de Laborde est de l'infiniment petit nombre d'hommes qui ont conservé jusqu'à ce jour la grandeur d'âme et la probité politique qui les distinguèrent, dès leur entrée dans la vie publique... Un si noble caractère ne se démentira pas, et fidèle à ses principes, M. de Laborde n'abandonnera pas, ainsi que l'ont fait plusieurs de ses collègues, les libertés nationales et la Charte constitutionnelle au despotisme ministériel et aux priviléges de l'ancien régime.

Les fraudes et les corruptions ministérielles parviendront à accaparer un nombre considérable de nominations dans les grands colléges, ou colléges départementaux : c'est le résultat nécessaire de la loi du double vote qui a concentré dans ces colléges la haute aristocratie, l'aristocratie des privilèges et de l'ancien régime. Mais en dernier résultat, la France *veut* la Charte, les droits politiques et toutes les libertés que lui garantit cette loi fondamentale; dans cette grande conjoncture électorale, la France vient de prouver que la Charte et les libertés publiques sont maintenant *indestructibles :* sur les quatre-vingt-six départements qui composent le royaume, plus de cinquante se sont prononcés hautement comme royalistes constitutionnels, et l'on peut affirmer que les départements qui se sont montrés ou neutres, ou obéissants à l'absolutisme ministériel, auraient émis leurs votes en faveur des amis de la Charte, si le ministère n'avait réussi à fausser la représentation nationale dans les colléges des départements et à interdire la liberté de suffrages.

Les discussions qui auront lieu (février et mars 1828) à la chambre des députés, relativement à la vérification des pouvoirs, démontreront à quel point le ministère Villèle s'est efforcé d'étouffer la conscience nationale; la tribune retentira des actes arbitraires, des fraudes, des violences, imputés à plusieurs préfets à l'époque des élections : plusieurs nominations seront annulées, et l'annulation des élections du département des Vosges en masse sera prononcée à la presque unanimité de voix. Des protestations nombreuses d'électeurs de divers départements signaleront à la chambre les violations de loi patemment commises par divers préfets : ceux de la Meuse (M. Romain), des Vosges (M. Meulan), du Nord (M. de Murat), des Deux-Sèvres (M. de Roussay), de Seine-et-Marne (M. de Goyon), de la Haute-Vienne (M. Coster *), de l'Oise (M. Puymai-

---

* La circulaire de M. Coster, préfet de la Haute-Vienne,

gre *), de l'Eure (M. Raymond de Laitre), des Côtes-du-Nord (M. Fadatte de Saint-Georges), de la Charente (M. de Guer), et surtout du Lot (M. Saint-Félix-Maurémont), etc., etc., sont particulièrement dénoncés, dans les pétitions qui couvrent les bureaux de la chambre, comme ayant exercé dans les élections une influence illégale, ayant adressé ou fait adresser à leurs administrés des circulaires menaçantes, ayant fabriqué de faux électeurs, ayant empêché de véritables électeurs d'exercer leurs droits; on reproche à plusieurs préfets d'avoir violé le secret des votes, d'avoir obligé les électeurs d'écrire leurs votes d'une manière publique et même entre deux gendarmes, de n'avoir tenu aucun compte des arrêts des cours souveraines qui ordonnaient de rétablir sur la liste des électeurs les

est très-remarquable : « ...... Dans le moment des élections, « tous les fonctionnaires doivent au roi le concours de leurs « démarches et de leurs efforts. S'ils sont électeurs, ils doivent « voter selon la pensée du roi, indiquée par le choix des prési- « dents, et *faire voter* de même tous les électeurs sur lesquels « ils peuvent avoir de l'influence. S'ils ne sont pas électeurs, « ils doivent, par des démarches faites avec discrétion, mais « avec persévérance, chercher à déterminer les électeurs qu'ils « peuvent connaître, à donner leurs suffrages aux présidents. « Agir autrement, ou rester inactif quand on peut être utile, « c'est refuser au gouvernement une coopération qu'on lui doit « dans l'acte qui importe le plus à sa conservation : *c'est se sé-* « *parer de lui et renoncer à ses fonctions....* »

* M. le duc d'Estissac, fils aîné de M. de La Rochefoucauld-Liancourt, et qui a hérité de son nom et de la pairie, se trouvait à Beauvais pour les nouvelles élections chez M. de Puymaigre, préfet de l'Oise : « Nous comptons sur vous, lui dit M. de Puymaigre. — Vous vous trompez, a repris M. de La Rochefoucauld, en présence d'une nombreuse réunion ; je ne voterai jamais pour un ministère qui a fait traîner dans la boue le cercueil de mon père... » (*Annuaire anecdotique*, 1828.)

noms de plusieurs citoyens, et enfin de n'avoir, au mépris de toutes les lois, tenu aucun compte des réclamations adressées à l'autorité administrative par des individus arbitrairement rayés des listes électorales...... Néanmoins, malgré toutes les intrigues et les machinations mises en œuvre pour fausser l'expression de la volonté électorale, la plupart des candidats présentés par le ministère qui sont parvenus à emporter la nomination, n'ont été élus qu'à une majorité de trois, de deux, d'une voix; et de faux électeurs avaient été introduits dans ces colléges en nombre considérable, dix, vingt, trente et jusqu'à soixante!

Dans les discussions élevées sur la validité de certaines élections, la chambre des députés blâmera la conduite suivie par plusieurs préfets, sans se montrer cependant aussi sévère qu'elle pouvait et devait l'être d'après les nombreuses violations de loi qui lui étaient dénoncées de toutes les parties de la France : mais ces discussions auront du moins imprimé un nouveau degré d'énergie à l'esprit public, et le système constitutionnel fera de jour en jour de nombreux prosélytes; il en résultera un autre avantage non moins important, celui de rendre plus difficiles les fraudes électorales et d'obliger les fonctionnaires publics de se renfermer dans la volonté de la loi, par la crainte de la publicité à laquelle leurs actes ne sauraient désormais échapper.

Nous nous permettrons quelques réflexions au sujet de la vérification des pouvoirs, exercée par la chambre des députés. D'après les principes constitutifs de la Charte, la représentation nationale est investie d'une portion de la souveraineté ; la souveraineté réside dans la personne du roi, dans la chambre des pairs et dans la chambre des députés : les colléges électoraux qui nomment les membres de cette dernière chambre exercent donc, incontestablement, la portion du droit de souveraineté attribuée à la nation par la loi fondamentale de l'État, et le corps électoral a par cela même le droit de juger des facultés, c'est-à-dire de la capacité politique de chacun de ses membres. Il est évident, en principe, que c'est à ce corps qu'il appartient d'admettre ou de rejeter les électeurs : attribuer ce droit aux préfets, c'est-à-dire à l'autorité ministérielle, c'est fausser dans son essence la représentation nationale! L'assemblée constituante avait très-bien établi et fixé le principe, Bonaparte le viola ouvertement; ce destructeur des libertés nationales constitua et fit décider les élections au profit de son despotisme, comme les contre-révolutionnaires de 1820 et 1824 constituèrent et firent décider les élections au profit des priviléges de l'ancien régime et au détriment de la Charte constitutionnelle..... D'un autre côté, la chambre des députés vérifie les pouvoirs de ses membres, c'est-à-dire que des députés, avant d'être déclarés valablement élus, décident de la validité des élections et font acte de législation avant d'être reconnus eux-mêmes légitimes membres de la législation. Quelle antinomie!

Les observations que nous venons d'émettre montrent que rien n'est encore fixé, établi définitivement; que le système ou plutôt le régime constitutionnel n'est point fondé sur ses véritables bases. La France ne jouira effectivement de ce régime, elle n'aura l'assurance de sa solidité et de sa durée, que lorsque les lois auront invariablement fixé les droits politiques des Français, que lorsque les *lois du double vote* et de *la septennalité* auront été abrogées, que lorsque l'autorité ministérielle aura été mise et sera retenue dans l'impuissance de violer ces droits par une loi de responsabilité.

18, 19, 20 et 21. — Troubles et scènes sanglantes de la rue Saint-Denis.

Les colléges électoraux d'arrondissement de la Seine ont nommé (le 18) leurs huit députés; le collége départemental doit s'assembler le 24 pour nommer ses quatre députés... Dans les colléges d'arrondissement, les électeurs se sont prononcés à une immense majorité en faveur des libertés constitutionnelles, le ministère Villèle a échoué dans toutes ses machinations. — Le collége électoral du département de la Seine est appelé à compléter la députation de Paris, dont l'opinion et les choix peuvent exercer une grande influence sur les colléges électoraux des diverses parties du royaume : les ennemis de la Charte veulent égarer l'opinion nationale et répandre l'effroi parmi les partisans du système constitutionnel; c'est par les plus criminelles manœuvres qu'ils se flattent de diriger à leur profit les élections des colléges des départements.

Les habitants de Paris ont célébré la victoire remportée sur le ministère Villèle; de brillantes illuminations ont eu lieu et l'allégresse publique s'est manifestée de toutes parts : on peut dire à la lettre que le 18, ce jour de réjouissance nationale, la voix du peuple s'est unanimement prononcée contre une administration aussi odieuse que funeste. Malgré tous les efforts des partisans du ministère pour mettre obstacle aux manifestations de la joie universelle, malgré les provocations de ses agents et malgré leurs menaces, aucun désordre n'a eu lieu ; les provocateurs ont été réduits au silence.

La France demande aujourd'hui l'exécution pleine et entière de la Charte; elle abhorre un ministère qui se joue impudemment depuis six années des libertés nationales expressément consacrées par la loi fondamentale : la France *est* donc *révolutionnaire*, l'État *est en danger*, le trône lui-même se trouve *exposé aux plus imminents périls*, et *une révolution est au moment d'éclater* si l'on ne se hâte d'employer des mesures extrêmes : ainsi disent les salariés et les sicaires d'un ministère couvert de la réprobation générale! Pour venger l'amour-propre et les humiliations du ministère, pour lui conserver quelques instants de plus un pouvoir qui ne s'est exercé que pour la ruine et la honte de la chose publique, il faut frapper les esprits de terreur, massacrer les citoyens et reproduire au sein de Paris tranquille, de Paris qui aime et bénit son roi, il faut renouveler dans la capitale les hideuses et sanglantes scènes des sans-culottes de 1793 : que le sang coule dans la capitale, et que le ministère Villèle conserve ses porte-feuilles!

Ainsi s'exprimait hautement l'opinion publique sur le compte de l'administration Villèle; nous n'examinerons pas, si les imputations dirigées contre l'administration étaient fondées, nous nous bornons à les rapporter, à les exposer.

Les 19 et 20 novembre seront des journées de sang et de deuil.....Les agents provocateurs sortent de leurs repaires, parcourant les quartiers du Palais-Royal et de la Halle, et, sous prétexte de *fêter les élections*, forcent les citoyens d'illuminer leurs croisées, ou commettent contre eux d'affreux désordres. Des groupes déguenillés, composés en très-grande partie d'enfants de douze à quinze ans et de filles publiques, parcourent, la torche et les pétards à la main, les rues de la capitale, sans que la police et la force armée s'opposent aux cris séditieux proférés par ces bandits, sans qu'elles préviennent ou répriment les actes de violence auxquels ils se livrent envers les habitants paisibles. Ces bandits, évidemment protégés ou encouragés par l'inaction dans laquelle l'autorité publique se tient renfermée, forment des barricades et ne sont pas troublés dans leurs travaux; mais lorsque le désordre et l'épouvante qu'ils répandent sont parvenus au point de présenter le caractère d'une insurrection, de forts détachements d'infanterie, de cavalerie et de gendarmerie à pied et à cheval, envoyés sur les lieux, reçoivent l'ordre de charger; ils font feu sur les citoyens : le peuple est aggloméré dans les rues occupées par la force armée qui en ferme toutes les issues; les citoyens, sans cesse refoulés sur eux-mêmes, sont inévitablement exposés aux plus graves accidents : plusieurs personnes sont tuées, beaucoup sont blessées à coups de sabre et d'épée; des coups de fusil sont tirés jusque dans les croisées des maisons, et des citoyens sont frappés à mort dans leur propre domicile, sous le toit hospitalier où ils cherchent le repos du sommeil; des enfants sont atteints à côté, dans les bras de leurs parents; des individus que leurs affaires obligent de passer dans ces rues de désolation et de carnage, tombent victimes de la baïonnette et du sabre : la rue Saint-Denis offre, dans toute son étendue, non pas une scène de guerre civile (les citoyens sont désarmés et n'opposent point de résistance), mais une scène de massacre qui rappelle ces sanglantes époques de la révolution où les jacobins assassinaient et faisaient assassiner dans les rues de Paris.

Sans doute les troupes de ligne et la gendarmerie ont obéi aux ordres de leurs chefs; sans doute la force armée a été ou s'est crue réduite à l'affreuse nécessité de faire des charges d'infanterie et de cavalerie, des feux de mousqueterie, puisque ces charges et ces feux se sont succédé avec une effrayante multiplicité : nous n'entendons pas incriminer la force armée, elle a exécuté les ordres de ses chefs ; mais, c'est à ceux-ci à répondre de leur conduite, c'est à l'autorité civile à justifier l'emploi qu'elle a fait, dans ces affreuses journées, d'une force armée essentiellement destinée à protéger et non à compromettre la tranquillité publique......

Il appartient donc aux tribunaux d'instruire sur les événements de ces journées, de poursuivre les instigateurs et fauteurs de ces jours de massacre, de porter la vérité à la connaissance de la France, de la déposer au pied du trône. Tout Paris accuse l'administration *Villèle* de cet abus atroce de la force publique, de l'absence des sommations ordonnées par la loi, c'est-à-dire de la violation de toutes les formes protectrices de la sûreté et de la vie des citoyens; sommations impérieusement exigées cependant par la loi concernant les rassemblements même séditieux. Il faudrait désespérer des libertés publiques, si de pareils attentats restaient impunis, si la plus sévère investigation de la justice ne parvenait pas à éclairer d'aussi lâches et d'aussi perverses machinations, si la justice et les magistrats étaient arrêtés dans leurs poursuites et rencontraient dans l'exercice de leurs saintes fonctions des obstacles plus forts que les lois!

Le troisième jour, les rassemblements cessent et la tranquillité est entièrement rétablie dans la capitale.....
On assure (nous rapportons ce fait, parce qu'il est public) que les huit députés nommés par les collèges d'arrondissement de Paris ont cru de leur devoir de se rendre auprès de monsieur le président du conseil des ministres, et de lui demander qu'il eût à prendre sur-le-champ les mesures propres à faire cesser d'aussi déplorables désordres, ou qu'ils se verraient dans la né-

cessité de porter directement leurs doléances aux pieds de S. M..... Le calme a été rétabli dans la capitale.

Les détails suivants ne sont pas sans intérêt pour l'histoire.

Les nominations des huit députés élus par les colléges d'arrondissement de la Seine furent connues du public dans la soirée du 18.

Les illuminations eurent lieu, le 19, en réjouissance de ces nominations constitutionnelles; ce fut à onze heures du soir, le même jour, que la force armée commença à agir.

On a remarqué que tous les officiers de santé de l'Hôtel-Dieu se trouvaient à leur poste, dans la soirée du 19.

Les premières barricades ont commencé dans la soirée du 19, sans que les constructeurs de ces barricades aient été troublés dans leurs travaux par les divers préposés de l'autorité publique qui se trouvaient sur les lieux ; les agitateurs cassaient les vitres dans la rue Saint-Denis, sans être inquiétés le moins du monde.

Le 20, on illumine, dans la crainte de voir, comme la veille, ses vitres brisées.

Dans la soirée du 20, des groupes nombreux se forment sur la place Vendôme; de forts détachements de gendarmerie à pied et à cheval sont stationnés aux deux issues de la place : à un signal donné, ces deux issues sont interceptées et les détachements de gendarmerie enveloppent et conduisent, très-militairement, tous les individus, hommes, femmes, enfants, qui se trouvent pris, à l'état-major de la place Vendôme; un commissaire de police établi dans la cour de cet hôtel, sous un hangar, fait subir un interrogatoire à chacune des personnes arrêtées ; elles étaient au nombre de cent trente environ. Celles qui ne donnent pas de réponse satisfaisante à cette question : *Pourquoi étiez-vous sur la place Vendôme?* sont enfermées dans les remises de l'hôtel; à deux heures du matin, elles sont conduites, au nombre d'environ cinquante, à coups de crosse de fusil, comme des malfaiteurs, à la préfecture de police.

Dans les soirées des 19 et 20, on compte vingt morts et environ soixante blessés dont plusieurs sont morts des suites de leurs blessures; la plupart sont portés à la Morgue, les parents ne peuvent obtenir la remise des cadavres pour leur faire rendre les derniers devoirs.

Le 21 novembre, la police envoie des ouvriers chargés de boucher les cavités faites par les balles de fusil aux maisons des rues Saint-Denis, Saint-Martin, etc. : elle envoie des vitriers pour remettre, à ses frais, les vitres brisées par les balles dans *certaines boutiques* des rues Saint-Denis, Saint-Martin, etc.

Ces particularités sont à la connaissance de tout le monde; ces considérations nous ont porté à les mentionner.....

Deux membres de la commission d'enquête nommée par la chambre des députés (en vertu de la prise en considération de la proposition, faite par M. Labbey de Pompières, pour la mise en accusation du ministère Villèle) déclareront, par l'organe de M. Girod (de l'Ain), rapporteur de ladite commission : « Y a-t-il trahison, aux termes de la Charte, dans la conduite de l'administration, relativement aux troubles qui ont eu lieu à Paris dans les journées des 19 et 20 novembre? » — « Oui, il y a trahison dans les faits qui ont
« eu lieu dans plusieurs quartiers de Paris, les 19 et
« 20 novembre 1827; il y a trahison, parce que l'inac-
« tion de la police et de la force publique durant une
« grande partie de la soirée du 20, après l'agitation

« qui s'est manifestée, le 19, la construction libre et
« impunie des barricades, pendant plusieurs heures,
« aux yeux de cette force inactive; le passage ouvert
« par elle aux bandes d'inconnus qui parcouraient les
« rues en commettant des désordres; l'apparition de
« ces bandes étrangères à la capitale sans qu'on pût
« découvrir d'où elles sortaient; la mise en liberté de
« plusieurs perturbateurs que des citoyens avaient ar-
« rêtés; l'indulgence des gendarmes envers ces pertur-
« bateurs et leurs sévices contre ces citoyens qui tra-
« vaillaient à rétablir l'ordre et dont quelques-uns ont
« reçu la mort sur le seuil de leurs portes; enfin la
« lettre du ministre de la guerre (Clermont-Tonnerre)
« indiquant par une expression mémorable (*vigou-
« reux coup de collier*) une sorte d'embuscade contre
« une population désarmée; nous donnent lieu de
« croire à l'existence d'un complot tendant à incrimi-
« ner la nation auprès du roi, à représenter à S. M.
« l'élite de la population parisienne comme un ras-
« semblement de factieux, à entacher les élections
« constitutionnelles qui avaient trompé les espérances
« des derniers ministres, et à effrayer les citoyens qui
« se préparaient à compléter ces élections. » (*Réponse
de deux membres.*)

Pour fixer son opinion sur les massacres de la rue
Saint-Denis, on peut consulter la *Gazette des Tribunaux*, 22 novembre 1827, etc.; *Le Constitutionnel*
des 20, 21, 22, 23, 24, 25, 26, 27 novembre 1827;
ces feuilles disent tout ce qu'elles peuvent dire, et ce
qu'elles ne disent point peut être facilement soupçonné,
ou deviné. Le *Moniteur*, appartenant encore au ministère *Villèle*, ne donne que des renseignements fau-
tifs, incomplets et la plupart du temps contraires à la
vérité..... Toute la capitale connaît les événements des

19 et 20 novembre, tels qu'ils se sont passés; les subtilités, les dénégations et les réticences du journal du ministère ne sauraient détruire ni infirmer cette vérité: l'histoire recueillera les faits atroces commis dans la rue Saint-Denis, et nos enfants connaîtront à quel excès d'audace et de perversité ont pu se porter les agents d'un ministère corrupteur et corrompu, pour maintenir, contre la haine et le mépris publics, le despotisme de ce déplorable ministère.

A l'époque des événements de la rue Saint-Denis, MM. Franchet et Delavau occupaient, le premier la direction de la police générale, le second la préfecture de police : ces deux magistrats récuseront la compétence de la cour royale, ils refuseront de comparaître ou de répondre aux injonctions judiciaires qui leur seront faites..... Car le despotisme impérial gouverne encore la France par ses décrets, et ces décrets assurent l'inviolabilité des fonctionnaires publics en n'autorisant leur traduction devant les tribunaux qu'avec l'agrément et sous le bon plaisir du conseil d'État, placé lui-même sous la volonté ministérielle. — A l'époque des événements de la rue Saint-Denis, M. de Villèle tenait, par *interim*, le porte-feuille du ministre-secrétaire d'État au département de l'intérieur, et en remplissait les fonctions depuis la maladie de M. de Corbière.....

La capitale est saisie de la plus vive indignation, dans les journées des 19 et 20 novembre; cette indignation sera partagée par tous les départements et l'on n'entendra, dans toute la France, qu'un cri d'horreur contre le ministère qui a, nous ne disons pas provoqué, mais amené le massacre des citoyens par son inaction au commencement des troubles, et par son empressement à user de violence lorsque ces troubles ont acquis un certain développement; on reprochera surtout à l'administration d'avoir violé sciemment toutes les formalités que les magistrats chargés de la sûreté publique sont tenus, aux termes de la loi, de remplir et d'accomplir avant que la force armée n'agisse contre les citoyens.

Tous ces crimes n'atteindront pas cependant le but que se proposent les ennemis de la liberté constitutionnelle : loin d'effrayer les électeurs, le ministère Villèle leur aura fourni de nouveaux motifs d'union et de confiance, ils se rallieront autour de l'arche sainte, ils se serreront autour de la Charte et donneront leurs suffrages aux véritables amis du trône et des libertés nationales : les machinations employées par le ministère pour se créer des partisans dans les colléges électoraux diminueront encore le nombre de ceux sur lesquels il avait compté : les élections du collége départemental de Paris seront antiministérielles; pas un des candidats du parti Villèle n'obtiendra le suffrage des concitoyens; ces élections, proclamées le 25, seront reçues avec enthousiasme par l'immense majorité des habitants de la capitale.....

Dans les journées si désastreuses des 19 et 20, les Parisiens ont déploré le licenciement de leur noble et fidèle garde nationale : ils eussent prévenu les funestes événements qui viennent d'ensanglanter la capitale, ces citoyens d'élite qui surent maintenir l'ordre et la paix de la grande cité dans les circonstances les plus critiques de 1814 et 1815; ils eussent arrêté, par leur contenance et leur patriotisme, les agitateurs et les complices des 19 et 20 novembre ; mais le ministère Villèle a fait licencier la garde nationale !

Les événements des 19 et 20 caractérisent, d'une manière particulière, la faction antinationale qui veut anéantir la Charte pour rétablir sur ses débris les priviléges et les abus de l'ancien régime ; tous les détails relatifs à ces événements sont par conséquent de la plus haute importance historique : nos neveux doivent y trouver de puissants motifs pour aimer, pour défendre le trône de Charles x, ce monarque constitutionnel dont la loyauté et les serments garantissent à la fois le maintien et l'exécution de la Charte ; pour soutenir, pour défendre leurs droits politiques ; pour s'opposer par tous les moyens légaux aux criminelles manœuvres d'une faction qui n'a pas craint de renouveler, dans le sein de la capitale, sous les yeux même d'un monarque chéri de tous les Français, les épouvantables scènes des hommes de 1793 !..... Ces considérations nous font un devoir de présenter à nos lecteurs les renseignements authentiques consignés dans un ouvrage recommandable par l'importance des matières et l'exactitude des faits, par l'étendue des lumières et l'esprit de modération et d'impartialité qui lui méritent, à tant de titres, l'estime nationale : on lit dans l'*Annuaire*, etc., de *Le Sur*, 1827, 18 et 19 novembre :

« De nombreux corps de troupes étaient déjà, au commencement de la soirée, réunis autour du château des Tuileries, sur la place du Châtelet et sur les boulevards Saint-Denis et Saint-Martin. Il y avait peu d'illuminations et la foule grossissait à chaque instant, lorsque vers sept heures et demie des attroupements semblables à ceux de la veille se formèrent et parcoururent les rues Saint-Martin, Saint-Denis, de la Ferronnerie, Saint-Honoré, Coquillière, etc., en forçant d'illuminer, cassant les vitres et poussant des cris séditieux. Aucune force publique ne réprima d'abord ces désordres, et la crainte fit que l'illumination devint générale. Quelques habitants indignés, parvinrent sur plusieurs points à saisir des perturbateurs..... Ils furent relâchés. L'un d'eux ivre, portant un habit militaire et coiffé d'un bonnet de police, jetait son bonnet à terre et le foulait aux pieds en criant : *Vive Napoléon! vive l'empereur!* etc. Un gendarme qui passait refusa de l'arrêter, et cet homme se retira. (*Instruction judiciaire.*)

« Dans le temps que ces bandes circulaient par la ville, d'autres, composées de gens qui sont restés inconnus, relevaient les barricades de la veille avec les mêmes outils et les mêmes matériaux... On n'avait enlevé ni ces outils ni ces matériaux, malgré la demande que les officiers de l'état-major en avaient faite et l'ordre que le préfet de police avait donné. Les barricades furent construites comme la veille, à la clarté des lampions, avec la plus grande tranquillité : les curieux allaient et venaient, et plusieurs militaires d'un poste voisin ont même été remarqués parmi les spectateurs... Ce ne fut que long-temps après la construction achevée que des troupes parurent dans la rue Saint-Denis. « Le préfet de police ne voulant pas, a-t-il dit
« depuis, que la force armée pût être signalée comme
« ayant voulu gêner la manifestation des joies popu-
« laires, craignant aussi de compromettre les patrouil-
« les, avait invité le général à ne mettre les troupes
« en mouvement qu'à onze heures ; c'est ce qui résulte
« du *post-scriptum* d'une lettre écrite par cet admi-
« nistrateur au général Montgardé *. (*Instruction ju-
« diciaire.*)

---

* M. Mariette-Montgardé, issu d'une famille bourgeoise, émigra, servit dans la légion de Mirabeau, et rentra en France à la sourdine ; désireux de s'attacher au gouvernement consu-

« Des détachements s'y portèrent vers dix heures, et y furent reçus à coups de pierres. Un commissaire de police exhortait le chef de bataillon *Deshorties* à faire feu, il s'y refusa en disant : *Je n'ai pas d'ordre à recevoir de vous*. Le capitaine *Dabbadie* répondit à une pareille invitation qu'*il ne voulait pas échanger des balles contre des pierres*, et la barricade fut renversée sans qu'on fût obligé d'en venir à cette extrémité.

« Une autre attaque, dirigée contre la barricade de la rue Grenetat, par le principal corps de troupes à la tête duquel était le colonel Fitz-James, du 18ᵉ de ligne, eut des résultats plus fâcheux : au moment où il y arrivait, on entendit des détonations produites par des pétards qui tombèrent avec des pierres sur les premiers pelotons de la ligne. Ce fut en vain que plusieurs officiers et les commissaires de police engagèrent les mutins à se retirer et à cesser toute agression ; alors le colonel Fitz-James, croyant qu'on tirait sur la troupe, ordonna le feu, qui fut exécuté par le premier peloton, et la première barricade fut renversée sans autre résistance. On se porta ensuite sur la deuxième barricade, celle du Grand-Cerf, où des coups de feu furent encore tirés par la troupe, malgré la défense du général qui, au moment de la première décharge, était accouru pour arrêter le feu.

« Là finit toute apparence de résistance et d'insurrection, et l'on ne voit encore, dans ces prises et reprises de barricades, aucun individu saisi les armes à la main. On a prétendu qu'il avait été tiré des coups

---

laire, il parvint à être placé auprès du général Berthier, en qualité de vaguemestre ; il acquit le grade de chef de bataillon, et il remplissait les fonctions de ce grade à l'époque de la restauration (1814).

de feu sur la troupe et jeté des pierres par les fenêtres. Le premier fait a été démenti, et les perquisitions de la police n'ont rien appris sur le second.

« Mais il est constant que des décharges de mousqueterie, que des charges de cavalerie ont eu lieu dans les rues sur les passants ; que des coups de fusil ont été tirés aux fenêtres sur des curieux inoffensifs. Entre les malheureuses victimes de l'exaltation, on devrait dire de la fureur de quelques détachements de gendarmerie dans cette soirée, on a cité un jeune avocat, neveu de l'illustre général Foy, qui fut blessé d'un coup de sabre, par un gendarme, au moment où il rentrait chez lui.

« On ne saurait peindre avec trop d'énergie l'impression que ces événements produisirent sur la capitale. Des plaintes, des cris unanimes s'élevèrent de toutes parts, et surtout dans les journaux, contre la police qu'on accusait hautement d'avoir excité et soudoyé cette insurrection pour faire croire au retour d'une révolution prochaine, jeter sur les élections et sur l'esprit de la capitale un vernis défavorable, épouvanter les électeurs des provinces et détourner les choix hostiles au ministère.

« Sur les plaintes simultanées des victimes de ces désordres et du procureur du roi, la cour royale de Paris évoqua cette affaire, interrogea les individus arrêtés, entendit les témoins, reçut les dépositions des victimes et déploya, dans cette circonstance malheureuse, tout le zèle qu'on devait attendre de son amour du bien et de la vérité : efforts honorables, mais qui furent infructueux ! La cour royale a reconnu que les habitants des quartiers, théâtre de ces désordres, y étaient presque tous étrangers et s'étaient renfermés chez eux. « L'instruction n'est pas parvenue à décou-

« vrir les auteurs de ces désordres. La police n'en a
« signalé aucun, quoique un grand nombre de ses
« agents se soient trouvés les deux jours dans les rues
« où il y avait du trouble, surtout le mardi 20 où le
« trouble était prévu. Les arrestations faites dans les
« deux jours, l'avaient été avec tant de confusion, la
« plupart si long-temps après le désordre, qu'on n'a
« pu reconnaître si les individus arrêtés étaient du
« nombre des coupables, ni quels faits étaient imputés
« à chacun d'eux; les commissaires d'ailleurs n'avaient
« reçu aucune des instructions qu'ils devaient prendre
« dans une circonstance aussi grave. » On pouvait induire de quelques dépositions, que des provocateurs auraient distribué des pétards, et donné ou promis de l'argent pour exciter le tumulte; mais l'instruction n'a obtenu aucun résultat certain sur la part que des agents de police avaient été accusés d'avoir pris à la construction des barricades.

« En résultat, pour achever de faire connaître l'issue de cette affaire dont l'instruction a duré plusieurs mois, nous noterons que les individus arrêtés, livrés par la police et mis en jugement au nombre d'environ quatre-vingts, ont tous été renvoyés absous, « attendu (arrêt du 3 avril 1828) qu'il n'exis-
« tait contre aucun d'eux des charges suffisantes. »
Les plaintes rendues contre les militaires pour avoir ordonné ou autorisé les coups de feu, de sabre et de baïonnette, ont été écartées, soit parce qu'ils étaient dans le droit de défense, soit parce que les faits n'étaient pas suffisamment établis, soit enfin parce que les coupables n'avaient pu être connus. Il en a été de même des plaintes dirigées contre le sieur Franchet, directeur de la police générale du royaume, attendu qu'il n'existait au procès aucun indice d'une participation

quelconque de sa part aux faits qui ont donné lieu à la poursuite ; et contre le sieur Delavau, préfet de police à Paris, parce que la cour ne pouvait examiner ou apprécier les mesures administratives qu'il avait ordonnées, en sa qualité de préfet de police, qu'autant qu'elles auraient été prescrites dans une intention criminelle, ce que rien n'indiquait.

« Il est donc resté beaucoup de vague, de doutes, d'incertitude sur la cause et l'objet de ces mouvements séditieux que les journaux du ministère attribuaient à l'influence des doctrines révolutionnaires répandues dans les journaux de l'opposition, et que ceux-ci, à leur tour, signalaient comme l'œuvre de la police et rapportaient aux manœuvres d'un parti qui, se voyant vaincu dans les colléges d'arrondissement, avait intérêt à faire croire que la révolution allait renaître avec toutes ses fureurs pour donner aux élections des grands colléges une direction nouvelle : *moyen qui n'y fut pas, à vrai dire, sans effet.*

« Le *Moniteur* (5 avril 1828) donnera des détails sur l'*instruction judiciaire* qui a eu lieu au sujet de ces déplorables événements..... Cette instruction fait connaître que le commissaire de police, après avoir interrogé les individus arrêtés, en renvoya le plus grand nombre « disant qu'il les connaissait et qu'ils n'étaient « pas coupables. » Il en fit conduire une cinquantaine, presque tous enfants, à la préfecture de police où ils furent remis en liberté le lendemain, après avoir été interrogés par le juge d'instruction. Quelques hommes bien couverts avaient été aperçus à la tête des bandes : aucun n'a été saisi.

« L'*instruction judiciaire* démontrera que : « Les brigands qui élevèrent des barricades et se portèrent aux plus graves désordres, n'éprouvèrent aucun obstacle de la part de la force publique, elle dit : « Tout cela eut « lieu sans opposition, au milieu d'un public nom-« breux, et avec une sécurité si grande que l'on a dit « *que cela se faisait comme à l'entreprise.* » L'instruction ajoute que « les habitants voisins virent avec étonne-« ment qu'aucune mesure n'avait été prise pour empê-« cher la reconstruction de la barricade du Grand-Cerf, « barricade qui, après le départ de la gendarmerie, n'a-« vait pas été entièrement détruite et qui fut rétablie « avec plus de hauteur et de solidité que la première « fois. »

« Quant à la barricade de Saint-Leu, encore une fois reconstruite presque sous les yeux d'un commissaire de police et d'un détachement qui restèrent immobiles, le maréchal de camp baron Montgardé, commandant par *interim* la première division militaire (en l'absence du comte Coutard), se mit en personne à la tête des troupes disponibles et marcha contre les bandits qui firent peu de résistance. » *L'instruction judiciaire* dira à cet égard : « Il est à remarquer que « pendant plus d'une heure les individus réfugiés soit « derrière les barricades, soit dans les maisons en « construction, ont pu se retirer avec d'autant plus « de facilité que les rues et passages qui se trouvaient « entre les barricades n'avaient pas été interceptés; « aucuns procès-verbaux d'arrestation n'avaient été « dressés; rien n'indiquait les faits imputés à chacun « des individus, ni même le lieu de l'arrestation. »

« Le lendemain 21, la nouvelle de ces excès répandit dans tout Paris l'indignation et la terreur. Les députés qui venaient d'être élus par la capitale crurent devoir, à défaut des magistrats municipaux qui n'agissaient point, se rendre auprès du président du conseil des ministres (Villèle), pour le supplier de prendre des mesures afin de garantir les citoyens contre le retour de pareils désordres; ce qui leur fut promis : ce jour-là, toutes les troupes de la garnison, la gendarmerie, les régiments de ligne et la garde royale furent mis sous les ordres du général commandant la division militaire; et les soldats reçurent chacun dix cartouches..... Le ministre de la guerre (Clermont-Tonnerre) ordonna, par une lettre particulière, au général commandant, de diriger les forces par masses, de manière à enfermer autant que possible les séditieux entre les colonnes, pour pouvoir en prendre plus en en détruisant moins; de ne tirer qu'après sommation faite aux factieux, et dans le cas de nécessité. « Il faut que force « reste à justice (disait Son Excellence), que l'autorité « du roi triomphe, et que les soldats aient raison de « ses ennemis. »

Ces renseignements sont extraits de l'*Annuaire*, etc., par Le Sur, année 1827; nous les citons avec d'autant plus d'empressement et de confiance, que ce recueil annuel fait autorité en matière historique et politique : redisons-le, M. Le Sur, auteur judicieux et éclairé a le rare mérite de réunir à de vastes connaissances et aux plus saines doctrines constitutionnelles, un esprit d'impartialité et d'équité qui honorent son caractère et rendent ses ouvrages infiniment précieux pour les historiens à venir; ils y trouveront un état parfaitement juste de la situation des affaires de la France et de l'Europe dans les temps actuels.

Afin de rendre complets tous les détails qui se rapportent aux événements de la rue Saint-Denis, nous devancerons l'ordre des temps, en rendant compte de l'arrêt de la cour royale et de la décision du conseil d'État relatifs à ces événements.

Par son arrêt, en date du 3 avril 1828, la cour

royale de Paris, déclarera... « Qu'en exécution de l'arrêt du 26 février 1828, des renseignements ont été demandés au ministre de l'intérieur et au sieur Delavau, et que tous deux ont transmis les documents qui étaient en leur possession... Qu'il n'y a lieu à suivre, quant à présent, sur les plaintes des sieurs Douez, Alphonse Foy et autres sus-nommés, non plus que de procéder à plus ample instruction sur lesdites plaintes, sauf aux parties civiles à se pourvoir, s'il y a lieu, contre et ainsi qu'il appartiendra, toutes défenses au contraire réservées. — Quant au sieur Franchet, sur ce qu'il n'existe au procès aucun indice d'une participation quelconque de sa part aux faits qui ont donné lieu aux poursuites; et à l'égard du sieur Delavau, sur ce que la cour ne pourrait examiner ou apprécier les mesures administratives qu'il a ordonnées en sa qualité de préfet de police, qu'autant qu'elles auraient été prescrites dans une intention criminelle, ce que rien n'indique, et que les faits n'établissent à sa charge aucune prévention de crime ou de délit..... etc., etc., etc. »

Par sa décision, en date du 2 juillet 1828, le conseil d'État* déclarera..... « En ce qui touche l'action

---

* Le 16 février 1828, M. Isambert, avocat aux conseils du roi, déposera, au secrétariat général du conseil d'État, la requête de M. Douez se portant partie civile contre MM. Delavau et Franchet, et demandant l'autorisation de poursuivre ces deux administrateurs à l'occasion des déplorables événements de la rue Saint-Denis..... Cette requête sera insérée, en son entier, dans la *Gazette des Tribunaux* (21 février), le meilleur journal judiciaire qui ait jamais été publié en France; on trouve dans ladite requête des renseignements, des anecdotes et des faits précieux; ils jettent un grand jour sur les événements des 18, 19 et 20 novembre : la lettre écrite, le 20 novembre, au général Montgardé, par M. de Clermont-Tonnerre, ministre de la guerre, est d'un haut intérêt.

créée par les requérants comme parties civiles dans l'instance criminelle : — « Considérant que cette action est éteinte par l'arrêt de la cour royale de Paris, du 3 avril, tant à l'égard des sieurs Franchet et Delavau, qu'à l'égard de toutes les personnes indiquées dans la même affaire. — « En ce qui touche l'action que les requérants demandent à être autorisés à former devant les tribunaux civils ; 1° relativement au sieur Franchet. — « Considérant que la lettre du 18 novembre 1827, sur laquelle les requérants fondent leur demande n'a été signée par ce fonctionnaire qu'au nom et par autorisation du ministre de l'intérieur*; — « 2° Relativement au sieur Delavau : considérant que les faits sur lesquels les requérants établissent leur demande, se rapportent aux dispositions militaires qui ont été prises pour l'exécution des réquisitions faites par le préfet de police, dispositions dont, aux termes des lois, arrêtés, ordonnances, etc. (loi de frimaire an VIII, lois du 10 juillet et du 3 août 1791, ordonnance du 20 octobre 1820, etc.), la direction appartient aux commandants militaires sous leur responsabilité, et dans lesquelles les magistrats qui ont délivré les réquisitions ne peuvent s'immiscer..... — « Les demandes des sieurs Douez, Alphonse Foy, ainsi que celles des parties intervenantes, sont rejetées. »

Pour en finir, nous observerons que M. Delavau n'a publié que le deuxième jour et à l'entrée de la nuit, une ordonnance contre les rassemblements. Nous ne nous permettrons pas d'examiner si les instructions données par M. Delavau aux commissaires de police ont été telles que ceux-ci n'aient pas empêché les pre-

---

* Nous avons dit plus haut que M. de Villèle était alors chargé *par interim* du porte-feuille du ministère de l'intérieur.

miers désordres, ni dressé de procès-verbaux (ainsi que l'ont publié divers journaux); s'il a donné au général Montgardé un avis qui a déterminé cette longue patrouille, pendant laquelle tout le mal a été consommé,..... etc. Nous croyons MM. Franchet et Delavau entièrement étrangers aux événements des 19 et 20 novembre, et nous les regardons même comme à l'abri de tout reproche, puisque l'arrêt de la cour royale et surtout la décision du conseil d'État l'ont formellement décidé..... C'est ici le cas d'observer, encore une fois, combien est déplorable et funeste à la sûreté des citoyens l'*irresponsabilité* ou plutôt l'*inviolabilité* des fonctionnaires publics établie par Napoléon; le despotisme consulaire et impérial a décidé que les fonctionnaires publics ne pourraient être poursuivis judiciairement pour les actes de leur administration, pour les actes arbitraires dont ils se rendraient coupables envers les citoyens, qu'en vertu de l'*autorisation*, de la *permission* du conseil d'État : on ne pouvait pas inventer de loi, de décret plus attentatoires à la liberté, à la sûreté des citoyens!...Tant qu'il n'existera pas une loi qui définisse, d'une manière précise, la responsabilité des fonctionnaires publics, une loi qui donne aux citoyens les moyens de poursuivre, suivant des formes judiciaires fixés et invariables, les agents prévaricateurs; une loi qui établisse les garanties nécessaires pour que les citoyens atteints par des actes arbitraires puissent invoquer et obtenir justice; tant qu'il n'existera pas un *Code pénal* relativement aux fonctionnaires publics : en un mot, tant qu'un ministre, un préfet, un fonctionnaire élevé qui aura commis des actes arbitraires et prévariqué dans ses fonctions n'aura pas subi la condamnation et la peine déterminée par la loi, les droits publics et privés des Français resteront toujours plus ou moins à la merci du despotisme ministériel !..... Dans l'ancien régime, l'on pendait aux fourches de Montfaucon les ministres coupables.

21. — Ordonnance du roi, portant répartition de la somme de trente-cinq millions pour les dépenses du ministère des affaires ecclésiastiques et de l'instruction publique pendant l'année 1828..... Chaque année le budget de ce ministère s'enfle de quelques millions, ce qui n'empêche pas, selon M. le cardinal de Clermont-Tonnerre, que la religion ne soit pas en honneur et que les ministres du culte catholique ne soient persécutés... Jamais le gouvernement n'a déployé une plus grande libéralité pour les dépenses du culte catholique, et jamais les ministres de ce culte ne se sont montrés plus opposés aux volontés du gouvernement ; bientôt ils en viendront, si l'on n'y met ordre, à déclarer que les lois politiques et civiles ne sauraient les obliger, et qu'ils ne doivent obéissance au prince qu'avec l'agrément de la cour de Rome.

24. — Russie. — Rescrit adressé par l'impératrice-mère au ministre de l'instruction publique. — « Alexandre Séménowitch ! animée des sentiments dont je vous ai transmis l'expression par mon rescrit du 27 octobre, je me suis occupée de chercher le moyen le plus convenable d'en laisser un souvenir éclatant à l'Académie des Sciences, et j'ai cru ne pouvoir mieux remplir cette intention qu'en lui donnant des essais de mes propres travaux, consacrés à la mémoire des illustres protecteurs de cette savante société. Je vous envoie en conséquence un exemplaire de deux médailles d'or frappées avec des coins que j'ai gravés moi-même et qui représentent feu les empereurs de glorieuse mémoire,

mon époux * et mon fils bien-aimés, vous priant de les remettre à l'Académie des Sciences en souvenir de l'intérêt et de l'affection sincères que je lui porte. — Je suis, avec une estime et une bienveillance particulières, votre affectionnée. — *Signé*, MARIE. Saint-Pétersbourg, 24 novembre 1827. »

L'Académie impériale des Sciences de Saint-Pétersbourg ne pouvait recevoir une plus noble preuve de la haute bienveillance dont l'impératrice-mère daigne honorer cette savante société. On est attendri en voyant un si touchant hommage à la mémoire des deux empereurs ; c'est une auguste mère, une auguste épouse qui a travaillé de ses royales mains à éterniser leurs traits : une mère, une épouse est seule capable de donner un si touchant exemple de tendresse ; et quelle n'a pas été celle de l'impératrice Marie pour son époux, pour son fils dont elle déplore la fin prématurée !

25. — Ordonnance du roi, portant répartition du crédit de 481,348,268 fr. pour les dépenses du ministère des finances. — La dette perpétuelle et l'amortissement sont portés :

Intérêts des rentes 5 p. 0/0. . . . 165,345,211 fr.
               4 p. 0/0. . . . 1,034,764
               3 1/3 p. 0/0. . . . 34,077,892

Total. 200,457,867

Dotation de la caisse d'amortissement. 40,000,000

Total général. 240,457,867

Dette viagère ; pensions civiles,

---

* Paul 1er est mort étranglé ; aucune poursuite n'a été exercée contre les assassins... Quant à la mort d'Alexandre, *voyez* 1er décembre 1825.

militaires, ecclésiastiques, des dona-
taires, subvention aux fonds des re-
tenues des ministères, intérêts des
capitaux de cautionnements. . . . . 74,740,250 fr.

On peut juger par cet aperçu de l'accroissement de la dette perpétuelle et de la dette inscrite, ainsi que des résultats de la création des rentes trois pour cent et de la conversion des rentes cinq pour cent en quatre et demie et en trois pour cent.

L'administration centrale des finances et le matériel de cette administration coûtent 5,526,150 francs. Le chauffage et éclairage sont seuls un objet de 210,000 fr., et les menues dépenses et dépenses accidentelles sont portées pour 60,000 francs : le traitement des bureaux coûte trois millions, indépendamment de 210,000 fr. pour gratifications aux commis, etc....... Dans aucun gouvernement d'Europe les finances ne coûtent aussi cher, mais aucun État n'est en revanche assez heureux pour posséder un ministre aussi transcendant que M. de Villèle; on l'a dit de tout temps, le génie ne saurait se payer trop cher.

30. — Ordonnance du roi, relative à l'exécution du nouveau tarif de la poste aux lettres (V. 15 mars 1827). — Le nouveau tarif est rendu exécutoire à partir du 1er janvier 1828.

1er DÉCEMBRE. — Espagne. — Le révérend père Almaraz est condamné à dix ans de galères..... Ce religieux résidait depuis long-temps à Rome où il avait suivi le roi Charles IV et la reine Marie-Louise, dont il avait été le confesseur jusqu'à l'époque de leur mort; de concert avec le prince de la Paix (Emmanuel Godoy), le révérend père s'occupait à écrire la vie secrète du roi Ferdinand VII, et l'on peut juger, d'après l'intimité de

« ses relations avec le feu roi et la feue reine, de l'importance des matériaux recueillis par le moine confesseur.
Dénoncé par la cour de Rome, Almaraz est arrêté,
embarqué avec tous ses papiers et conduit de Rome au
château fort de Péniscola en Espagne. « Lorsque le
« brick qui ramena le père Almaraz fut arrivé à Tar-
« ragone, Sa Majesté mit beaucoup d'empressement à
« faire demander à M. Perez Navarro (chargé de la
« mission de faire arrêter le moine à Rome), s'il appor-
« tait les papiers. »

2. — Ordonnance du roi portant répartition du crédit de neuf millions pour les dépenses ordinaires du ministère des affaires étrangères pendant 1828. — Cette
ordonnance a été publiée deux fois; *Moniteur* du 5,
Moniteur du 20; la dernière version a pour objet de
« rectifier quelques erreurs d'impression. »

Dans la publication du 5, la section *administration centrale* porte :

Traitement du ministre.	150,000 fr.
Appointements des chefs et employés du ministère.	500,000
Gages des gens de service.	50,000
Dépenses matérielles des bureaux, habillement des gens de service, entretien du mobilier, fournitures diverses pour le service des hôtels, etc.	120,000
Total.	820,000 fr.

Dans la publication du 20, la section *administration centrale* porte :

Chapitre 1er. Personnel.	700,000 fr.
Chapitre 2. Matériel.	120,000
Total.	820,000 fr.

* La seule différence des deux publications consiste dans la suppression de l'indication du traitement et des appointements ; il est plus simple de les renfermer dans un seul mot : *personnel.*

4. — Espagne. — Entrée de Ferdinand vii et de la reine son épouse dans Barcelone, capitale de la Catalogne.

Le monarque a fait son entrée solennelle « sur un char triomphal traîné par douze porte-faix habillés et costumés. Leurs majestés ont traversé toute la ville jusqu'au palais, au milieu d'une population immense qui gardait le silence le plus profond..... » Voilà les fruits du gouvernement-modèle de M. de Châteaubriand.

Le vénérable évêque de Senez, Beauvais, ne craignait pas de dire, en prononçant l'oraison funèbre de Louis xv : « Le peuple n'a pas sans doute le droit de « murmurer ; mais sans doute aussi il a le droit de se « taire, et *son silence est la leçon des rois.* » Quelle leçon reçoit à Barcelone le monarque des Espagnes et des Indes !

L'entrée de Ferdinand a été précédée de toutes les mesures propres à inspirer une grande terreur ; la veille, il avait été enjoint à tous les officiers de l'ancienne armée (indefinidos) de quitter la ville dans les vingt-quatre heures ; l'ordre suivant avait été placardé : « Le roi notre seigneur a daigné ordonner que les « chefs politiques et autres employés, etc., pendant « *l'absolu et funeste système constitutionnel* sortissent « de Barcelone avant l'arrivée de Sa Majesté. En con- « séquence, il est ordonné aux chefs politiques, aux « députés, aux cortès et autres employés pendant le « régime constitutionnel, de sortir de cette ville pour « se rendre dans leurs provinces respectives, à l'ex-

« ception des capitales, des places de guerre et ports
« de mer. Il est entendu que ceux qui seront arrêtés le
« 4, seront *traités militairement.* »

Les lois révolutionnaires, rendues les 16 et 17 avril 1794, sur la proposition de Cambacérès, enjoignaient aux ci-devant nobles et aux *suspects* de quitter Paris et de se rendre dans leurs départements; il leur était défendu, *sous peine de mort*, d'habiter les places fortes et les villes maritimes, et ils étaient tenus de se tenir éloignés de dix lieues des frontières : le gouvernement de Ferdinand VII a copié les lois de la convention nationale.

Il a été question d'expulser de Barcelone tous les ex-miliciens, c'est-à-dire la moitié des habitants, mais le corps des magistrats de la cour suprême n'a pas osé mettre à exécution une semblable mesure : la terreur la plus profonde règne dans la capitale de la Catalogne, les gibets vont être dressés, et le capitaine général (comte d'Espagne) exercera les plus implacables vengeances contre tous les individus accusés ou soupçonnés d'avoir pris part aux troubles qui désolent la province.

Toutes les lettres particulières arrivant d'Espagne s'accordent à dire que la révolte a été fomentée, dans la Catalogne, par les absolutistes et les ultramontains de France; elles accusent le ministère français d'avoir favorisé de tout son pouvoir les troubles de cette province; nous ne croyons pas que ce ministère ait suivi une telle conduite, il serait inexcusable.

19. — Don Miguel, de Portugal, arrive de Vienne à Paris, il loge à l'Élysée-Bourbon d'où il partira le 27 du même mois pour se rendre à Calais..... Pendant son séjour dans la capitale, ce prince reçoit de la fa-

mille royale, et de la famille d'Orléans, l'accueil le plus flatteur et le plus bienveillant.

23. — Ordonnance du roi, qui détermine une nouvelle répartition de travail dans la commission de liquidation des indemnités des émigrés. — Une ordonnance du même jour réduit à quinze le nombre des membres de la commission instituée en exécution de la loi du 30 avril 1826 (V. cette date) pour la répartition de l'indemnité attribuée aux anciens colons de Saint-Domingue ; cette commission était composée de 27 membres : leur réduction à quinze diminue les frais de la liquidation, frais qui excitaient les plaintes des colons.

23. — Portugal. Le marquis de Loulé (fils du marquis de Loulé, favori du roi Jean VI, si lâchement assassiné, en 1825, dans le palais et presque sous les yeux du roi) se marie avec l'infante donha Anna-Jesus-Maria, âgée de vingt-un ans, sœur de don Miguel. — La reine-douairière, mère de la jeune princesse, a donné ordre au patriarche de délivrer l'autorisation nécessaire pour procéder au mariage, il est célébré dans le palais de Quéluz par le curé de la paroisse..... La reine-douairière fait présent aux jeunes époux de cinq cents portugaises (environ 23,000 francs) pour les premiers frais d'établissement.

26. — Ordonnance du roi, qui crée une commission des monnaies, en remplacement de l'administration. — Cette commission sera composée d'un président, et de deux commissaires généraux.

26. — Portugal. La marquise de Loulé (V. 23 dé-

cembre) accouche, au palais de Québuz, d'un enfant du sexe féminin. La reine-douairière prodigue, dans cette circonstance, les plus tendres soins à l'accouchée..... Peu de jours après, les jeunes époux quitteront le Portugal et arriveront en Angleterre d'où ils se rendront à Paris : ils n'ont pas jugé à propos d'attendre, à Lisbonne, l'arrivée de leur frère et beau-frère, le régent, don Miguel.

31. — L'année 1827 fera époque dans l'histoire de la restauration.

Jamais les ministres d'un grand État n'avaient aussi ouvertement violé les libertés publiques et les droits des citoyens ; jamais le despotisme n'avait déployé autant d'insolence et de ruse pour opprimer une grande nation et l'enchaîner aux pieds de l'ignorance et du fanatisme : dans les derniers temps, la faction contre-révolutionnaire et ultramontaine ne prenait même plus la peine de cacher ses desseins, de déguiser ses projets ; la Charte, déjà mutilée dans plusieurs de ses dispositions fondamentales, allait périr sous les coups d'une administration qui semblait avoir pris, avec l'absolutisme et l'ultramontanisme, l'engagement formel de rétablir la féodalité, les priviléges et les abus des anciens régimes politiques et religieux. Mais tant de déceptions, de tromperies, d'hypocrisie et d'audace contre-révolutionnaires ont réveillé l'esprit de liberté constitutionnelle, l'opinion nationale s'est prononcée, et cette chambre servile et peut-être corrompue [*] dont la majorité

---

[*] S'il fallait s'en rapporter à certaines personnes qui prétendent avoir, à cet égard, des renseignements positifs et même des documents authentiques, le ministère déplorable aurait porté la corruption législative à un excès inconnu jusqu'alors : ces personnes parlent d'une liste nominale (qui verra le

compacte, achetée des deniers de la trésorerie, égorgeait toutes les discussions législatives aux vociférations de : *l'ordre du jour! la clôture!* cette chambre antinationale, qui ne permettait plus au petit nombre de députés fidèles, défendant encore l'ordre légal, de faire entendre leur voix; cette chambre de 1824 et son président de fondation, M. l'ex-avocat Ravez que les mauvais plaisants appelaient la *clochette Villèle*, ont été brisés par l'opinion nationale : et le même ministère qui, abusant outre mesure des lois anticonstitutionnelles du *double vote* et de la *septennalité*, avait peuplé la chambre élective de ses plus affidés serviteurs et des plus notables médiocrités départementales, ce ministère s'est trouvé réduit à renverser de ses propres mains l'échafaudage de sa machine législative et de son despotisme politique.

jour, disent-elles, quand il en sera temps) d'un grand nombre de membres de la chambre de 1824 qui, selon leur plus ou moins d'importance ou de faconde, recevaient, pendant la durée des sessions, à titre d'indemnité de séjour, 1,000, 2,000 et jusqu'à 3,000 francs par mois, indépendamment de gratifications qui leur étaient allouées pour leur voyage à Paris et leur retour en province; ces députés auraient encore obtenu pour eux, leurs parents, amis ou protégés, deux mille trois cent vingt places, emplois, augmentations de grade, ou avancement dans l'administration financière, départementale, judiciaire, etc., sept cents et tant de décorations ou titres honorifiques, et quantité de pensions sur les divers fonds connus et secrets dont le ministère dispose. Espérons, pour l'honneur du nom français, que de telles allégations ne sont pas fondées, ou que du moins elles ont été fort exagérées : d'après de semblables imputations (nous les regardons comme calomnieuses), le ministère déplorable aurait dépensé plusieurs millions par session pour corrompre la chambre septennale et s'assurer de la majorité des votes : cela n'est pas vraisemblable; et où ce ministère aurait-il pu prendre les fonds nécessaires à cet objet?

A quels excès ne s'est pas livré, à quelles persécutions de détail n'a pas eu recours, à quel avilissement enfin n'est pas descendu ce ministère pendant l'année qui vient de s'écouler?

L'administration Villèle a rabaissé la dignité du nom français jusqu'à excuser, à protéger, à légaliser en quelque sorte l'insulte qu'un ambassadeur étranger se permettait contre l'honneur national dans la personne de maréchaux, de généraux qui avaient noblement combattu pour l'indépendance et la gloire de notre patrie (V. 31 janvier 1827)..... Elle a présenté (V. 30 décembre 1826; 8, 13 février, 12 mars, 17 et 18 avril 1827) un projet de loi sur la police de la presse, que le *Moniteur* ne rougit pas d'appeler (5 janvier 1827) loi *d'amour et de justice*; projet de loi ayant pour but d'enchaîner la pensée, d'étouffer la parole, de détruire l'imprimerie, d'abrutir l'esprit humain, d'arrêter la civilisation et de faire rétrograder la France de Montesquieu et de Voltaire jusqu'à la superstition et à la barbarie du moyen âge..... Elle a trompé le meilleur, le plus loyal des monarques, en lui représentant l'élite des citoyens de la capitale comme une troupe de révolutionnaires qui menaçaient la sûreté du trône et de l'État; elle a donné le perfide et brutal conseil de licencier (V. 17 et 29 avril 1827) cette garde nationale parisienne qui avait rendu, en 1814 et 1815, de signalés services à la patrie et à la maison de Bourbon; cette force civique dont l'amour et le dévouement pour la personne du roi, et pour son auguste dynastie, ne pouvaient être révoqués en doute que par un ministère assassin de toutes les libertés constitutionnelles..... Elle a présenté, sur l'organisation du jury, un projet de loi (V. 16 décembre 1826, 5 février et 2 mai 1827) tendant à fausser, à dénaturer, à détruire l'institution du jury et le droit électoral mis tous les deux, dans ce projet, à la discrétion de l'arbitraire ministériel.....; mais la chambre des pairs l'a heureusement amendé. Elle a rétabli la censure (V. 24 juin 1827) et outragé de gaîté de cœur la nation française en ne daignant pas énoncer une raison, un motif, un prétexte pour colorer le rétablissement d'une mesure aussi odieuse qu'attentatoire à l'article 8 de la Charte : mesure dictée par cet esprit de tyrannie et d'artifice qui voulait tromper l'opinion publique, corrompre la conscience nationale et préparer dans le sein des ténèbres à force de calomnies et de fraudes, et en interdisant toute publicité aux feuilles périodiques, qui voulait, disons-nous, préparer des élections qui auraient donné au ministère une troisième chambre *introuvable*..... Elle a vicié et outragé la noble et salutaire institution de la chambre héréditaire, en donnant le conseil de créer *soixante-seize* pairs « pour se former une majorité « dans la chambre des pairs en s'assurant, ainsi, *par* « *la dissolution de la chambre des députés* et les « fraudes multipliées une majorité factice et incons- « titutionnelle....., etc. » (Rapport de M. Girod, de l'Ain, au nom de la commission nommée d'après la prise en considération de la proposition faite, par M. Labbey de Pompières, pour la mise en accusation du ministère Villèle)..... Le conseil de créer soixante-seize pairs est si inconstitutionnel, si outrageant pour la chambre héréditaire, qu'un de ses membres, M. de Lally-Tollendal (et certes, le pair s'est constamment montré partisan, ami, défenseur du ministère Villèle, comme du ministère Pasquier, comme du ministère Richelieu, comme du ministère Decazes) n'a pas craint, dans la discussion relative au budget, de s'exprimer de la manière suivante : « ..... Que reproche-t-on au mi-

« nistère? Quant à une *inondation* de nouveaux pairs « dont on menaçait la chambre, sans doute elle serait « *un grand malheur* pour l'État ; mais elle serait en « même temps *un tel acte de folie*, qu'on ne pouvait « supposer un pareil dessein de la part de l'adminis- « tration.... » M. de Lally-Tollendal n'était pas, à ce qu'il paraît, dans le secret de M. de Villèle ; il a ce nous semble la vue bien courte ; mais ce qui fait honneur au ministère Villèle, M. de Lally-Tollendal n'osait pas supposer au mois d'août que le président du conseil des ministres commettrait au mois de novembre cet acte de folie.

L'immense majorité des électeurs du département de la Seine se prononce, le 18 novembre, contre l'administration Villèle, et, par une coïncidence déplorable, des rassemblements séditieux ont lieu (V. 19, 20 novembre) dans la rue Saint-Denis, presque sous les murs de la préfecture de police... La capitale est ensanglantée : mais la tranquillité y est rétablie, lorsque les députés, élus par les colléges d'arrondissement de la Seine, ont prié le président du conseil des ministres d'ordonner de suite les mesures nécessaires pour mettre fin aux désordres. Dieu nous garde d'attribuer à M. de Villèle la moindre participation quelconque aux événements de la rue Saint-Denis; nous pensons qu'il les a ignorés, nous avons même la conviction qu'il a déploré les excès de la sanglante journée lorsqu'ils sont parvenus à sa connaissance : mais, placé à la tête de l'administration de l'État, ne devait-il pas veiller avec le plus grand soin au maintien de l'ordre public qui pouvait si facilement être troublé dans le moment toujours orageux des élections ? Les rassemblements du 19 n'imposaient-ils pas au premier ministre le devoir de prendre les précautions les plus propres à prévenir la catastrophe du 20 ? La prudente et vive sollicitude dont M. de Villèle avait donné des preuves en faveur de la tranquillité de la capitale, lors de la demande des héritiers David relativement à la rentrée en France des restes mortels du grand peintre français (V. 29 décembre 1825); cette sollicitude inspirait aux fidèles sujets du roi, à tous les bons citoyens, l'entière confiance que le président du conseil des ministres prendrait, dans sa haute sagesse, les décisions et les moyens les plus prompts, les plus efficaces pour garantir la paix publique et la sûreté des citoyens... L'attente des amis de l'ordre fut malheureusement trompée.

Le ministère Villèle a laissé violer la paix des sépulcres et profaner la religion des funérailles; il a permis qu'on insultât impunément à la cendre des meilleurs, des plus illustres citoyens; ses écrivains à gages ont calomnié leur mémoire et diffamé leurs vertus. Le ministère Villèle a peuplé la France de congrégations et de couvents; il a officiellement avoué l'existence dans le royaume d'une secte proscrite par les lois de l'État; au mépris de toutes nos lois, il a couvert de ses éloges, investi de sa protection et accablé de ses faveurs les assassins de nos rois, les sectateurs de l'ultramontanisme, les professeurs de ces monstrueuses doctrines qui placent l'autorité royale aux pieds de la puissance spirituelle; il a livré l'instruction publique aux plus mortels ennemis des libertés constitutionnelles, des lumières, de l'esprit du siècle, de la Charte, du système constitutionnel, de l'ordre légal : enfin, depuis 1822, surtout depuis 1824, chacun des actes de cette administration a été un attentat contre la loi fondamentale, une violation des droits publics des Français, une trahison envers le prince et le peuple.... Telle a été la conduite du ministère Villèle : et néanmoins, depuis

1824 jusqu'à la dissolution de la chambre septennale, aucun esprit de sédition, aucune agitation politique, aucun symptôme révolutionnaire, n'ont été remarqués dans le royaume : jamais les Français ne montrèrent plus de soumission aux magistrats, plus de respect pour l'autorité royale! L'avénement de Charles x avait été salué des acclamations unanimes de la France ; la nation entourait de ses vœux, de son amour, de sa fidélité, le trône du roi qui venait de prononcer, au pied des autels, le serment de maintenir et de défendre les libertés publiques : dans aucun des temps de l'ancienne monarchie, à aucune époque de la restauration de la maison de Bourbon, les Français n'avaient témoigné plus d'affection pour le monarque, les lois n'avaient été plus respectées, les impositions plus exactement acquittées que pendant le ministère Villèle ; et jamais ministère n'exerça autant d'actes arbitraires et ne se moqua aussi effrontément des droits et des libertés d'une grande nation.....

L'année 1827 a été particulièrement signalée par les envahissements du despotisme contre-révolutionnaire et de l'absolutisme ultramontain ; la chambre des députés leur a livré la Charte et les libertés nationales : mais la chambre des pairs, fidèle à sa noble institution, a défendu avec sagesse et avec courage les prérogatives du trône et les droits du peuple. L'opinion publique et le patriotisme constitutionnel se sont retrempés à la voix des courageux et éloquents défenseurs de nos libertés ; le système représentatif et l'ordre légal ont été sauvés au moment même où ils allaient périr sous les machinations d'un pouvoir odieux et aussi méprisé que méprisable..... Les colléges électoraux sont convoqués, et la France est délivrée d'une administration qui depuis six années opprime le peuple, avilit la nation et compromet la stabilité du trône! Quelle leçon pour les gens de 1789, s'ils voulaient réfléchir sur l'état de la France nouvelle, s'ils consultaient leurs propres intérêts, s'ils ne s'obstinaient pas à méconnaitre l'importance, l'utilité, les services de la classe moyenne (des négociants, des manufacturiers, des industriels, hommes estimables et dévoués à l'ordre) qui fait la force et qui constitue la masse de la nation; s'ils avaient enfin à cœur de prévenir les révolutions et de garantir à la France un avenir tranquille et prospère!

En attendant, M. de Villèle a été forcé de renoncer au pouvoir; c'est d'une ère nouvelle que doivent dater et la restauration administrative et les destinées constitutionnelles du royaume. Puissent les espérances qu'ont fait naître dans tous les cœurs les élections de novembre 1827, ne pas être déçues comme les espérances que l'ordonnance du 5 septembre 1816 vint donner à la France! Il y va du salut du trône, du salut du peuple, car le ministère Villèle ne peut être rétabli, la fourberie est percée à jour! Un ministère encore plus jésuitique, plus antinational et tout-à-fait de pouvoir absolu, ou un ministère de courtisans émigrés non encore corrigés, mettrait dans un imminent péril tous les intérêts politiques et sociaux.... De 1822 à 1828, l'on a essayé d'opérer la contre-révolution en employant *la ruse*, et l'on a honteusement échoué : tenterait-on aujourd'hui d'opérer la contre-révolution en employant *la violence?* L'on se précipiterait dans un abîme de calamités. Sans doute rien de facile comme les *coups d'État*, mais rien de plus difficile à soutenir, car il n'est permis qu'à un génie extraordinaire d'être impunément despote, et il faut être très-fort et dominer en outre l'opinion publique, pour gouverner par la terreur : le ministère antinational qui essaierait d'un tel moyen, creuserait le tombeau de la monarchie. Casser la chambre des députés et lui substituer une chambre nommée par une classe d'électeurs inamovibles, privilégiés, héréditaires (projet que les incorrigibles sectateurs de l'absolutisme osent déjà laisser entrevoir), ce serait abolir la Charte et sonner le tocsin d'une nouvelle révolution. Dieu veuille épargner à la France de si grandes calamités!

Puisse le ministère que Charles x, le meilleur et le plus loyal des rois, vient d'accorder à la France, entrer franchement dans la voie constitutionnelle; puisse-t-il vouloir fermement ce que veut la France, l'exécution pleine et entière de la Charte! On ne peut plus tromper les Français par de belles promesses, par des demi-mesures, par de fausses concessions en faveur de l'ordre légal: ils demandent des institutions qui soient en harmonie avec la loi fondamentale, qui garantissent les droits publics, qui protégent réellement les citoyens contre le despotisme et les prévarications des hauts fonctionnaires: espérons que le ministère de 1828 remplira sa noble vocation et exaucera les vœux de la France.

Puisse la nouvelle chambre des députés se pénétrer de la grandeur de sa mission et de l'importance de ses actes législatifs; puisse cette chambre procéder avec modération, mais aussi avec énergie, à la réparation des innombrables maux que le parti de l'ancien régime et la faction des jésuites ont déjà répandus sur la France: puissent enfin les mandataires de la nation, unis dans un même sentiment de fidélité au roi et de dévouement aux libertés publiques, être fermement convaincus que la stabilité du trône et la prospérité de l'État sont désormais inséparables de la franche et stricte observation de la Charte constitutionnelle!

Après avoir considéré la France dans sa situation intérieure, sous les heureux auspices que présente la chute du ministère Villèle, il convient de porter ses regards sur l'Europe et sur le Nouveau-Monde dont les intérêts politiques et commerciaux peuvent exercer une si grande influence sur nos destinées : sous ce rapport, l'année 1827 doit être envisagée comme une année d'amélioration, ou au moins d'espérance pour les amis de l'humanité, pour les partisans d'une sage liberté, quel que soit d'ailleurs le despotisme sous lequel gémissent le Portugal, l'Espagne et l'Italie.

Les séditions, le fanatisme, la tyrannie et l'anarchie se disputent les lambeaux d'une monarchie qui semble condamnée depuis quatre ans à subir toutes les sortes de maux et d'opprobres, afin de montrer encore une fois aux princes et aux peuples les misères du pouvoir absolu et les prospérités du régime constitutionnel : car les fléaux qui ravagent les Espagnes y perpétueront les révolutions et finiront par abîmer l'autorité royale si les conseillers du trône s'obstinent à repousser plus long-temps les leçons de l'expérience, s'ils ne cèdent pas, ne fût-ce qu'en désespoir de cause, à la nécessité d'accorder aux sujets des institutions conformes à l'esprit du siècle et aux progrès des lumières : l'absolutisme politique et le fanatisme religieux auront beau redoubler d'efforts pour dégrader les âmes et avilir les caractères, leurs cent mille bourreaux ne triompheront pas des principes de la révolution française ; ces principes ont pénétré en Espagne, les cortès de 1812, ceux de 1820 les ont proclamés comme droits imprescriptibles de l'homme, comme bases de tout corps social : ces principes sont dans tous les cœurs, ils germent dans tous les esprits, et, un peu plus tôt ou un peu plus tard, l'Espagne doit obéir au régime constitutionnel : pourquoi donc ne pas l'adopter aujourd'hui ? on préviendrait par ce moyen de grands désastres, car il doit être maintenant prouvé aux ministres espagnols que le pouvoir absolu ne saurait être long-temps maintenu dans la Péninsule ; le fanatisme religieux, ce grand ressort de l'ancienne monarchie espagnole, perd lui-même chaque jour de son crédit, de son influence : les conseillers de Ferdinand VII ont-ils rétabli l'inquisition, pourraient-ils réintégrer cet horrible tribunal dans ses fonctions? non, très-certainement non : cette considération suffit pour démontrer que le gouvernement monacal et absolu sera bientôt privé en Espagne de son principal appui, et que la liberté politique doit être par conséquent le résultat de cette tolérance religieuse dont les progrès de la civilisation et des lumières étendent de jour en jour l'empire dans les deux mondes.

Les mêmes motifs d'espérance peuvent être invoqués avec certitude en faveur du Portugal, de ce pays désolé par les mêmes calamités dont l'Espagne offre le hideux et déplorable spectacle. Don Miguel est destiné, en vertu de son titre de régent, à prendre les rênes de ce petit royaume ; mais, selon toutes les apparences, le prince qui vient de faire à Vienne un cours d'absolutisme sous M. de Metternich, aggravera les maux qu'il pourrait guérir : sa conduite dans les troubles de Bemposta et de Lisbonne, toutes ses actions jusqu'à ce jour et enfin les doctrines de tyrannie dont il a fait si ouvertement profession, ne permettent guère d'espérer que le délégué de don Pedro seconde les vœux de son frère, et obéisse aux ordres de son souverain en maintenant la Charte constitutionnelle donnée aux Portugais par l'autorité royale. Il est à craindre au contraire que le Portugal n'ait son année 1793 ; mais alors le barbare oppresseur de la Lusitanie périrait victime de sa lâche et criminelle ambition : de manière ou d'autre, la nation portugaise sera replacée un jour sous l'égide de la Charte constitutionnelle que l'empereur du Brésil lui a si généreusement accordée.

La péninsule italique est toujours courbée sous le sceptre de plomb de l'Autriche; mais les peuples de cette magnifique contrée ont connu le prix de la liberté constitutionnelle; ils l'invoquent en secret, et ils en réclameront la possession aussitôt que les circonstances politiques leur deviendront propices : les oligarques de Vienne ont beau multiplier les mesures d'oppression, mettre l'Italie au secret et tenir en chartre privée ces magnifiques contrées, ils n'arrêteront pas la marche de l'esprit humain! L'Italie a été couverte des drapeaux de la liberté, sa population a fait partie de nos armées, ses plus illustres citoyens furent long-temps associés à notre gloire, à nos succès; les principes de la révolution française ont pris racine dans cette contrée; ils s'y conservent malgré toutes les proscriptions lancées contre eux : aujourd'hui il n'y a plus qu'un moyen de prévenir les révolutions ou, en d'autres termes, d'assurer la stabilité des trônes, c'est d'accorder aux peuples les institutions politiques qu'exigent l'esprit du siècle et les besoins du corps social : l'Italie est plus avancée à cet égard qu'on ne le croit sans doute à Vienne, où d'ineptes conseillers se flattent encore d'étouffer la liberté et d'arrêter la civilisation! mais ni l'une ni l'autre ne feront halte ou ne rétrograderont aux ordres de l'oligarchie autrichienne et anglaise. C'est vers leurs monarques plus généreux, plus éclairés que les ministres dirigeant les cabinets, que les Italiens tournent leurs vœux pour un ordre légal et constitutionnel!

Depuis sept années, les populations de la Grèce redoublent de sacrifices et d'héroïsme pour conquérir leur indépendance. Le Nouveau-Monde s'est affranchi de la tyrannie espagnole. Les deux invasions de 1814 et 1815, et la bataille de Waterloo, n'ont pu remettre l'ancien despotisme en possession de la France, ni détruire les principes de liberté et d'égalité proclamés par l'assemblée constituante : la contre-révolution est devenue impossible en France ! La *sainte-alliance*, l'ancien régime et les jésuites pourraient-ils faire des dragonnades, exécuter une Saint-Barthélemy, remettre en vigueur les lettres de cachet, relever les murs de la Bastille? pourraient-ils seulement abattre les trophées de la place Vendôme? La véritable question de la liberté constitutionnelle dans les deux mondes est là, elle est en France ! L'année 1827 vient de le prouver invinciblement : l'administration Villèle, déplorable type du despotisme et de l'ignorance des anciens temps, ne vient-elle pas de tomber au seul élan du patriotisme constitutionnel?

Tous les projets de loi que cette administration a lancés, en 1827, contre la Charte, ont trompé l'attente des ennemis de nos libertés et montré, en même temps, leur faiblesse réelle, leur incapacité totale; la nation ne les craint pas plus qu'elle ne les estime; les *Croquemitaines* (ce mot n'a pas encore de synonyme politique) de 1789 et de Coblentz, de 1815 et de la sainte-alliance, ne sont plus de saison; il est mathématiquement démontré aujourd'hui que les hommes d'autrefois n'ont ni les talents, ni l'énergie, ni les ressources d'opinion nécessaires pour gouverner un grand peuple qui compte déjà quarante années d'émancipation politique : ce n'est donc point parmi eux que le trône et la nation doivent chercher leurs défenseurs, leurs soutiens : Eh! qu'ont-ils su faire depuis 1814? Des notes secrètes, des appels à l'étranger, des conspirations à l'épingle noire, à l'œillet ou à la violette, aux pétards ou aux barricades; de misérables intrigues de police, et de plus misérables intrigues de sacristie : les malheureux! Ils ont appelé l'étranger dans le sein de la France pour les aider à renverser les libertés constitutionnelles..... Ils rêvent sans cesse le pouvoir absolu, les priviléges de l'ancien régime; mais leur impéritie a été remarquable à toutes les époques où ils se sont saisis du pouvoir, et il a fallu le leur retirer en 1827 comme en 1816 pour prévenir les déchirements de la chose publique! Les hommes d'autrefois ont été jugés en dernier ressort au tribunal électoral, et le mois de novembre a prononcé l'arrêt!.... Ce n'est point en mettant sans cesse en avant leurs ancêtres et leur gentilhommerie, qu'ils obtiendront désormais la confiance de la nation; elle s'embarrasse fort peu de leurs vieux parchemins; elle veut des services qui lui soient utiles et non des prétentions qui lui deviennent funestes : elle demande des magistrats, des administrateurs qui ne soient pas ennemis de la liberté constitutionnelle, qui soient dévoués à la légitimité et à la dynastie des Bourbons, qui servent fidèlement Charles x, notre monarque bien-aimé, en lui donnant de sages conseils, et en ne lui cachant pas la vérité; qui aiment l'ordre légal, qui observent *franchement* la Charte. La nation ne peut s'accommoder ni du matériel, ni du personnel de l'ancien régime, et tout ministère qui prétendra les lui imposer compromettra la stabilité du trône et se perdra..... La chute de l'administration Villèle fournit aux hommes d'État, aux ministres dirigeants, matière à de très-graves réflexions.

Cette administration a vu tous ses projets de loi rejetés dans la dernière session... Il est donc permis d'envisager l'année qui vient de s'écouler, comme favorable à l'esprit de lumières, d'industrie et de tolérance : sous ce rapport, l'on peut considérer les élections de 1827 comme une révolution légale qui doit exercer une heureuse influence en Europe.

La dissolution du ministère Villèle ayant été le résultat forcé des élections du mois de novembre dernier, appartient en quelque sorte à l'année 1827 : d'après cette considération, nous ferons ici mention des ordonnances relatives à ce grand événement politique.

LIVRE QUATRIÈME.

ANNÉE 1828.

4 Janvier.—Ordonnance royale. — « Le sieur comte Portalis est nommé ministre secrétaire d'État au département de la justice et garde des sceaux; le sieur comte de La Ferronays, ministre secrétaire d'État au département des affaires étrangères; le sieur vicomte de Caux, ministre secrétaire d'État de l'administration de la guerre... La présentation aux emplois vacants dans l'armée nous sera faite par notre bien-aimé fils le dauphin. Les nominations seront contre-signées par le ministre de l'administration de la guerre. — Le sieur vicomte Martignac, ministre secrétaire d'État au département de l'intérieur... Sont distraites des attributions du ministre de l'intérieur, celles qui sont relatives au commerce et aux manufactures, pour être réunies aux attributions actuelles du bureau du commerce et des colonies. — Le sieur vicomte Saint-Cricq, ministre secrétaire d'État, président du conseil supérieur du commerce et des colonies; le sieur comte Roy*, ministre secrétaire d'État au département des finances.

---

* M. Roy est l'un des plus riches tenanciers du royaume; il disait, il y a un an, à un pair de France, de ses amis : « J'ai autant de mille arpents de bois que d'années; j'ai 63 ans et 63,000 arpents de bois. »

— A l'avenir, l'instruction publique ne fera plus partie du ministère des affaires ecclésiastiques.

Le nouveau ministère est composé de six membres.

L'ordonnance royale de ce jour est contre-signée par le comte Chabrol, ministre de la marine et des colonies.

Par ordonnance de même date (4 janvier), le comte de Villèle, le comte Peyronnet, le baron de Damas, le marquis de Clermont-Tonnerre et le comte Corbière, sont nommés ministres d'État, membres du conseil privé.

— Par une ordonnance en date du 3, les comtes de Villèle, Peyronnet et Corbière, ont été élevés à la dignité de pairs du royaume... Il est dérogé à leur égard à l'article 1er de l'ordonnance du 25 août 1817 (article, statuant que nul ne sera nommé pair, s'il n'a institué un majorat).

Par ordonnance du 6 janvier, la direction de la police générale, établie au département de l'intérieur, est supprimée. — Le sieur de Belleyme, procureur du roi près le tribunal de première instance de Paris, est nommé préfet de police, en remplacement du sieur Delavau... Le sieur Delavau, conseiller d'État en service extraordinaire, est nommé conseiller d'État en service ordinaire.....

Dans l'espace de quatorze années, nous avons eu neuf ministères : deux mois plus tard, la France aura un dixième ministère, composé de neuf membres ; savoir : les cinq ministres nommés par l'ordonnance du 4 janvier : M. Hyde de Neuville, pour la marine ; M. Vatimesnil, pour l'instruction publique ; M. l'évêque de Beauvais, Feutrier, pour les affaires ecclésiastiques ; M. Saint-Cricq pour le commerce.

Ainsi, depuis 1814 jusqu'à ce jour, l'administration

publique aura changé dix fois de main. — Plus de cinquante ministres à porte-feuille, autant de ministres d'État ou demi-ministres, et un nombre presque aussi considérable de quarts de ministres ou directeurs généraux, ont tour à tour interprété la Charte et régi les affaires de l'État selon les vues et l'esprit du parti ou de la faction qui les élevait au pouvoir. Comment, dans cette continuelle fluctuation des principes et des hommes, les institutions constitutionnelles auraient-elles pu acquérir la consistance et la force d'où dépendent cependant la sûreté du trône et la prospérité de la nation?

La presque totalité de ces ministres, ou demi-ministres, est entrée dans la chambre des pairs en quittant le pouvoir administratif; tous ont été dotés de traitements, de pensions, de sinécures qui ont aggravé chaque année le budget de l'État.

Les grands seigneurs de l'ancien et du nouveau régime, les favoris de cour, les séides du jésuitisme et les protégés de M. de Villèle, ont exploité les deniers publics avec une avidité et une impudeur qui n'avaient pas eu d'exemple dans les époques les plus corrompues de l'ancien régime et du directoire. On voit des fonctionnaires publics *cumuler* les places et les traitements, et toucher jusqu'à quatre et cinq traitements sous différentes dénominations. Il est tel ecclésiastique qui perçoit un traitement comme cardinal, un autre comme archevêque, un autre comme ministre d'État, un autre comme membre de la chambre des pairs, un autre comme *supplément* annuel voté par le conseil général du département, etc.; de cette manière, les hauts dignitaires du clergé sont très-richement dotés aux dépens des contribuables et au détriment des curés et vicaires, et ils retrouvent, par ces cumuls, les *abbayes* dont ils jouissaient dans l'ancien régime. — Dans l'ordre civil, on voit des fonctionnaires cumuler les fonctions judiciaires, les fonctions administratives et les fonctions de conseiller d'État, en sorte que ces fonctionnaires sont à la fois juges et administrateurs, ce qui détruit pour les affaires judiciaires tout l'ordre des compétences et ce qui tend, évidemment, à détruire les libertés publiques. — On voit des militaires réunir au traitement affecté à leur grade les appointements de conseiller d'État, de directeur général, une dotation comme membre de la chambre des pairs; indépendamment de ces cumuls, plusieurs fonctionnaires publics touchent des appointements, en qualité de membres de commissions de liquidation..... On peut dire avec vérité que, sous l'administration Villèle, le budget de l'État est à la disposition des personnages qui sont ou qui se font *ministériels*. Dans l'ancien régime, pouvoir absolu, les ministres occupaient des hôtels meublés décemment et sans luxe : dans le nouveau régime, pouvoir constitutionnel, les ministres se sont logés dans des palais où toutes les recherches de l'opulence et toutes les vanités de la plus fastueuse ostentation ont été prodiguées sans mesure comme sans pudeur : le palais de la rue de Rivoli, occupé par M. de Villèle, a été particulièrement meublé avec une somptuosité sans exemple jusqu'à nos jours; cet ameublement pouvait être appelé une *exposition des richesses de l'industrie française*..... M. de Villèle aurait poussé l'inconvenance aussi loin que la somptuosité ministérielle, s'il était vrai, comme on le dit dans le temps, que S. A. R. madame la duchesse de Berry ayant désiré, avant l'installation du ministre dans le nouveau palais des finances, visiter ce chef-d'œuvre de luxe ministériel, M. de Villèle se fût donné la liberté d'envoyer des cartes à cette auguste princesse, c'est-à-dire des *permis* d'entrer.....

« Les ministères de 1814 à 1822 n'avaient certainement pas été avares, même économes de traitements, de pensions, de sinécures, de pairies, etc. ; mais l'administration Villèle a été, sous ces rapports, de la plus extrême profusion ; aucun ministère n'a surtout prodigué la dignité de la pairie (ainsi que les deniers de l'État) comme le ministère Villèle : à lui seul, il a créé, dans l'espace de six ans, plus de cent vingt pairs, c'est-à-dire plus du tiers des membres de la chambre haute ; quant à sa gestion financière, il ne s'est jamais renfermé dans la fixation des sommes prescrites par le budget, les crédits accordés par la loi des finances ont été annuellement dépassés ; en cinq ans de temps, les dépenses ont excédé les crédits primitifs de plus de quatre cents millions : enfin, M. de Villèle a augmenté de plus d'un quart le capital de la dette publique, déjà si prodigieusement accrue depuis 1814 ; et en quittant l'administration, il laissera un *déficit* patent de près de deux cents millions.

De 1822 à 1828 (ministère Villèle), les dépenses de l'État se sont élevées au-dessus de sept milliards ; savoir :

En 1822............	949,174,982 fr.	
En 1823............	1,118,025,162	
En 1824............	992,583,233	
En 1825.. 985,895,516		
Plus un milliard aux émigrés..... 1,000,000,000	1,985,895,516	
En 1826............	976,948,919	
En 1827............	992,709,171	
Total, pour les six années.	7,015,336,983	

L'on ne saurait éviter le rapprochement suivant. Dans un espace de près de quatorze années, 1800 à 1814, les dépenses publiques de la France consulaire et impériale ne s'élevèrent pas au-dessus de *sept milliards deux cent trente-huit millions*, et la France comprenait en 1813 cent trente-trois départements! Le chef du gouvernement impérial remplit de monuments la capitale et les provinces de l'empire, créa une foule d'établissements utiles, fit exécuter d'admirables travaux, répandit d'immenses largesses sur l'industrie et les arts, entretint une armée de six cent mille hommes, eut à soutenir presque sans interruption les guerres les plus acharnées, et fit de la nation française la première nation du monde..... Et il fit tout cela, avec environ cinq cents millions (années l'une dans l'autre) d'impositions prélevées annuellement sur la France!

Quels monuments, quels grands travaux d'utilité publique, quels établissements en faveur des sciences, des arts, de l'industrie, du commerce, la France doit-elle au ministère Villèle? Il a accordé (nous disent ses panégyriques à gages) un dégrèvement sur les contributions directes : mais cette mesure ne tendait pas à alléger le poids des impôts; elle avait uniquement pour but de réduire le nombre des électeurs ou, en d'autres termes, de dépouiller huit à dix mille citoyens de leurs droits électoraux, en diminuant de quelques francs leur cote d'imposition directe afin de la faire descendre au-dessous du cens de trois cents francs exigé par la Charte. Ce dégrèvement annoncé avec tant d'ostentation par M. de Villèle, et si pompeusement célébré par les journalistes de la trésorerie, était à la fois illusoire, insultant et injuste, comparativement à l'énormité des contributions indirectes. Quelle escobarderie! le ministre diminue les recettes et accroît en même temps les dépenses! Le dégrèvement tant vanté n'a produit et ne pouvait produire aucun bien pour l'agriculture, dont les souffrances ou plutôt la détresse augmenteront chaque année; car, loin d'ouvrir aux produits du sol de nouveaux débouchés, l'administration *septennale* a fermé plusieurs des débouchés précédemment ouverts. L'on peut juger des bienfaits du *dégrèvement Villèle* par le nombre et la vivacité de réclamations que les départements à pâturages, à vignobles, à grandes usines, etc., adressent depuis trois ans aux chambres législatives; réclamations, qui déposent de la fiscalité aussi oppressive qu'inepte du ministère Villèle.

Il a adopté le *régime prohibitif* pour maxime et pour règle; ce système, M. de Villèle l'applique aux intérêts matériels comme aux intérêts politiques des Français : il veut avoir le monopole des productions territoriales et industrielles, comme celui de la Charte et des libertés publiques; il s'arroge le monopole des sels et des tabacs, si nuisible à l'agriculture : par la surcharge de taxes dont il frappe les boissons, il diminue la consommation; par l'aggravation des tarifs de douanes, il ferme à nos produits les marchés étrangers; par l'impéritie et la petitesse de ses actes diplomatiques, il ferme le Nouveau-Monde à notre commerce; en sorte que le commerce, l'industrie et l'agriculture, ont également à se plaindre de l'administration Villèle. Tous les intérêts, tous les besoins agricoles, commerciaux et industriels, sont atteints par la fiscalité de ses réglements, compromis par ses tergiversations et ses fourberies politiques, méconnus par les traités avec les puissances étrangères, blessés par ses décisions administratives ou de police, et sacrifiés aux anciens abus et aux jésuites.

La haine nationale a désigné l'administration Villèle, Peyronnet et Corbière, sous le nom de *triumvirat*.

Les trois ministres se retirent accablés d'honneurs, de pensions : jamais, dans l'ancienne monarchie, dans la monarchie des dilapidations et des abus, ministres ne descendirent du pouvoir chargés de tant de dignités et de grâces....... Mais en vertu de l'article 50 de la Charte, et aux acclamations unanimes de la France, la chambre des députés prendra en considération la proposition faite par l'un de ses membres de mettre en accusation le ministère Villèle ; elle nommera à cet effet une commission d'enquête * !

M. de Villèle a fait, dit-on, pendant le cours de son ministère, une fortune prodigieuse : s'il fallait s'en rapporter aux bruits généralement répandus et accrédités, elle s'élèverait à plusieurs millions, et l'ex-président du conseil des ministres aurait des fonds placés dans les principales banques de l'Europe : trop prudent ou trop avisé (disent ses ennemis) pour faire sous son nom de grandes acquisitions territoriales, le ci-devant ministre tiendrait en porte-feuille les immenses bénéfices que lui aurait procurés son agiotage sur les fonds publics, c'est-à-dire sa part dans les opérations financières des banquiers Rotschild et César Lapanouze ; certaines gens iraient même jusqu'à nommer un agent de change que M. de Villèle aurait chargé, il y a près de quatre ans (époque où les cinq pour cent s'élevèrent un instant à cent six francs), de vendre une rente de 186,000 fr., appartenant au ministre, négociation qui lui aurait produit 3,943,200 fr. ; elles citeraient le pro-

---

* Voyez, second volume, C, le discours prononcé par M. Labbey de Pompières, et le rapport fait au nom de la commission d'enquête.

digieux *mouvement* de fonds du trésor royal pendant l'année 1827, montant à 74,800,000,000 francs! Nous sommes intimement persuadé que l'opinion publique a été de tous points égarée relativement à la fortune privée de M. de Villèle; et nous croyons en notre âme et conscience que l'ex-ministre n'a peut-être pas trente mille francs de revenu : nous croyons fermement au désintéressement de M. de Villèle, et nous nous plaisons à lui rendre ce témoignage. Les ennemis du nouveau pair de France ont pu seuls le présenter comme un millionnaire, et attenter ainsi à sa réputation d'homme désintéressé. Sa fortune, lors de son entrée dans les affaires publiques, ne s'élevait pas au-dessus de 12 à 14,000 fr. de revenu, non compris les charges, c'est-à-dire de 10 à 11,000 fr. de rente, toutes charges et *hypothèques légales* déduites; et nous avons la ferme conviction que l'illustre pair ne se trouve pas en 1828, relativement à sa nouvelle position sociale, dans une situation pécuniaire plus brillante qu'en 1815 : les considérations suivantes tendent à fortifier notre assertion, que le caractère bien connu de M. de Villèle suffirait d'ailleurs pour rendre incontestable..... L'ordonnance royale qui l'élève à la pairie le dispense d'instituer un majorat; l'ordonnance royale qui le nomme ministre d'État, membre du conseil privé, lui confère de droit un traitement de 20,000 fr., et tout porte à croire qu'il sera doté, en sa qualité de pair, de la pension de 12,000 fr. attribuée à un grand nombre de ses collègues : or, M. de Villèle accepterait-il ces faveurs si elles ne lui étaient indispensables pour soutenir la dignité du rang auquel il vient d'être élevé, lui qui poussa le désintéressement, en 1820, au point de refuser le traitement alloué aux ministres d'État? Voilà certainement des preuves convaincantes que M. de Villèle est sorti du ministère avec une très-médiocre fortune, avec une fortune plus que modeste pour un ex-premier ministre : qui ne connaît d'ailleurs la simplicité, la modestie* et la modération de goûts qui le caractérisent? Que M. de Villèle ait fait, pendant sa toute-puissante administration, la petite fortune de ses parents, de ses amis, des serviteurs ou des courtisans qui lui étaient particulièrement dévoués et soumis, à la bonne heure**;

* Depuis 1816 jusqu'en 1821, M. de Villèle, député, se faisait remarquer par la simplicité de ses manières et de son genre de vie ; il était logé fort humblement, brossait ses habits, frottait ses souliers, ouvrait lui-même sa porte, etc. Certes, une semblable conduite annonce l'homme rangé, économe, désintéressé et par conséquent l'homme probe et essentiellement moral.

** M. de Villèle est très-bon parent ; il a fait donner des emplois à tous les membres de sa famille, de la famille de sa femme. Les Panon-Desbassyns, qui sont de race mulâtre, ont été promus à de hautes fonctions administratives, et le président du conseil des ministres a réussi à faire nommer le baron Desbassyns, membre de la chambre des députés, par le département de la Meuse (Bar-le-Duc), où il était entièrement inconnu : son fils, à peine majeur, a été nommé gouverneur de Pondichéry, et les journaux ont rendu compte de la manière dont ce jeune homme avait exercé l'autorité à lui déléguée...... Toute cette famille est parvenue très-haut, et a fait une grande fortune par la protection signalée de M. de Villèle...—Il a fait nommer son cousin, l'abbé de Villèle, archevêque et membre de la chambre des pairs ; il a donné au frère de cet archevêque la place de payeur du département à Toulouse, et au fils, à peine majeur, du payeur, la place de receveur à Douai. Il a fait nommer inspecteur des postes, M. Dancosse, marié à une de ses sœurs : une autre de ses sœurs avait épousé M. David, dit Beauregard (de la famille du capitoul David qui exerça une si grande influence dans le procès et la condamnation des Calas); devenu veuf avec quatre enfants, M. Beauregard s'étant marié en secondes noces, M. de Villèle, postérieurement à ce mariage, fit créer une place de receveur à Toulouse, en faveur de M. Vi-

mais dans une telle bienveillance il n'y a rien qui mérite le moindre blâme; le ministre peut même être loué d'avoir répandu sa protection et ses faveurs sur des individus qui n'ambitionnaient comme lui que le bien de l'État.

M. Peyronnet avait, dit-on, quelques dettes en arrivant au pouvoir, et se retire, dit-on aussi, avec une fortune brillante; mais l'opinion publique peut-elle l'accuser d'avoir profité de son administration pour s'enrichir? Non, certainement; le caractère vénérable d'un garde des sceaux, le caractère presque sacré du chef de la justice, de la magistrature et des lois, ne permet pas de soupçonner qu'un si éminent personnage n'ait pas rempli avec une profonde intégrité les fonctions dont il était investi * : M. Peyronnet n'a pas eu recours à

ves, receveur de l'arrondissement de Villefranche (Haute Garonne), afin de donner à son ancien beau-frère la place de receveur à Villefranche... Il a fait nommer préfet du Lot (Cahors), M. de Saint-Félix-Mauvémont, à la famille duquel les Villèle *de Campauliac* se trouvent alliés; ce préfet a été destitué à la suite des élections de 1827..... Il a produit sur la scène administrative M. Baron dit Montbel, qu'il a fait nommer successivement maire de Toulouse et membre de la chambre des députés..... Il a fait nommer conservateur général des hypothèques à Strasbourg, M. Baron, cousin du maire de Toulouse.... M. Baron-Montbel est cousin des Villèle de *Caraman*, il est fils de M. Baron, conseiller au parlement de Toulouse, l'un des juges qui condamnèrent Calas : les Baron-Montbel étaient des anoblis d'assez fraîche date. — On a calculé que M. de Villèle avait fait placer quatre-vingt-quinze de ses parents, ou alliés de ses parents.

* Peu d'ex-ministres ont été aussi violemment attaqués et calomniés que M. Peyronnet; à entendre ses ennemis, l'ex-garde des sceaux aurait outragé la magistrature, arrêté l'exécution des lois, attenté à l'indépendance des cours judiciaires et dénaturé la justice elle-même en organisant, dans son sein, les juges-au-

l'agiotage des fonds publics, à ces spéculations de bourse qui sont des larcins de la part des hauts dépositaires de l'autorité, puisqu'ils jouent à coup sûr contre les particuliers, et peuvent les ruiner en décidant d'avance la hausse ou la baisse des effets publics au moyen des nouvelles politiques, vraies ou fausses, dont les hauts dépositaires du pouvoir ont l'initiative ou le secret... M. Peyronnet aura fait de grandes économies sur ses appointements, il aura reçu de précieuses marques de la munificence royale : ainsi s'expliquent, honorablement pour l'ex-garde des sceaux, ses diverses acquisitions territoriales. On lisait, il y a quatre ans, dans les *Petites Affiches*, à l'article *Purge des hypo-*

diteurs pour asservir les tribunaux à la volonté ministérielle ; il aurait commis des injustices, des actes arbitraires, des dénis de justice sans nombre et de la plus extrême gravité, dans une foule d'affaires, notamment dans celles de Chauvet, de Caron, de Fabien, de Bissette, etc.; il aurait mal géré le budget du sceau des titres et disposé dans des intérêts privés d'une partie des fonds du ministère de la justice;.... Il aurait fait d'immenses bénéfices sur l'agiotage des fonds publics, et ses ennemis prétendraient qu'un agent de change aurait été chargé par monsieur le garde des sceaux, en 1826, de vendre 200,000 livres de rentes cinq pour cent à lui appartenant. — Toutes ces allégations nous les tenons pour fausses, ce sont pures calomnies, et bien certainement elles ne sauraient porter atteinte à la réputation et à l'honneur de monsieur l'ex-garde des sceaux. M. Peyronnet s'est enveloppé dans ses vertus publiques et privées, et, fort de la pureté de sa conscience, il a méprisé la calomnie : tel est le noble privilège de l'homme de bien, de l'homme juste et fort : c'est à M. Peyronnet que peut s'appliquer avec raison : l'*impavidum ferient ruinæ justum* d'Horace. Monsieur l'ex-garde des sceaux n'est pas un homme d'État, il n'est pas fort en législation, en jurisprudence, mais c'est un bon citoyen et un fidèle sujet, et nous sommes charmés de trouver cette occasion de témoigner notre estime et notre respect pour l'ex-ministre de la justice.

thèques légales, le nom de M. Peyronnet, comme acquéreur d'une propriété considérable (au-dessus d'un demi-million); depuis, il a, dit-on, acquis plusieurs immeubles de prix, et dans ces derniers temps l'ex-ministre a consacré, dit-on encore, une somme très-considérable à la construction d'un château dans les marais de Montferrand, près Bordeaux. — M. Peyronnet a été élevé à la pairie, investi du traitement de ministre d'État, et doté d'une pension de douze mille francs en sa qualité de pair de France.

Le public s'est long-temps amusé de la bibliomanie de M. Corbière, de sa passion pour les anciennes éditions d'ouvrages grecs ou latins; on s'étonnait de voir ce ministre persécuter en même temps les littérateurs et les savants, déclarer la guerre aux lumières, poursuivre à outrance la liberté de la presse, arrêter de tout son pouvoir l'instruction et l'éducation publiques; mais en gratifiant M. Corbière du titre de *nouvel Omar*, le public n'a jamais révoqué en doute la probité de sa gestion financière, et en effet aucun ministère n'a offert, depuis la restauration, une comptabilité plus régulière, plus légale; les dépenses du département de l'intérieur ont été constamment dirigées avec un ordre, une sévérité, une économie inflexibles : M. Corbière était *un Cerbère aux écus*. Ennemi du faste et de toute espèce d'ostentation publique, bourgeois dans ses goûts, très-borné dans ses désirs, le ministre a fait sur ses appointements des réserves qui ajouteront à son aisance sans lui procurer la richesse; et le public, qui n'est pas toujours injuste envers les ministres dont il critique avec le plus de justice et d'amertume les actes arbitraires, le public rend hommage à la probité personnelle de M. Corbière.

Délivré de ses *triumvirs* auxquels il serait injuste de

ne pas associer M. de Clermont-Tonnerre, si renommé par son *vigoureux coup de collier*, la France commence à respirer; elle attend d'heureuses et paisibles destinées de la révolution qui s'opère dans le matériel de la haute administration; elle se repose dans la loyauté, dans la grandeur d'âme de Charles x; elle se confie aux intentions constitutionnelles annoncées par les nouveaux ministres; elle redouble de respect et d'affection pour le monarque, et se montre prête à tous les sacrifices que réclameront encore les besoins de l'État... Mais l'ancien régime et le jésuitisme ne se tiennent pas pour vaincus; ils ont enveloppé la France dans les vastes filets tissus par le despotisme et la superstition; leurs innombrables agents occupent presque toutes les places départementales, municipales, administratives, militaires, religieuses, financières; s'ils ne peuvent faire le mal, ils empêcheront qu'on ne fasse le bien : s'ils s'arrêtent momentanément dans leur marche contre-révolutionnaire, ils ne permettront pas au nouveau ministère d'entrer dans la voie légale : irréconciliables ennemis des libertés publiques, ils chercheront au contraire à agiter les esprits, à semer des alarmes aux environs du trône, à troubler les consciences, à calomnier les défenseurs des libertés nationales, à diviser entre eux les amis de l'ordre constitutionnel : couverts du double manteau de l'hypocrisie politique et de l'hypocrisie religieuse, ils protesteront de leur inviolable respect pour la Charte, et, dans leurs conciliabules de salon ou de sacristie, ils s'écrieront que la religion est perdue, que la monarchie va périr si l'on abandonne, si l'on condamne, si l'on blâme seulement l'excellent régime de contre-révolution adopté par M. de Villèle, le ministre par excellence, l'homme d'État-modèle !

Mais M. de Villèle est entièrement démasqué et, quoiqu'il arrive, ce grand homme d'État ne reviendra jamais au pouvoir : sa vie ministérielle est terminée !… Malheureusement son système de gouvernement subsiste dans tous les moyens d'action et de force publiques ; ses agents se trouvent partout, et ils sont puissants de cette corruption politique dont leur ancien chef a fait, depuis six années, le principal ressort de l'administration ; comment entrer dans la voie constitutionnelle et légale, si l'on n'écarte pas les obstacles personnels qui en obstruent toutes les avenues ? Mais des ministres assez dévoués au bien public pour tenter cette entreprise, pourraient-ils l'exécuter ? les gens en place, en crédit, en faveur, sont beaucoup plus forts qu'eux ; les influences étrangères, l'ancien régime, l'ultramontanisme et les congrégations sont là, armés de toutes pièces et retranchés derrière cet égoïsme et cette cupidité dont les ravages s'aggravent d'année en année; il y avait autrefois le patriotisme de la gloire, on ne connaît presque plus aujourd'hui d'autre patriotisme que celui de la vénalité. Les besoins du luxe sont devenus si violents, il existe une si forte passion de dépenses effrénées et un tel appétit de hautes vanités, que les consciences politiques les mieux éprouvées ont peine à se défendre des séductions du ministérialisme ou de l'absolutisme : « Il faut se faire une position so-
« ciale, » disent ingénument des personnages honorables et connus jusqu'ici par leur dévouement aux intérêts de la chose publique; « dans ma situation ac-
« tuelle, j'ai des ménagements personnels et de famille
« à observer ; je dois par conséquent user d'une cer-
« taine modération politique, les intérêts de mon parti
« m'en font même une loi autant que mes principes.
« Défendre les libertés nationales à tous risques et pé-

« rils, soutenir la Charte de tout son pouvoir, telle est
« l'obligation du sujet fidèle, tel est le devoir du vrai
« citoyen, et l'on verra si je transige avec les *princi-*
« *pes!* Mais dans les conjonctures difficiles, il est *sage*,
« il est *nécessaire* de faire des concessions à l'arbitraire,
« ou pour mieux dire aux embarras ministériels, à la
« nécessité politique, afin de se mettre en mesure de
« rentrer, *avec le temps*, dans l'ordre légal et consti-
« tutionnel : il serait donc impolitique de fronder en
« face les abus de l'administration, il faut les tourner,
« et passer bien des choses au pouvoir ministériel afin
« de l'attirer vers nous : allons doucement, et nous
« arriverons à l'ordre légal ; n'avons-nous pas pour
« nous les *principes*, la *Charte?....* »

Telle est la profession de foi que nous avons entendu débiter à des personnages se disant éminemment *constitutionnels*... Depuis le ministère Villèle, l'égoïsme et l'ambition se sont revêtus de tous les masques, ils ont parlé toutes les langues : hommes de l'ancien, hommes du nouveau régime, contre-révolutionnaires, libéraux, tout le monde aime de passion la patrie, tout le monde veut franchement la Charte et ne respire que pour la prospérité de la France, c'est convenu et arrêté : mais tout le monde veut aussi des places, des distinctions et de l'argent, et voilà la grande difficulté pour la conscience de bien des gens! Au reste, l'on ne peut voir sans une sorte d'admiration la pureté du royalisme ; le désintéressement du constitutionnalisme de cette foule d'individus qui parviennent, de manière ou d'autre, à percer dans l'opinion publique : rien de plus noble, de plus loyal que ce dévouement au trône et aux libertés constitutionnelles dont les candidats de tous les partis font respectueusement hommage à leurs concitoyens lorsqu'ils briguent leurs suffrages dans les colléges électoraux ; mais les actions ne répondent pas aux paroles, on fait de magnifiques discours en faveur de la Charte et l'on vote en faveur de l'ancien régime : il est des hommes qu'on ne reconnaît déjà plus au bout de quelques mois; ils vendent d'abord leur conscience, ils vendent ensuite leur vote, et comme la corruption et la bassesse ont été honorées, illustrées et largement rétribuées, la corruption et la bassesse politiques s'étendent et se fortifient d'une manière remarquable, enfin le nouveau régime a, comme l'ancien, ses courtisans de l'œil de bœuf, ses aristocrates et ses jésuites.

Nous avons vu, depuis 1814, et principalement depuis 1822, de fort bons libéraux, des membres renommés de l'opposition constitutionnelle, des caractères politiques infiniment honorables entrer, avec armes et bagages constitutionnels, dans les rangs du pouvoir absolu et, qui pis est, dans la corporation jésuitique : quelques individus, célèbres par leur patriotisme de tribune ou de journal, ont baissé leur pavillon devant l'expectative d'un ministère, d'une direction générale, d'une préfecture, d'une recette départementale ou d'une riche sinécure. Royauté et pouvoir absolu, ont dit ceux-ci ; royauté et pouvoir constitutionnel, ont dit ceux-là : les uns et les autres invoquaient loyalement la loi fondamentale, ou la Charte, et les uns et les autres la mettaient encore plus loyalement de côté toutes les fois qu'ils trouvaient jour à satisfaire leurs ambitions personnelles : la chambre septennale, ou la chambre Villèle, a particulièrement offert ce spectacle... En général, tous ces Bayards, tous ces Décius du vieux et du nouveau régime ont bien jugé les temps et les lieux; ils veulent à tout prix du pouvoir, des distinctions honorifiques, des emplois qui les mènent rapidement à la fortune et aux priviléges aristocratiques ; au reste, rien de plus naturel : l'administration *déplorable* a fait surgir de dessous terre de si nombreuses sources de corruption, elle a enfanté tant de grosses fortunes et tiré de l'obscurité, ou même du néant, une si grande quantité d'hommes illustres et puissants, que l'autorité ministérielle a pu croire que peu de consciences politiques seraient à l'abri de ses faveurs, tant dans les rangs de l'opposition que dans ceux de l'absolutisme : mais l'opinion publique a déjà signalé, elle a couvert de son mépris les députés, les fonctionnaires publics qui ont livré les libertés de la nation aux usurpations de l'ancien régime : parmi eux il en est qui ont usé d'adroites réticences, d'éloquents subterfuges et de tous les tempéraments imaginables, afin de ne pas trop blesser l'ancien régime, espérant se ménager de la sorte la conquête d'un siége à la chambre des pairs, d'un titre, d'un grand cordon, et même d'un porte-feuille : cette modération et ce jésuitisme n'en imposent plus à personne, et la nation est bien décidée à retirer désormais sa confiance et son estime à ceux de ses députés qui trahiraient les intérêts de leurs commettants et livreraient la Charte à la curée de l'ancien régime.

Il faut le dire encore, le ministère Villèle s'attachait à dépraver la conscience et la morale publiques ; et comment toutes les sortes de cupidités et de corruptions n'auraient-elles pas été excitées et encouragées par ces prodigieuses fortunes dont le ministère de 1822 offrait le scandale et proclamait l'illustration ? Lorsque des hommes tels que M. de Villèle, M. Peyronnet, etc., ont pu eux-mêmes parvenir au faîte du pouvoir et des honneurs, certes il n'y a plus d'obscurités, de médiocrités, de nullités politiques qui ne puissent concevoir les plus hautes ambitions, qui ne puissent former les plus extravagantes prétentions : que leur faut-il pour réussir? de l'audace, de la souplesse et une entière soumission au jésuitisme religieux ou politique ; car le jésuitisme vend tout, dispose de tout et achète tout.

Nous nous étendons sur cette vénalité politique (qu'on pourrait peut-être appeler plus justement pourriture politique), parce qu'elle est, avec l'ultramontanisme, une des grandes plaies de la nouvelle France.

Heureusement les élections de 1827 viennent de donner à la France un grand nombre de députés honorables, généralement dévoués au roi et à la Charte, connus par leur attachement aux libertés constitutionnelles ; ils ont promis à leurs commettants de défendre ces libertés, ils ne trahiront pas sans doute leurs serments ; fidèles à leur parole, à leur réputation, ils n'abandonneront pas les principes qu'ils ont professés jusqu'à ce jour, ils n'apostasieront pas les doctrines qui leur avaient mérité l'estime de leurs concitoyens; ils demanderont des institutions départementales et communales qui soient en harmonie avec le régime représentatif et constitutionnel, institutions sans lesquelles la Charte ne serait qu'un vain mot, une dérision : non, ces cent cinquante membres environ de la chambre des députés qui vont remplir le côté gauche ou les bancs de l'opposition, ne se manqueront pas à eux-mêmes ; ils seront dignes de la mission qui leur est confiée.....
Non, la chambre de 1828 ne reproduira pas le scandale de servilité et de corruption donné par la chambre de 1824! les rangs de l'opposition constitutionnelle comptent beaucoup de beaux, de nobles caractères politiques; la France se confie à leurs serments, à leur honneur. Les Lafayette, les Casimir Périer, les Dupont de l'Eure, les Bignon, les Labbey de Pompières, les Ben-

jamin Constant, etc., etc., etc., si justement honorés pour leur dévouement à la royauté et aux libertés publiques, ont donné un exemple que tous leurs collègues du côté gauche s'empresseront sans doute d'imiter; on peut donc se reposer avec confiance sur leur loyauté, sur leur incorruptibilité, du zèle et du courage avec lesquels ils soutiendront les droits du trône et les droits du peuple.

Heureusement encore, l'opinion publique, la conscience nationale, la liberté constitutionnelle, ne dépendent plus en dernière analyse des intrigues de cour ou des machinations de coteries, elles ne se soumettront pas aux vues ambitieuses et perfides d'une secte ou d'un parti, quel que soit le nom dont se couvrent les contre-révolutionnaires politiques ou religieux! Une nation toute neuve s'est formée et elle est meilleure, à tous égards, que la nation de 1789 : les jeunes gens de vingt ans, de vingt-cinq ans, ont aujourd'hui plus de connaissances positives, plus d'expérience politique que n'en avaient alors les hommes de quarante ans ; la supériorité des premiers sur les seconds en fait de talents, d'instruction, d'énergie et de patriotisme, est véritablement prodigieuse ; nos jeunes gens se vouent à des études sérieuses, à de profondes et sages méditations; ils se préparent ainsi à porter dignement le titre de citoyen et ils en sentent tout le prix : cette génération de vingt à trente ans parvenait à l'adolescence, à l'époque de la restauration, elle est destinée à sauver la liberté constitutionnelle; l'ancien régime ne prévaudra pas contre elle.

Quoiqu'ils fassent, les hommes et les congrégations d'autrefois ne réussiront pas à détruire la liberté de la presse; et la liberté de la presse c'est la Charte. Sans doute l'ancien régime, les priviléges et le bon plaisir ministériel ont gagné beaucoup de terrain depuis quinze ans; il ne pouvait guère en être autrement d'après les événements survenus en 1814 et 1815; la bataille de Waterloo surtout devait donner et a donné aux vieux despotismes une grande influence sur les destinées de la France qui s'est trouvée dès-lors tout-à-fait assujettie aux préjugés, aux abus et aux prétentions des incorrigibles de 1789 : mais tout en revendiquant leurs priviléges qu'ils appelaient leurs droits, les hommes de l'émigration, les hommes d'autrefois ont été contraints de transiger avec l'opinion nationale, et les noms de *Charte*, de *constitution*, de *système représentatif* ont été prononcés; l'esprit constitutionnel s'est implanté dans la masse de la nation, il y a jeté de profondes racines; le régime monarchique et représentatif a été proclamé, reconnu, garanti à la nation française; ce régime compte déjà quinze années de sanction, de serments, d'existence; il a résisté à toutes les attaques extérieures et intérieures, et maintenant l'Europe entière ne serait plus assez forte pour le renverser : les factions ultra-royaliste et ultramontaine qui agitent la nation et l'État depuis 1814, ont pu blesser plus ou moins gravement le nouveau régime, mais elles ne l'ont pas vaincu, tant s'en faut: les élections de 1827 viennent de lui donner une force ou plutôt une vie nouvelle; la Charte est désormais indestructible..... et, bon gré malgré, il faudra un jour exécuter la Charte et rapporter ces lois du double vote, de la septennalité, etc., (rendues sous l'administration Villèle) qui avaient pour but de détruire les libertés nationales; il faudra bon gré malgré rendre effective et réelle la responsabilité des ministres.

En attendant, les irréconciliables ennemis des libertés constitutionnelles n'ont pas renoncé, dit-on, à l'espérance de les immoler de manière ou d'autre au pouvoir absolu : les élections de 1827 ne leur ouvrent pas les yeux, et ils se flattent toujours de remettre la France sous le joug de l'ancien régime.

Ah! qu'ils seraient à plaindre ceux qui espèreraient encore faire casser la transaction passée entre le trône et le peuple; et combien leur sort deviendrait irrémédiable, si leurs parricides vœux pouvaient être exaucés! Tremblez, insensés, qui nourrissez un si funeste rêve : la nation est et sera toujours mille fois plus forte que vous; la nation veut la monarchie des Bourbons et la Charte constitutionnelle, elle ne se laisserait pas réduire sous le joug de l'ancien régime, vous péririez corps et biens!... et quoi, avez-vous oublié ces années effroyables de 1792, 93 et 94, contre lesquelles vous lancez de si justes anathèmes? les catastrophes de Louis XVI, de Louis XVII, de Marie-Antoinette, que vous précipitâtes par votre faux zèle, par vos funestes conseils (ainsi que l'atteste le divin testament de Louis XVI), ces catastrophes sont-elles sorties de votre mémoire? auriez-vous déjà perdu le souvenir de ces proscriptions, de ces confiscations, de ces ventes de propriétés nationales qui vous laissèrent sans patrie, sans famille, sans moyens d'existence?, ne vous rappelleriez-vous plus, enfin, ces longues années d'exil, d'humiliations, de misères où vous erriez, tendant la main, dans des terres inhospitalières ou perfides? Vous ne voudriez pas courir le risque de recommencer une semblable carrière d'infortunes et de douleurs : eh bien, vous n'avez qu'un moyen de l'éviter, c'est de vouloir de bonne foi ce que veut le plus sage, le plus religieux, le meilleur et le plus loyal des rois ; c'est de prouver votre fidélité à la royauté et à la légitimité, en respectant, en observant la Charte qu'elles nous ont donnée; c'est de ne pas outrager et irriter la nation, en la dévouant à la superstition et au despotisme des anciens temps; c'est de renoncer sincèrement à de prétendus droits, à des priviléges et à des abus abolis pour toujours; c'est enfin de professer, non pas en paroles (la nation n'y croit plus, et les plus beaux discours n'en imposent plus à personne), mais en actions, les doctrines constitutionnelles et de parler franchement la langue nationale! Alors le trône des Bourbons que tous les Français chérissent, deviendra inébranlable; alors vous serez aimés, vous serez honorés par vos concitoyens; alors la nation sera tranquille et heureuse, et la France reprendra en Europe le rang qui lui appartient : alors, mais seulement alors, l'abîme des révolutions sera fermé en France.

Fasse le ciel que le nouveau ministère (il annonce les meilleures intentions), réalise les vœux que forment tous les bons Français pour la gloire et la prospérité de l'auguste dynastie de nos princes; et puisse la France entrer, enfin, dans cet ordre légal et constitutionnel dont le ministère Villèle ne conservait encore les formes que pour établir, sur les débris de la Charte, le pouvoir du bon plaisir, des nobles et des prêtres!

PIÈCES SUPPLÉMENTAIRES.

(A)

LETTRE DE L'ABBÉ DE *** AU COMTE DE V******;
DATÉE DE LONDRES.

(14 août 1805.)

Ce document ayant été très-répandu en Angleterre, appartient à l'histoire. Il jette un si grand jour sur les intrigues employées par l'émigration française et sur les conséquences déplorables qui en résultèrent, jusqu'en 1814, pour la maison de Bourbon, que nous avons cru ne pas devoir passer un tel document sous silence : l'importance du sujet excuse la longueur de la citation.

« Monsieur le comte, dans toutes les occasions où j'ai été forcé de parler des hommes qui ont consommé notre ruine, j'ai toujours fait une exception en votre faveur, et je suis bien sûr de ne vous avoir jamais offensé : je n'ai donc dû apprendre qu'avec un étonnement mêlé de quelques regrets, que vous colportez les calomnies inventées par les hommes pervers, en y ajoutant encore, et j'ai acquis le droit d'étendre jusqu'à vous les réflexions et les justes reproches qui font l'objet de cette lettre.

« Vous avez dit dans plusieurs maisons françaises,

et même chez des Anglais, que j'étais un homme très-dangereux..... Vous avez dit que j'étais un agent de Bonaparte auprès du roi..... que j'étais un vil débauché qui, dans tous ses voyages en Allemagne, traînait à sa suite une prostituée qu'il entretenait..... un homme perdu de réputation, qui n'osait se présenter nulle part.

« Nous connaissons, monsieur, combien les courtisans de votre espèce sont habiles à détourner les regards du public de leurs excès, en les fixant sur quelque victime de leur malignité; aussi dois-je m'attendre que vos dignes amies, ces duchesses et ces femmes de cour, plus titrées par leurs vices que par leur naissance, ne tarderont pas à m'accuser d'avoir volé le roi et le gouvernement britannique et d'avoir fait égorger des milliers de sujets fidèles, soit par ineptie, soit pour satisfaire ma cupidité. Mais convenez pourtant, monsieur le comte, qu'il y a bien de la maladresse dans votre tactique. Si je voulais récriminer, combien n'aurais-je pas d'avantages sur vous? car à présent ma prétendue inconduite n'est encore attestée que par vous et vos pareils, et ma vie du moins n'a pas été, comme la vôtre, un scandale pour la France et l'Europe entière. Les dignes censeurs que messieurs de votre faction! et qu'il vous sied bien à tous de parler de mœurs!

« Comme j'ai bien réfléchi, et que j'ai été condamné à vous connaître et à connaître tant de misérables, j'ai aussi appris à les deviner. Je suis donc convaincu que le calomniateur le plus déhonté, un courtisan de Versailles, par exemple, vous-même, monsieur le comte, trahit toujours par quelque endroit le secret de sa perfidie; et c'est pour cela que je me suis fait rendre, avec beaucoup de soin, tout ce que vous avez dit de moi. J'ai su que, pour vous montrer impartial, vous m'accordiez de la capacité..... Sans fausse modestie, je puis vous dire, monsieur, que, lorsque je m'estime ce que je vaux réellement, je ne suis jamais tenté d'avoir de l'orgueil; et vous savez si l'on peut tirer vanité de valoir mieux que vous tous. Vous dites ensuite que je suis un homme dangereux, et voilà tout juste le bout de l'oreille.

« Il y a bientôt sept ans que M. le baron de Roll écrivait la même chose au comte d'Avaray. Il était vrai que j'étais dès-lors dangereux pour les sots et pour les fripons; il est encore vrai que je n'ai pas cessé de l'être. Combien ce monsieur de Roll doit être flatté d'avoir rencontré dans notre langue un mot si heureux que, sept ans encore après, M. le comte de V******, l'homme le plus *poli* de la cour, comme on peut s'en apercevoir, s'honore de le répéter? Et ce n'est pas même sans quelque courage, car alors déjà le roi eut la bonté de faire écrire à M. de Roll, « qu'il me regardait comme un serviteur fidèle, et qu'il entendait que ce monsieur de Roll ne se permît plus d'écrire sur ce ton-là. »

« Je ne le nie point; oui, monsieur, je suis un homme très-dangereux, car j'ai tout su et n'ai rien oublié. Je sais l'histoire de toutes les perfidies; j'ai connu toutes les intrigues; j'ignore seulement le terme de tant de bassesses et de tant de friponneries. A chaque voyage que j'ai fait en Angleterre, les hommes de votre faction se sont agités en tous sens, comme si la source de l'or était prête à se tarir pour eux. Aussi, disais-je à M. le comte d'Escars, dans une lettre que j'eus l'honneur de lui écrire en arrivant ici, que ceux qui se sont fait une douce habitude de regarder les affaires du roi comme leur patrimoine, étaient également effrayés, et de la réputation la plus modeste, et de l'apparition d'un homme sans reproche.

« Oui, monsieur, je suis un homme très-dangereux ;
car si j'abordais un ministre, je pourrais lui dire que
« le roi est constamment obligé de prendre sur son mo-
« dique revenu de quoi payer ses agents et sa correspon-
« dance; qu'il n'a jamais connu, ni la quantité, ni la qua-
« lité des secours que la Grande-Bretagne a accordés, ni
« l'emploi qu'on en a fait ; que les dispensateurs de ces
« fonds disaient aux agents du gouvernement : *Nous*
« *sommes condamnés à cacher au roi les projets les*
« *plus utiles, parce qu'il n'a aucune confiance dans*
« *le ministère britannique ;* et ils écrivaient au roi *que*
« *les ministres se défiaient de ses agents, et ne leur*
« *permettaient pas de communiquer ses desseins.* —
« Je leur dirais que, sur deux affaires particulières,
« j'ai vu voler, dans une semaine, dix-sept mille cinq
« cents livres sterling..... » Si jamais je parlais au public, je lui prouverais que « le roi a improuvé le sys-
« tème de désolation inventé par de cupides agita-
« teurs, et j'ajouterais que dans l'automne de 1803
« Sa Majesté donna plusieurs fois, et toujours inuti-
« lement, des ordres pour faire revenir de France le
« malheureux Georges, car, disait-elle, il n'y a plus
« rien à remuer dans son pays que des cendres. »

« Si le moment était venu, je publierais les sept
lettres politiques que j'adressai en 1802 à M. le comte
d'Escars, et l'on jugerait si vous avez deshonoré, monsieur le comte, la cause la plus sainte, faute de bons conseils ; on y lirait avec quelque étonnement ce que je disais
sur le chapitre des conjurations, considérées seulement
quant aux résultats, et l'on apprendrait avec indignation que votre acharnement à me persécuter date de
l'époque où j'ai dénoncé le brigandage des hommes qui
trafiquent si scandaleusement de la confiance des princes et de l'avenir de tous ; de l'époque où j'ai tâché vai-

nement de faire prévaloir un plan honorable et utile sur des projets désastreux et flétrissants.

« Oui, monsieur, je suis dangereux, et très-dangereux, car je conserve assez de lettres originales qui attestent la stupidité des uns, l'insatiable cupidité de quelques autres, et la mauvaise foi de tous. Je puis montrer du doigt les articles du *Moniteur* où sont rapportées les diatribes virulentes de vos agents contre tous ceux qui ont été honorés de la confiance du roi, et j'ai encore dans mes papiers la relation des indignités que se permit, sur Sa Majesté, un de vos coryphées, dans un dîner solennel qu'il donna à Paris, au mois de mai 1800. Ce que je sais le mieux, c'est la vie de cet homme (cet ex-prélat), accoutumé à semer les malheurs dans les malheurs, qui renia ses aïeux pour consoler son orgueil, et ne perdit jamais une occasion de redevenir bas valet pour satisfaire sa cupidité.

« Mais ce qui me rend bien autrement dangereux, c'est le profond mépris que j'ai pour vous tous, entendez-vous, monsieur le comte, pour vous tous; c'est la force et l'énergie de mon caractère qui n'a jamais fléchi que devant la vérité et la justice; c'est la conviction où je suis que l'heure a sonné où il faut faire pousser par l'indignation publique un cri si perçant, que nos malheureux princes soient enfin effrayés de la conjuration qui les assiége; c'est que, jetant mes regards sur l'avenir, il m'est démontré qu'on ne peut leur ménager l'intérêt de la postérité, qu'en vous livrant à sa juste censure; comme on ne pourrait rien pour eux dans le présent, qu'en les forçant de séparer leur cause de la vôtre.

« Je n'aurai pas du moins à me reprocher d'avoir célé au roi cette dernière vérité, la plus importante de toutes. Ma correspondance et les Mémoires que je lui ai présentés depuis neuf ans, en motivant votre haine, me vengeront un jour de vos calomnies, et j'aurai encore l'avantage bien rare d'être resté Français en servant un prince malheureux.

« Je vous entends tirer avantage de cet aveu ; parce que je n'ai pas voulu être stupidement agitateur à votre profit, parce que j'ai dévoilé de monstrueuses iniquités, et des iniquités tout-à-fait antifrançaises ; parce que j'ai combattu de tout mon pouvoir un système qui devait, comme cela est arrivé, rallier autour du nouveau gouvernement tous les intérêts, tous les amours-propres et toutes les ambitions, vous en concluez que j'étais auprès du roi l'agent de Bonaparte..... Malheureux ! vous mentez à la fois aux hommes, à votre conscience et à Dieu. Je révèlerai quelque jour la turpitude qui a enhardi vos ducs et vos comtes à répandre cette atrocité : cette turpitude de vos faiseurs date des premiers jours de mars ; ils *m'entendront*, et j'ai de quoi les confondre. Je ne m'abaisserai pas jusqu'à présenter l'histoire de ma carrière politique ; mes longs et périlleux services sont connus de tout le monde ; ils sont avoués par le roi, qui a confondu votre méchanceté en me couvrant de son estime : mais je vous dirai que vous ne trouverez pas un traître parmi les hommes de son choix. Les traîtres, monsieur le comte, c'est vous tous qui les avez choisis, qui les avez protégés, qui avez surpris la confiance de *Monsieur* en leur faveur. Osez le nier ! M. de V******, je pourrais en citer dix, sans rien préjuger sur ceux qui sont peut-être parmi vous.

« Encore un mot, monsieur ; réfléchissez et soyez prudent : j'appartiens à cette classe d'hommes que la conviction, et non la vanité ou l'intérêt avait donnés au roi : ceux-là ont toujours mieux aimé mourir avec gloire que de vivre avec infamie.

« Le gouvernement français place mieux son argent, qu'à entretenir des traîtres auprès du roi; il sait très-bien que ce prince n'est redoutable que par son droit, sa sagesse et ses lumières; il sait que les projets insensés ne se sont jamais formés dans ses conseils, et que sa pauvreté ne lui permettrait pas d'entretenir des agitateurs, quand sa politique et son patriotisme n'auraient pas proscrit leurs perfides intrigues. Le gouvernement français ne fait pas à prix d'argent ce qu'il est sûr d'obtenir de votre incapacité et de vos misérables passions. Nommez un homme *parmi vous* que le ministre le moins jaloux de sa réputation et de la gloire de son maître eût osé proposer dans ses derniers temps pour la résidence de Genève, quoique alors vous eussiez de quoi payer des sécrétaires! Grand Dieu! ce sont pourtant ces hommes qui prétendent au privilége exclusif de diriger des affaires qui eussent justement effrayé les Richelieu et les Albéroni; ce sont ces hommes qui n'ont encore pu souffrir au service du roi personne, soit au dehors, soit au dedans; ce sont ces hommes sans plan, sans idées, sans conception, qui fatiguent les ministres et se plaignent indécemment de n'être pas exaucés par le génie de la Grande-Bretagne; ce sont ces hommes enfin qui tiennent dans leurs mains les destinées de la France et du monde entier, et qui sont assez niais pour se croire formidables au gouvernement le plus vigoureux qui ait existé depuis la république romaine.

« Circonvenir les princes, s'emparer de leur confiance, écarter les talents, exaspérer tous les amours-propres, repousser avec intolérance ceux qui se sont égarés un moment, dégoûter les hommes utiles, semer des soupçons et des calomnies, employer des fripons et des sots..... voilà, ce me semble, l'instruction qu'eût donnée à ces gens le génie de la révolution. Répondez-moi ! N'est-ce pas là ce que vous avez fait, ce que vous faites, ce que vous ferez *toujours?*

« Il faut vous dire encore ce que j'ai dit tant de fois, que, « dépouillée de tous ses excès, la révolution fran-
« çaise ne fut que la lutte des talents et des amours-
« propres contre le crédit des grands, leurs vices sans
« cesse renaissants, leurs prétentions exclusives, leurs
« dégoûtantes bassesses et leurs superbes dédains. »
Louis XVI perdit la couronne et la vie pour n'avoir pas compris cela dès le principe; et, lorsqu'on lui fit entrevoir cette terrible vérité, il n'était plus temps. Par quelle fatalité ses augustes frères, pour conquérir la monarchie tout entière, s'abandonnèrent-ils à ceux qui n'avaient pas su se défendre contre une poignée de factieux? Comment montrèrent-ils, à la tête de leurs conseils et de leurs armées, les mêmes hommes qui manquèrent de prudence et de résolution lorsqu'il en fallait si peu pour conjurer l'orage? Pourquoi souffrirent-ils ces prétentions odieuses, cette jactance si déplacée, cette intolérance à la fois absurde et injuste, qui recrutait l'état-major des ennemis de tant d'hommes capables? Pourquoi souscrivirent-ils à tant de choix faits par l'intrigue, même par la galanterie? Ah! pourquoi? C'est qu'ils étaient circonvenus par des courtisans, dominés par des vampires qui parlaient sans cesse des légitimes droits? Eh! pouvaient-ils ne pas l'être, nos malheureux princes? Jeunes encore, se défiant d'eux-mêmes parce que l'expérience leur manquait, se confiant dans les autres parce que leur cœur était droit, ne soupçonnant pas le mal lorsqu'il s'agissait de l'intérêt de tous, ils crurent trouver la vérité dans ceux qui s'exprimaient avec le plus de violence contre les erreurs, la probité dans ceux qui faisaient de si belles

phrases sur la vertu, la fidélité dans ceux qui leur montraient partout des traîtres. Les courtisans sont des vers qui filent de la soie, dit Montesquieu ; le moyen de se déprendre de tant de fils adroitement tendus!

« Mais ce qui ne peut s'expliquer que par les décrets éternels, c'est que nous voyons encore au même poste, sous les yeux du gouvernement le plus éclairé, ces mêmes hommes dont le nom rappelle tant d'abus, dont l'impéritie a causé tant de maux et l'orgueil tant de désastres, dont l'envie a écarté tant de serviteurs capables, dont la cupidité a épuisé tant de ressources, dont l'agitation a brisé tout notre avenir ; ces hommes, dont la carrière politique n'a été marquée, ni par les demi-succès qu'obtient quelquefois la médiocrité, ni par ces revers éclatants qui honorent encore une défaite ; ces hommes enfin dont les prétentions sont tout juste en raison inverse des talents, et dont l'ambition et le crédit justifieraient encore une autre révolution, si une révolution pouvait jamais être justifiée par des excès.

« Voilà l'objection insoluble pour tous ceux qui s'occuperont encore de la *restauration*. Contre ce seul fait viendront se briser, et les intentions paternelles de Sa Majesté, et les instructions données à ses agents, et les déclarations faites à son peuple.

« A en juger par votre zèle hypocrite, on croirait du moins que si vous êtes, monsieur le comte, pauvres d'esprit, vous êtes riches en vertus monarchiques ; on croirait qu'en proscrivant les talents que vous ne trouvez pas assez purs, vous avez fait des choix plus heureux et surtout plus édifiants. *Risum teneatis amici...* Parmi les nombreux agents que vos intrigues à tous ont jetés dans les affaires, nommez-m'en un seul qui ait conservé quelque droit à l'estime publique ; je les ai vus la braver souvent, en affichant les déréglements dont vous m'accusez. Ainsi voyageaient les D***, de glorieuse mémoire, le fameux B***, et le très-cher abbé Le M***. L'accueil obligeant qu'ils ont reçu de vous, contraste trop avec la sévérité que vous déployez envers moi, pour qu'il ne soit pas prouvé, fussé-je aussi coupable, que je pourrais prétendre à la même indulgence si j'étais assez lâche pour me mettre aux gages de votre ineptie et de votre cupidité.

« Mais vous, monsieur le comte, dont votre faction n'a fait un petit saint que pour accréditer dans le monde les calomnies les plus atroces, et qu'elle accuse déjà de fanatisme depuis que le succès a trompé ses espérances, comment avez-vous su que dans tous les voyages je traînais à ma suite une prostituée? La charité vous ordonnait de le taire si vous êtes un saint, et si vous êtes seulement un honnête homme, la probité vous défendait de le publier sans en avoir la preuve. Or, je défie tous vos suppôts de produire un seul témoin d'une pareille inconduite. Vous en ferez une habitude; j'y consens, si qui que ce soit au monde m'a vu une seule fois voyageant en Allemagne, en Prusse, en Autriche, en Russie, en Angleterre, je ne dis pas avec une prostituée, mais avec une femme. Quelle crédulité est la vôtre, monsieur, si vous avez pu admettre qu'un homme qui partait de Werling, ou d'Augsbourg pour se rendre à Mittau par la saison la plus rigoureuse, et qui y arrivait sans s'être couché deux fois, eût eu le besoin ou la cruauté de traîner une femme après lui! Eh! où donc ai-je pris de l'argent pour satisfaire des goûts aussi dépravés? La dépense que j'ai faite dans tous mes voyages, a été réglée et arrêtée dans une assemblée d'agence tenue à Cobourg le 9 mai 1801, et l'état en a été envoyé au roi. Comme mon exemple ne fut imité par personne, j'exigeai, dans cette même séance, une déclaration portant que je n'avais aucune part à l'administration des fonds accordés par l'Angleterre, depuis le 1ᵉʳ février 1798 jusqu'à ce jour 9 mai 1801, et je donnai ma démission. Quel est celui de vos messieurs qui peut produire un pareil titre d'honneur?

« Je vous livre ma vie tout entière, monsieur, et je ne redoute point la censure la plus sévère : j'en ai passé la saison la plus orageuse dans un séminaire célèbre pour sa régularité; j'y ai vécu neuf ans, et par mon application, j'y ai acquis toute la gloire à laquelle on pouvait prétendre dans la carrière de nos études. Vous trouverez à Londres plusieurs hommes estimables qui me connurent alors; interrogez-les sur mes mœurs : vous en trouverez qui m'ont connu à Arles en Provence; qu'ils vous disent si l'illustre martyr de l'Église gallicane me rangeait dans la classe des hommes corrompus? Vous en trouverez ensuite qui m'ont vu en Suisse, en Allemagne, à Vienne, à Mittau, à Varsovie et à Londres : qu'ils citent une habitude, une intrigue, un attachement criminels. Dans un pareil procès, c'est à vous à prouver, et je vous déclare calomniateur jusqu'à ce que vous ayez établi des faits aussi graves; la présomption sera du moins en ma faveur, car il n'est guère vraisemblable que j'osasse défier des hommes aussi déhontés que vous, si ma conscience ne m'en inspirait le courage.

« Quand on ne croit pas à la possibilité d'un meilleur ordre de choses; quand on a de puissantes raisons pour ne pas souhaiter le règne des talents; quand on ne se propose qu'un but, celui de tirer parti pour sa fortune des circonstances les plus désespérées, sans doute on a du temps de reste pour les plaisirs. Les correspondances et les mémoires sont abandonnés à des mercenaires, et l'on n'a à s'occuper que des moyens d'obtenir de l'argent.

« Mais quand on n'aime point l'argent ; quand on n'est autrement dans les affaires que par dévouement ; quand on met toute sa gloire à justifier par quelque succès le choix d'un prince malheureux ; quand on n'a d'ambition que dans l'avenir, et qu'on peut avoir assez de confiance en soi-même pour s'y marquer une place honorable ; quand on n'a pas une pensée, quand on ne forme pas un projet qui ne se rattache au grand intérêt de tous ; quand on est convaincu que, si nous avons contre nous vos malheureuses passions, la force des choses est et sera encore long-temps pour nous..... alors, monsieur, on médite la nuit ce qu'on doit faire le jour ; on réfléchit sans cesse sur les causes de cette effroyable révolution, parce que le remède doit être approprié à la cause du mal ; on observe sa marche accélérée ou rétrograde ; à l'aide de l'histoire de tous les peuples, on détermine avec précision la durée de telle ou telle forme de gouvernement, ce qu'il faut donner au temps ou à l'action ; on estime ce que la paix ou la guerre peuvent amener de chances favorables ou désastreuses ; on étudie surtout les caractères ; on tâche de démêler les intrigues, on combine le passé avec le présent, et tous deux avec l'avenir ; on calcule la résistance des amours-propres et des intérêts, et l'on s'exerce à ne parler que le langage qui convient aux temps et aux défiances ; on saisit ces nuances délicates qu'indique souvent la tendance des volontés ; on épie les craintes de l'ennemi, que trahissent toujours les mesures de sa prudence...... Il faut du temps, et beaucoup de temps pour se former une théorie sûre, comme il faut une longue expérience qui ne s'obtient qu'à travers mille périls, pour acquérir ce tact révolutionnaire qui fait juger sainement des hommes et des choses, et qui, dans les moments de crise, supplée la réflexion parce qu'il en est l'habitude.

« Joignez à ce travail toute l'assiduité qu'exigeaient de nombreuses correspondances, si pénibles pour qui n'avait pas de quoi payer un secrétaire avec toutes les précautions nécessaires; ajoutez-y le temps qu'il fallait perdre à combattre vos chimères, à déjouer vos intrigues, à repousser vos calomnies; et montrez-moi une heure qui ne fût pas remplie par d'accablantes réflexions. Ce n'est pas dans un cœur plein d'amertume que se glisse l'amour des plaisirs; il n'appartient qu'à l'insouciance et à la cupidité de boire dans la coupe de la volupté le sang des victimes.

« Je ne sais ce qui doit étonner davantage, ou de votre assurance à dire les choses les plus absurdes, ou de la crédulité de ceux qui sont vos dupes : parce que par habitude, par goût, et peut-être par devoir, je vis dans la retraite, vous en concluez que ma conscience m'y condamne; mon exemple du moins serait bon à imiter, car c'est déjà quelque chose que de rougir de ses déréglements. Mais, dites-moi, monsieur, ce qui peut m'attirer dans le monde? serait-ce pour apprendre à vous connaître? Cette lettre prouvera s'il me reste quelque chose à faire. Serait-ce pour vous écouter? J'emploie mieux mon temps. Pour grossir le nombre de vos flatteurs? je ne mens jamais à ma conscience. Pour redresser vos opinions? vous ne m'entendriez pas. Pour mériter du moins l'honneur de votre protection? je ne veux la protection de personne : ce que j'obtiendrais par mon zèle, par mon travail et mes services pourrait me flatter, mais j'aurais trop à rougir de ne le devoir qu'à la faveur.

« Il serait trop difficile, peut-être impossible, de

concilier l'indulgence que réclame le malheur, avec les devoirs qu'impose la confiance du roi, pour que celui qui en a été honoré se fasse une habitude d'aller dans le monde. Quand on est bien convaincu, comme je le suis depuis ma sortie de France, que le roi ne peut être rétabli que par les hommes de la révolution, et que ceux-ci ne le voudront jamais, si l'on ne parvient à leur inspirer quelque confiance, il y aurait de la lâcheté à s'associer à toutes les haines, et de la cruauté à combattre toutes les folles espérances. Ce serait trahir la cause que l'on sert, que de ne pas s'élever avec indignation contre tout projet de vengeance ; ce serait aussi ôter aux victimes toute consolation humaine que d'absoudre les coupables au nom de la politique. On ne peut combattre l'intolérance sans affliger les amours-propres ; on désespère les préjugés ; on soulève contre soi toutes les vanités si l'on accorde la première place aux talents.

« Ce n'est point à un homme dont l'opinion serait suspectée qu'il appartient de ramener les esprits et les cœurs à des sentiments plus conformes à notre humble fortune : ce serait à vous, messieurs, s'il restait dans vos âmes un grain de patriotisme, et si vous étiez capables d'un généreux sacrifice. J'apprends au contraire que dans vos cercles vous n'accordez aux Français ni talents ni vertus ; que vous confondez toutes les époques et toutes les classes ; que votre malignité s'exerce de préférence sur nos compagnons d'infortune, condamnés par vos intrigues et vos dédains à chercher ailleurs des consolations et des ressources. Après avoir écarté leur influence, vous craignez que celle qu'ils peuvent acquérir ne dépose contre votre perfidie. Vous ne voulûtes pas qu'ils servissent le roi au dehors, et vous leur fîtes un crime de se rendre utiles à leur pays. Votre haine stupide confond les Français qui tiennent dans leurs mains nos communes destinées, avec les hommes qui les gouvernent. Vous appelez la désolation sur le sol de la France ; tout ce qui peut contribuer à sa ruine vous transporte et vous ravit ; et vous osez vous plaindre de l'apathie de la nation et du peu d'intérêt qu'elle vous porte! Vous prétendez à la gloire d'hommes d'État, et vous dites, pour justifier vos excès, *pourquoi n'osent-ils pas secouer le joug?* Comme si dans tous les temps et tous les lieux la multitude n'était pas contenue par un petit nombre de bras! comme si une révolution s'opérait à volonté! comme si le gouvernement français actuel était composé de courtisans sur lesquels il n'y eût qu'à souffler! comme si l'opinion publique, toujours arrêtée dans sa course par vos agitateurs, avait pu se mûrir et produire les fruits qu'elle promettait! comme si le crédit que vous avez su conserver, la faveur dont vous jouissez, et la haine que vous affichez pour les hommes capables, pouvaient encourager les efforts des hommes qui ont en France de l'ambition, des moyens et de l'honneur.

« Encore une fois, qu'irais-je faire dans le monde? pour complaire à mes amis, et aussi pour connaître un compatriote estimable, je me fis présenter chez M. Shirley ; vous étiez aux écoutes pour traverser mes discours, et dès le lendemain vous eûtes l'effronterie de dire que j'avais déclamé violemment contre le roi et S. A. R. *Monsieur*. M. Shirley a déclaré par une lettre, honorable pour moi, que j'avais parlé du roi avec respect et admiration ; cette lettre a été envoyée à Sa Majesté, qui a témoigné à M. le comte d'Escars toute son indignation sur cette infamie. Je n'avais point parlé de Son Altesse Royale, parce qu'il n'en avait pas été question, et M. Shirley, en se taisant sur vos confidences calomnieuses, pour lesquelles vous avez le plus grand soin de demander un profond secret, a opposé son estime à votre diffamation. Si vos partisans rejettent sur votre fanatique crédulité l'acharnement que vous avez montré à me perdre dans l'opinion publique, ils seront bien forcés de convenir qu'ici du moins vous n'avez été trompé par personne, et je ne leur vois d'autre moyen d'excuser cette nouvelle imposture qu'en alléguant l'impérieuse nécessité où vous êtes de vous conserver un crédit auprès de ceux qui trafiquaient jadis de votre faveur.

« J'ai parcouru le cercle des diffamations que vous avez tracé, autour de moi, dans la folle espérance que je n'oserais le franchir. J'ai fait plus, je vous ai montré dans toute votre nudité, avec vos vices, vos prétentions et votre incapacité. J'ai appelé sur vos perfides manœuvres la haine et le mépris, et j'ai dénoncé à la postérité les véritables auteurs de notre ruine..... Vous avez défié le désespoir d'un homme d'honneur, il ne vous reste qu'à calomnier son courage; mais songez que je lis dans vos âmes; par la profonde connaissance que j'en ai acquise, je devine vos pensées*; je suis présent à vos conciliabules; la prudence y calmera bientôt vos premières fureurs, et, comme vous ne savez qu'intriguer, je vous vois déjà partager de nouveaux rôles: l'homme aux principes se chargera des lettres anonymes; l'homme à l'argent, de semer des soupçons autour des bureaux des ministres; tel autre de corrompre, s'il le peut, la moralité et la justice des princes; et vous, monsieur, d'égarer de plus en plus l'opinion de ce que vous appelez la bonne compagnie.

* Proclamation de Bonaparte aux habitans du Caire. « Je
« pourrais demander compte à chacun de vous des sentiments
« les plus secrets de son cœur, car je sais tout, même ce que
« vous n'avez dit à personne. »

« J'ai tout prévu, et vous me trouverez partout. Si je n'obtiens pas de vous une réparation convenable, je ferai imprimer et répandre avec profusion cette lettre en anglais et en français, avec la foule des notes qu'elle comporte : j'y annexerai les témoignages honorables que j'ai reçus du roi à différentes époques, comme S. M. m'y a autorisé par sa dépêche du 5 juin dernier, et je me rends l'organe et le défenseur de mille victimes qui réclament inutilement contre les vexations et les rapines de vos faiseurs.

« En ajournant ainsi une juste vengeance, j'ai atteint le dernier terme de mon dévouement, et du profond respect que je porte à un prince digne d'un meilleur sort et à qui il n'a manqué, pour se couvrir de gloire, que des hommes dans ses conseils. Parmi tant de souvenirs déchirants, il en est un du moins que j'affectionne, et je me reporte souvent aux premiers jours de juin 1799 où, *seul* avec *Monsieur*, dans une conférence d'une heure et demie, je lui exposai toute ma doctrine et lui montrai tous les piéges que l'on tendait à ses vertus; il faut avoir vu un pareil moment dans sa vie, pour apprécier la bonté de son cœur et la justesse de son esprit. Qu'ils sont coupables ceux qui sèment les soupçons et les défiances! Qu'ils sont criminels, lorsqu'ils placent leurs misérables passions entre la confiance éclairé du prince et la loyauté du serviteur fidèle! Combien ils sont audacieux lorsqu'ils s'avisent de distribuer des réputations, ces hommes que l'on trouve, à toute heure, à la porte de la fortune, mais qu'on ne rencontra *jamais*, depuis douze ans, au milieu des hasards, sur un champ de bataille, ni sur la route périlleuse qui conduit à la gloire!..... Et au moment d'une *restauration*, que feraient ces hommes, quelle confiance pourraient-ils inspirer dans leurs paroles, et de quels affreux bouleversements ne seraient pas, de toute nécessité, accompagnées quelques mois après des actions qui compromettraient à la fois la gloire, l'indépendance, l'honneur du pays et les intérêts de toutes les classes de citoyens!..... Je vous livre à vos réflexions.

« J'attendrai votre réponse pour savoir dans quels sentiments je dois être, M. le comte, etc. — Votre serviteur. — *Signé*, l'abbé de ***. — Londres, 14 août 1805. »

Note remise à l'Alien's Office par M. l'abbé de ***. — A. M. Rieves, datée de Londres, 22 août 1805.

« J'ai l'honneur de servir le roi Louis XVIII depuis neuf ans, dans la plus grande latitude de confiance; j'ai fait plus de vingt mille lieues pour son service : pour son service encore j'ai porté sept fois ma tête à Paris; je suis proscrit dans toute l'Allemagne; et quand les hommes qui regardent ici les affaires du roi comme leur patrimoine, sont gorgés d'or et n'ont jamais couru aucun danger, je manque de pain!

« Je suis venu à Londres au mois de mars dernier, par ordre du roi; c'est par son ordre que j'y suis resté. A mon arrivée ici, ceux qui ont ruiné tout notre avenir par leur ineptie et, aussi, pour satisfaire leur cupidité, effrayés de l'apparition d'un homme sans reproches, à qui l'on accorde quelque talent, ont semé dans toutes les classes de l'émigration (classes plus honteuses à mesure qu'elles sont plus *élevées*) des calomnies atroces contre moi; quoique jamais on ne m'ait vu à la porte des ministres pour ravir proie, et que je me sois constamment refusé à me mêler de la moindre affaire.

« On a dit que j'étais un homme dangereux, un vil débauché qui, dans tous ses voyages, traînait après lui une prostituée qu'il entretenait; un espion de Bonaparte auprès du roi; un homme qui n'oserait se montrer nulle part.....

« J'ai su que M. le comte de V****** avait tenu ou répété ces propos. Je lui ai écrit avec toute la fureur d'une juste indignation, et j'ai pris de là occasion de dénoncer au public et à la postérité les véritables auteurs de notre ruine, ces hommes qui feraient encore un jour notre ruine et celle de la maison de Bourbon, quand bien même l'Europe entière ramènerait notre roi et nos princes dans le royaume de Henri IV!..... J'ai fait lire ma lettre à un grand nombre de personnes, parce que la calomnie a fait encore plus de chemin: toutes attesteraient, au besoin, la vérité des faits, et l'indignation est universelle: j'en excepte les grands, parce que je les attaque, je les démasque.

« Se croyant encore à Versailles, M. le comte de V****** veut terminer cette affaire par autorité; je me suis mis sous la protection des lois, en lui mandant que je la porterais devant les tribunaux.

« J'ignore comment on a présenté les faits; mais j'ai à apprendre au ministre que le roi était déjà instruit à Mittau, par *plusieurs* lettres de Londres, des propos infâmes que l'on tenait ici contre moi; que le 5 juin dernier, il en a témoigné sa profonde indignation à M. le comte d'Escars en le chargeant de me dire que je pouvais publier la lettre qu'il daigna m'écrire, au mois de juin de l'année dernière, comme un témoignage de son estime.

« Je ne renoncerai jamais volontairement à une réparation que j'ai droit d'exiger; et, si dans le pays le plus libre, sous les ministres les plus intègres et les plus éclairés, un vieux serviteur d'un roi malheureux, qui a couru tous les dangers, qui a supporté toutes les fatigues, et dont la prévoyance eût épargné tant de larmes, d'argent, de sang et de honte, ne peut élever la voix pour défendre sa réputation, il ne lui restera, n'ayant plus d'asile sur la terre, qu'à porter sa tête aux ennemis de son roi. En faisant retentir l'Europe du récit de ses infortunes, il appellera la haine et le mépris des générations futures sur les intrigants sans pudeur qui ont trafiqué si scandaleusement et qui continueraient, si une restauration avait lieu, à trafiquer sans honte de la confiance des princes, de la réputation et du sang de leurs plus fidèles serviteurs, des vrais intérêts de la France et du salut de l'Europe.

« *Signé*, l'abbé D***. »

(B)

EXTRAIT

DE L'HISTOIRE COMPLÈTE DU PROCÈS

DU MARÉCHAL NEY,

Contenant, etc., par Évariste D***. Paris, imprimerie de Fain; chez Delaunay, libraire au Palais-Royal; décembre 1815; tom. II, pages 302, 303, etc., 307, 308, 309, 331, 332 et suivantes.

« Le maréchal Ney s'appuyait, dans sa défense, sur l'article 12 de la convention faite sous Paris. Après la lecture du billet de M. le comte Tascher, et les observations de monsieur le président de la cour, M. *le comte Garnier* dit : « Le moyen que l'accusé pourrait tirer de cette convention est sans fondement ; il ne peut être entendu, parce que c'est tout-à-fait un moyen préjudiciel. Les défenseurs ne sont pas recevables à rien présenter de semblable, depuis l'arrêt qui leur a ordonné de produire tous leurs moyens préjudiciels. » — M. *le comte Lanjuinais*. « Je demande la parole. » — M. *Desèze*. « Il y a arrêt. Vous ne pouvez parler contre un arrêt. » — M. *le comte Lanjuinais*. « Oui, c'est cela même ; je veux parler contre cet arrêt. — La
« convention faite sous Paris a été stipulée précisément
« pour les délits politiques, et il s'agit dans ce moment
« du sort d'un militaire illustre ! Cette convention
« fournit une exception, non pas seulement *préjudi-*
« *cielle*, mais *péremptoire*, puisqu'elle détruit l'accu-
« sation. Les exceptions péremptoires peuvent s'op-

« poser à toutes les périodes de la procédure, jusqu'à
« ce qu'il y ait condamnation. Cela est reconnu, écrit
« dans tous les livres, reçu dans tous les temps ; admis
« dans tous les pays. — « Quant à l'arrêt, il n'est dans
« sa nature qu'*interlocutoire*, que *préparatoire* : jamais
« les juges ne sont liés par de tels actes ; c'est encore
« là un des premiers principes de procédure. » M. *le*
« *président*. « Lorsqu'on opinera, ce moyen pourra
être discuté ; cependant il convient d'interdire la lecture de l'article 12 de la convention. » — M. *le comte*
Molé. « Cette convention est *purement militaire* ; si on
pouvait en faire l'application au prévenu, l'ordonnance du roi, du 24 juillet, n'aurait pas été rendue. »
— Le président a mis la question aux voix, et la
chambre a décidé qu'on ne permettrait pas la lecture
de l'article..... Le maréchal Ney a dit : «... Jusqu'ici
« ma défense a paru libre ; je m'aperçois qu'on l'en-
« trave à l'instant. Je remercie mes généreux défen-
« seurs de ce qu'ils ont fait et de ce qu'ils sont prêts à
« faire ; mais je les prie de cesser plutôt de me défen-
« dre tout-à-fait, que de me défendre imparfaitement.
« J'aime mieux n'être pas du tout défendu, que de
« n'avoir qu'un simulacre de défense. — Je suis ac-
« cusé contre la foi des traités, et on ne veut pas que je
« les invoque ! — Je fais comme Moreau ; j'en appelle
« à l'Europe et à la postérité ! » — M. *Bellart*. « Il est
temps de mettre un terme à ce système de longanimité
qu'on a constamment adopté. On a fait valoir des
maximes bien peu françaises. On a poussé jusqu'à la
licence la liberté de la défense..... Les commissaires
du roi, quelles que soient les résolutions de monsieur
le maréchal, persistent dans leur réquisitoire. » — *Le*
président. « Défenseurs, continuez la défense en vous
renfermant dans les faits. » — Monsieur *le maréchal*.

« Je défends à mes défenseurs de parler, à moins qu'on ne leur permette de me défendre librement. »—M. *Bellart*. « Puisque monsieur le maréchal *veut clore les débats*, nous ne ferons plus, de notre côté, de nouvelles observations. Nous ne répondrons même pas à ce qu'on s'est permis de dire contre quelques témoins, et nous terminerons par notre réquisitoire..... »

« M. Dupin, défenseur du maréchal, devait répondre aux objections de monsieur le procureur général, et ramener toute la discussion aux deux points suivants :

« 1° Le maréchal ayant agi sans intérêt, sans préméditation, et sous l'empire de circonstances qui *atténuent* le fait qui lui est imputé, ne peut être considéré ni traité comme s'il avait commis ce fait *avec toutes les circonstances portées en l'acte d'accusation*.

« 2° Il est d'ailleurs affranchi de toute peine par l'article 12 de la convention du 3 juillet, et l'article 11 du traité de Paris du 30 novembre 1815, qui renvoie à celui du 30 mai 1814, article 16. Ce moyen n'a rien de préjudiciel, il tient éminemment au fond du procès ; il n'y a pas de fin de non-recevoir en matière criminelle ; tant qu'un homme n'est pas condamné, il peut faire valoir tous les moyens qui le protégent contre l'accusation. Remarquons aussi, aurais-je dit, que, dans son premier interrogatoire devant monsieur le rapporteur, le maréchal s'était réservé le droit d'invoquer, lors des plaidoiries, le moyen résultant de la convention du 3 juillet, et, ce qui est bien plus fort, n'oublions pas que le traité du 20 novembre n'a paru que le 28, et que, par conséquent, on n'a pu l'invoquer auparavant. Par la même raison, la chambre, en obligeant à proposer cumulativement les moyens préjudiciels, n'a pas entendu exclure la proposition ultérieure de ceux qui, au jour de l'arrêt, n'existaient pas encore, etc. »

« La chambre avait antérieurement décidé que, pour la condamnation, il faudrait cinq voix sur huit.

« *Comité secret commencé à six heures.*

« Avant de poser la question, plusieurs pairs ont soutenu qu'ils étaient *jurés politiques*, et qu'ils avaient évidemment par là le droit d'appliquer la peine qu'ils jugeraient convenable, ou de la modifier au besoin : d'abord par des considérations d'intérêt public; ensuite parce qu'on a interdit à l'accusé la faculté de prononcer la dernière partie de sa défense; parce qu'il était reconnu au procès qu'il n'y avait pas eu de la part du maréchal préméditation; parce qu'il avait rendu d'éminents services à la patrie; parce que, enfin, le code pénal actuel n'est pas approprié aux circonstances.

« D'autres pairs ont soutenu, au contraire, qu'il y aurait anarchie à se considérer comme *jurés politiques*.

« La cour consultée arrête qu'il y aurait trois questions sur le *fait* et une sur la *peine*, et que sur toutes les questions chaque pair voterait librement, selon sa conscience, sans être astreint à aucune formule.

« La première question fut ainsi posée par monsieur le président.

« Le maréchal Ney a-t-il reçu des émissaires dans la nuit du 13 au 14 mars? » Sur 161 votants, 111 pairs ont été pour *l'affirmative* et 47 pour *la négative*. Trois pairs, MM. Lanjuinais, d'Aligre et de Nicolaï, ont protesté, alléguant qu'ils ne pouvaient juger en conscience, d'après le refus qu'on avait fait à l'accusé d'entendre la fin de sa défense sur la convention du 3 juillet. — La deuxième question : « Le maréchal « Ney a-t-il lu, le 14 mars, une proclamation sur la « place publique de Lons-le-Saulnier, et a-t-il invité

« les troupes à la rebellion et à la défection? » Sur 161 votants, 158 pairs ont été pour *l'affirmative;* les trois pairs ont persisté dans leurs protestations. — Troisième question : « Le maréchal a-t-il commis un attentat à « la sûreté de l'État? » 157 voix sur les 161 ont été pour *l'affirmative*, une seule voix, celle de M. le duc de Broglie, pour *la négative*. Les trois pairs désignés à la première question ont encore persisté dans leur protestation. — On a passé à la quatrième et dernière question, relative à *la peine* à appliquer. Sur les 161 votants, 139 voix, réduites à 128 à cause d'avis semblables entre parents, ont voté en partie pour la peine capitale appliquée suivant les *formes militaires*. Parmi ces 145 pairs, 5 ont voté en recommandant le maréchal à la clémence du roi. Treize pairs, usant de la faculté accordée de pouvoir modifier la peine, ont voté pour la *déportation*, et 4 autres se sont abstenus de voter. — Monsieur le président a informé la chambre qu'il allait être procédé à un nouveau tour de scrutin pour savoir si l'on modifierait la peine. — Avant l'appel nominal, la chambre a entendu un éloquent discours de M. le comte de Malleville, sur la nécessité de modifier la peine tant sous le rapport politique que sous celui de l'illustration de l'accusé. Cette opinion a été soutenue tour à tour par MM. Lemercier, Lenoir-Laroche, Chollet et Lanjuinais. — Ce dernier pair, abandonnant le système de protestation dans lequel il avait persisté jusqu'alors, pour concourir à faire atténuer la peine, a dit : « Il n'y aurait point de chambre des pairs où il ne devrait pas y en avoir, si, en fait de crimes d'État, elle n'était pas en grand *jury politique* astreint principalement aux considérations d'utilité publique. Ainsi, a-t-il ajouté, considérant : 1° la conviction où je suis qu'il y a des vices majeurs dans l'instruction;

2° l'article 12 de la convention de Paris, qui s'applique à l'accusé ou à personne, et qui a été rejeté sans l'entendre dans ses moyens de défense; 3° les circonstances atténuantes que chacun connaît, et qui véritablement ne sont prévues par aucune de nos lois; 4° redoutant pour ma patrie l'abime de malheurs qui peuvent naître de la multiplication des supplices pour des crimes politiques, multiplication que je verrais appelée par celui de l'accusé; j'accède à l'avis pour la peine de la déportation. — Sur les 161 membres présents, 139 voix, réduites à 128 à cause d'avis semblables entre parents, ont persisté pour la peine capitale..... 17 pairs pour *la déportation*; ce sont MM. *Collaud, Chollet, de Richebourg, Malleville, Lenoir-Laroche, Le Mercier, Lanjuinais, Herwyn, Chasseloup-Laubat, de Broglie, Fontanes, Curial, Lally-Tollendal, de Montmorency, Garnier, Klein, Gouvion.* — Cinq pairs, MM. le comte de Nicolaï, le marquis d'Aligre, le comte de Brigode, le comte Sainte-Suzanne, le duc de Choiseul-Stainville, ont proposé de recommander le maréchal à la clémence du roi... Après le jugement, M. le procureur général (Bellart) a requis que, conformément à la loi du 24 ventose an XII, le condamné *fût dégradé de la Légion-d'Honneur*..... etc. »

Liste des pairs qui ont siégé pendant le procès du maréchal Ney.

M. Dambray, chancelier de France, *président.*

MM.
Le duc d'Uzès.
— de Chevreuse.
— de Brissac.
— de Rohan.
— de Luxembourg.

MM.
Le duc de Saint-Aignan.
— d'Harcourt.
— de Fitz-James.
— de Valentinois.
— de La Vauguyon.

DÉCEMBRE 1815.

MM.
- Le duc de La Rochefoucauld.
- — de Clermont-Tonnerre.
- — de Choiseul.
- — de Coigny.
- — de Broglie.
- — de Laval Montmorency.
- — de Montmorency.
- — de Beaumont.
- — de Lorges.
- — de Croi d'Havré.
- — de Lévis.
- — de Saulx-Tavannes.
- — de La Force.
- — de Castries.
- — de Doudeauville.
- — de Sérent.

Le prince de Chalais.
Le maréchal-duc de Raguse.
Le comte Abrial.
- — Barthélemy.
- — de Beauharnais.
- — de Beaumont.
- — Bertholet.
- — Beurnonville.
- — Canclaux.
- — Chasseloup-Laubat.
- — Chollet.
- — Collaud.
- — Cornet.
- — d'Aguesseau.
- — d'Avoust.
- — Demont.
- — Depère.
- — d'Haubersaert.
- — d'Hédouville.
- — Dupont.
- — Dupuy.

MM.
- Le comte Emmery.
- — Fontanes.
- — Garnier.
- — de Gouvion.
- — Herwyn.
- — Klein.
- — Lamartillière.
- — Lanjuinais.
- — Laplace.
- — Le Couteulx-Canteleu.
- — Lebrun-Rochemont.
- — Lemercier.
- — Lenoir-la-Roche.
- — de Lespinasse.
- — de Malleville.
- — de Monbadon.
- — Pastoret.
- — Père.

Le Maréchal-comte Pérignon.
Le comte Porcher-Richebourg.
- — de Sainte-Suzanne.
- — de Saint-Vallier.
- — de Sémonville.

Le maréchal-comte Serrurier.
- — Soulès.
- — Shée.
- — Tascher.

Le maréchal-duc de Valmy.
Le comte Vaubois.
- — Villemauzy.
- — Vimar.
- — Maison.
- — Dessoles.
- — Victor de Latour-Maubourg.
- — Curial.
- — de Vaudreuil.

MM.

Le Bailli de Crussol.
Le marquis d'Harcourt.
Le marquis de Clermont-Gallerande.
Le comte Charles de Damas.
Le marquis d'Albertas.
— d'Aligre.
Le duc d'Aumont.
Le marquis d'Avarai.
— de Boisgelin.
De Boissy du Coudray.
Le baron Boissel de Monville.
Le marquis de Bonnay.
— de Brézé.
Le comte de Brigode.
Le prince de Bauffremont.
Le maréchal-duc de Bellune.
Le comte de Clermont-Tonnerre.
Le duc de Caylus.
Le comte de Cayla.
— de Castellane.
Le vicomte de Châteaubriand.
Le comte de Choiseul-Gouffier.
— de Contades.
— de Crillon.
— Victor de Caraman.
Le marquis de Chabannes.
Le général Compans.
Le comte Durfort.
Emmanuel Dambray.
Le comte Étienne de Damas.
Le chevalier d'Andigné.
Le comte d'Ecquevilly.
— François d'Escars.
— Ferrand.
Le marquis de Frondeville.
Le comte de La Ferronays.

MM.

Le comte de Gand.
Le marquis de Gontaut-Biron.
Le comte de Guiche.
L'amiral Gantheaume.
Le comte d'Hossonville.
Le marquis de Juigné.
Le comte Lally-Tollendal.
Le marquis de Louvois.
Christian de Lamoignon.
Le comte de La Tour-du-Pin-Gouvernet.
— Laurlston.
— Machault d'Arnouville.
Le marquis de Mortemart.
Le comte Molé.
Le marquis de Mathan.
Le vicomte Mathieu de Montmorency.
Le comte de Mun.
— Dumuy.
Le général Monnier.
Le comte de Nicolaï (Théodore).
— de Noë.
Le marquis d'Orvilliers.
— d'Osmond.
— de Raigecourt.
Le baron de La Rochefoucauld.
Le comte de Rougé.
De Saint-Roman.
Le comte de Reuilly.
Lepeletier de Rosambo.
Desèze.
Le baron Séguier.
Le comte de Suffren-Saint-Tropez.
Le marquis de La Suze.
Le comte de Saint-Priest.

MM. MM.
Le marquis de Talaru. De Vibraye.
Le comte Auguste de Talley- Le vicomte Olivier de Vérac.
  rand. Morel de Vindé.
Le marquis de Vence. Lynch.

Total. . . . 161.

(C)

ACTE D'ACCUSATION

CONTRE L'ANCIEN MINISTÈRE.

Discours prononcé par M. LABBEY DE POMPIÈRES, député du département de l'Aisne, dans la séance du 14 juin 1828.

MESSIEURS,

Dans la séance du 30 mai dernier je pris l'engagement de proposer l'accusation des ministres : leur retraite n'entraîne pas leur absolution; et, si les faits que je vous présenterai vous paraissent aussi graves qu'ils le sont à mes yeux, vous n'hésiterez point à mettre en prévention des hommes qui ont conduit la France sur le bord d'un abîme.

Si, au contraire, ma démarche n'obtient pas votre assentiment, elle sera du moins un nouvel effort de l'opposition pour maintenir les institutions du pays.

Avant tout, il importe de préciser la question de la responsabilité ministérielle, et de fixer l'état de notre législation à cet égard.

La Charte, article 13, dit : « La personne du roi « est inviolable et sacrée. Ses ministres sont respon- « sables. »

L'article 55 porte : « La chambre des députés a le « droit d'accuser les ministres et de les traduire devant « la chambre des pairs, qui seule a celui de les juger. »

Et l'article 56 ajoute : « Ils ne peuvent être accusés
« que pour fait de trahison ou de concussion. Des lois
« particulières spécifieront cette nature de délits et
« en détermineront la poursuite. »

Ces lois promises par la Charte n'ont pas encore été
données. Les ministres ont reculé devant l'idée de mettre des bornes à leur puissance.

Le 3 février 1817, le garde des sceaux, présentant une
loi sur la responsabilité, prétendit qu'on devait admettre deux responsabilités, l'une *générale* et l'autre *personnelle et juridique*; que la première, *compagne inséparable du pouvoir, ne saurait être définie ni restreinte par des lois, et demeure entièrement dans l'ordre politique, quoiqu'elle ne puisse trouver place dans le domaine de la jurisprudence*; que la seconde, *plus bornée de sa nature, et spécialement attachée à certains actes, a besoin d'être caractérisée et réglée par des lois qui déterminent dans quels cas et d'après quelles formes les ministres doivent la subir*.

Mais, attendu l'impossibilité de tout prévoir, il concluait qu'il fallait renoncer à *convertir en cas d'accusation tous les cas possibles de responsabilité*.

Le 28 janvier 1819, M. de Serre, proposant une
loi sur l'accusation des ministres, disait : « Ce qui ne
« nous paraît pas moins dangereux qu'impossible, c'est
« de spécifier tous les faits pour lesquels les ministres
« pourront être accusés... La force de la raison nous
« commande de nous en remettre à une juridiction
« d'équité, et l'intérêt de la justice même réclame l'in-
« tervention de l'arbitraire. »

Et à la dernière session encore, monsieur le président du conseil affirmait que le vague de la loi était préférable à la spécification des cas de responsabilité, et mettait les ministres dans une position d'autant plus dangereuse, qu'ils ne connaîtraient pas les bornes de cette responsabilité.

De ces abstractions, faudra-t-il conclure que les ministres ne peuvent être amenés devant leurs juges, ni condamnés pour des crimes que ces lois secondaires ne sont pas venues définir ?

Une telle conclusion ne serait pas seulement absurde, elle serait désastreuse ; elle porterait l'illégitimité avec elle, car la première conséquence à en tirer, serait que la responsabilité ministérielle n'aurait pas existé jusqu'à ce jour. Or, le gouvernement représentatif n'existe qu'à la condition de cette garantie, condition reconnue nécessaire par tous les publicistes, prescrite par la Charte et acceptée par les ministres.

Proclamer aujourd'hui qu'il n'y a pas de possibilité légale de mettre un ministère en jugement, ce serait proclamer, en d'autres termes, que rien depuis treize ans n'a été fait conformément à la constitution du pays; et les citoyens resteraient dans leurs droits s'ils refusaient de payer des impôts à des ministres irresponsables.

Ces crimes d'ailleurs n'ont-ils été définis nulle part?

Le 26 août 1814, la chambre des députés a pris en considération un projet de loi qui a donné l'interprétation suivante des articles précipités.

Il portait, article 2 : Les ministres sont responsables des trahisons, attentats, prévarications, concussions et abus de pouvoir, par eux commis dans l'exercice de leurs fonctions.

Art. 3. Aucun ordre du roi, verbal ou écrit, ne peut soustraire un ministre à la responsabilité.

Art. 4. Un ministre se rend coupable de trahison :

1° Lorsqu'il fait ou ordonne quelque acte contre la sûreté intérieure ou extérieure de l'État, contre le roi, la famille royale, et contre la Charte constitutionnelle;

2° Lorsqu'il signe un traité de paix, d'alliance, de commerce, ou tout autre traité contraire aux intérêts ou à l'honneur du peuple français;

3° Lorsqu'il contre-signe un acte de l'autorité royale qui ne devrait émaner que du concours des trois branches de l'autorité législative, ou qu'il ordonne l'exécution de cet acte inconstitutionnel surpris à la signature du roi;

4° Lorsqu'il fait ou ordonne quelque acte arbitraire ou attentatoire à la liberté individuelle, à la liberté des cultes, à la liberté de la presse, aux autres droits publics des Français, et à l'inviolabilité de la vente des domaines nationaux.

Art. 7. Un ministre se rend coupable de concussion :

1° Lorsqu'il attente aux propriétés publiques ou particulières, ou qu'il dissipe les deniers destinés aux dépenses de l'État.

Depuis ce temps plusieurs propositions ont été faites dans les deux chambres; des lois même ont été présentées par les ministres : toutes adoptaient les bases du projet de 1814.

La loi présentée le 3 février 1817 par le garde des sceaux déclarait coupable de trahison tout ministre, lorsque par des actes personnels ou par des ordres émanés de lui, ou contre-signés par lui, il attente aux droits consacrés par les art. 4, 5, 8, et 9 de la Charte constitutionnelle.

Et à ce sujet le ministre, dans l'exposé des motifs, après avoir dit qu'une loi ne saurait prévoir toutes les fautes, toutes les erreurs même graves qui peuvent être commises dans la conduite des affaires publiques, ajoute:
« Si le paragraphe 3 de l'art. 4 de la loi est descendu
« dans quelques détails en appliquant le nom de trahi-

« son à la violation des droits consacrés par les art. 4,
« 5, 8 et 9, c'est que l'importance de ces droits est
« telle, qu'une nouvelle garantie spéciale, bien qu'i-
« nutile peut-être en principe, a paru avoir un avan-
« tage réel. »

Tels étant les monuments du droit public sur la matière, j'appellerai votre attention, messieurs, sur les faits généraux qui me semblent donner à la marche de l'administration que je viens accuser tous les caractères de la trahison ainsi définie, et ensuite sur des faits qui peuvent être imputés d'une manière plus spéciale à tel ministère.

Obligé, dans une circonstance aussi grave, de parler avec toute franchise, mon langage pourra rencontrer des opinions qu'il contrariera, des passions qu'il blessera, ou des convictions qui ne répondraient point à la mienne; je mettrai cependant tous mes soins à m'exprimer avec calme et modération. Puis-je espérer, messieurs, que vous daignerez m'entendre avec indulgence?

Par une fiction peu distante de la vérité, je parlerai au présent comme si le ministère que j'accuse existait encore; s'il n'est plus, ses faits restent, ils pèsent sur la France, ils l'oppriment, et c'est d'eux que j'ai à vous entretenir.

Mon discours sera donc celui-là même qui était composé l'année dernière, il sera textuellement tel que je l'ai lu alors devant plusieurs honorables collègues ici présents; j'y ajouterai seulement quelques faits postérieurs à la dissolution de la chambre.

Messieurs, il n'est personne qui, interrogé de bonne foi et répondant avec sincérité, ne reconnaisse que nous étions entraînés malgré nous dans une révolution nouvelle. Il a fallu du temps pour que cette vérité devînt évidente. Enfin elle a pénétré dans toutes les consciences, elle a animé les paroles, les écrits, elle est devenue générale et populaire.

Il serait difficile en effet de ne pas apercevoir, dans la marche imprimée par une faction au ministère que je dénonce, les mêmes symptômes qui précédèrent ailleurs de grands changements politiques. L'introduction des ennemis de l'État dans tous les offices; la haine des institutions existantes; la suspension ou l'inexécution des lois; l'intolérance religieuse, la restriction des libertés, les destitutions arbitraires, la colère envers les corps indépendants, tout, jusqu'au mépris des chambres.

Cette triste conformité n'est pas un vain rapprochement, un simple jeu de l'imagination. Des religieux, que les lois du royaume désignent comme ennemis de l'État, n'ont-ils pas été rappelés en secret? n'ont-ils pas été introduits dans tous les offices, élevés dans les plus hautes fonctions, non pour leur mérite, mais à cause de leur caractère? Déjà ils siégent dans tous les conseils, et les dirigent : ils sont placés à la tête de l'instruction publique; ils reconstruisent leurs monastères, couvrent le pays de séminaires et de couvents, autorisent les congrégations, rétablissent tout ce qui fut détruit, nous replaçant sous le joug de Rome, et soumettant notre politique à la sienne, nos lois à ses dogmes, nos libertés à ses prêtres.

La haine des institutions existantes se retrouve aussi dans notre histoire, et ne s'y montre ni moins audacieuse ni moins persévérante.

La Charte faisait de nos colléges électoraux un *palladium* de liberté, ils ont été changé en arène de corruption.

La Charte proclamait l'égalité des citoyens, on a

tenté de rétablir l'inégalité jusque dans le sein de la famille.

La Charte reconnaît la liberté de penser et d'écrire : on a d'abord suspendu l'exercice de ce droit ; plus tard on a voulu anéantir la presse et étouffer la pensée ; ce projet ayant échoué, la censure a été rétablie. Qui pourrait croire que nos institutions ne sont pas l'objet de proscriptions actives ?

L'inexécution des lois est patente ! En vain la magistrature déclare, dans des arrêts solennels, que l'existence des jésuites est contraire aux lois ; en vain la chambre des pairs réclame hautement l'application de ces lois ; en vain la France entière fait entendre les mêmes vœux : seul dépositaire du pouvoir, le ministère ne tient compte ni du vœu de la France, ni des pétitions que la chambre des pairs lui renvoie, ni des avertissements de la magistrature.

Il livre l'État sans défense aux ennemis qui l'envahissent, et retient captives les lois qui le protègent.

L'intolérance religieuse a suivi l'inexécution des lois. Un seul culte domine ; il convoque librement les populations des villes et des campagnes, les divise, les classe à son gré, les soumet à des réglements secrets dont on ne lui demande aucun compte, lève sur elles des contributions régulières, multiplie les associations locales et établit au sein de l'État une vaste affiliation animée du même esprit, recevant les mêmes instructions, obéissant à la même influence.

Cependant les Piétistes ne sont point tolérés ; des protestants sont troublés dans leur culte, chassés de leurs temples, parce qu'une loi pénale a dit quelque part que vingt-un citoyens ne peuvent se réunir sans autorisation préalable.

Une enquête religieuse est établie dans tout le royaume, une police ultramontaine pénètre dans toutes les familles, espionne les consciences, tient registre de la vie privée et poursuit les croyances dans les hommes.

La colère envers les corps indépendants s'est révélée tour à tour par de honteuses vengeances ou de coupables outrages : elle a inspiré ces ordonnances dédaigneuses qui détruisaient l'effet des décisions judiciaires et censuraient la magistrature elle-même.

Espèce de lit de justice qu'un ministre égaré a osé tenir devant le sanctuaire des lois où ses ordres n'avaient pu pénétrer*!

Elle a éclaté avec scandale dans ces destitutions arbitraires dirigées contre les membres d'une académie qui osait élever la voix en faveur des lettres. Elle a disgracié des avocats généraux sans complaisance pour ses caprices. Elle a provoqué des lois oppressives qui eussent imposé aux tribunaux une législation absurde ou terrible, et eussent banni l'humanité et le discernement dans les juges.

La gloire même n'a pu l'apaiser; trois cents généraux, l'honneur, l'espoir de la patrie, ont été effacés des cadres de l'armée.

Ainsi le chemin de la gloire est devenu celui de la misère, il ne conduit plus qu'au tombeau!

Enfin *le mépris des chambres*, ce dernier progrès des réactions, ce symptôme constant des révolutions prochaines, n'est-il pas un des traits les plus marqués de l'administration que j'accuse?

– Les manœuvres électorales du ministère avaient assez prouvé qu'il voulait, non une représentation natio-

---

* Ordonnance de censure en 1824, sur le motif que la jurisprudence des cours rendait insuffisants les moyens de répression établis par la loi du 17 mars 1822.

nale, expression libre et franche de la société, de ses opinions et de ses besoins, mais un instrument docile qu'il pût manier à son gré et faire servir à ses desseins.

Nous a-t-il jamais considérés autrement? Quel rapport de confiance fut établi entre lui et nous? Quand daigna-t-il nous initier aux mystères de sa politique? Où sont les pièces diplomatiques, les traités, les conventions, déposés sur le bureau de cette chambre? Ce n'est que par des révélations venues de l'étranger que nous pouvons juger de notre situation politique. Nous, les représentants du pays, nous ignorons quel rôle la France joue en Europe, quels sont ses véritables alliés, si nous marchons avec l'Espagne, ou à la suite de l'Angleterre, ou de toute autre puissance!

Ce n'est point assez : les mêmes hommes qui livrent à nos lois une guerre assidue sacrifient l'influence de la nation au dehors, compromettent son honneur, sa dignité, sa puissance, et l'exposent tour à tour à des outrages et des envahissements.

Sous la menace mensongère d'une guerre au nord, menace formellement et officiellement niée à la chambre des pairs dans la séance du 12 de ce mois, ils entreprennent une guerre pour détruire, chez un peuple voisin, un ordre de choses, illégitime selon eux, mais régulier du moins et, à la place de ce qu'ils ont renversé, ils ne substituent que l'anarchie.

Ils prodiguent des millions à un roi étranger qui ne nous rend que des mépris. Soit imprévoyance, soit désordre, ils passent des marchés où bientôt l'on découvre une profusion scandaleuse de la fortune publique. Ils laissent convaincre leur diplomatie tout à la fois de fausseté et d'impuissance. Sommés de s'expliquer sur leur conduite, ils n'ont d'autre justification à présenter, sinon qu'on s'est joué de leurs conseils en présence de leurs armées. Et tandis qu'ils s'efforcent de nous rassurer sur la honte de cette position, en s'enorgueillissant de nos rapports avec les autres puissances, une baïonnette prussienne trace insolemment nos frontières sur notre propre sol; un ministre d'Angleterre se vante d'avoir fait expier à la France une intervention qui blessait les principes de son gouvernement; les Pays-Bas, profitant de nos fautes, chassent les jésuites alors que nous les rappelons, organisent des troupes municipales quand on licencie les nôtres; les Américains du nord réclament le paiement de dettes que nous semblons ne pas vouloir acquitter; les Américains du sud nous connaissent à peine; Lima repousse avec dignité des agents qui viennent essayer de protéger dans son sein le commerce français sans y représenter la France.

Avec de telles mesures, notre commerce languit; chaque jour voit diminuer le mouvement de nos ports. Ces vaisseaux, qui se croisent avec rapidité sur les mers, ne sont point les nôtres; ces pavillons actifs qui se balancent dans les rades du Nouveau-Monde, n'appartiennent pas à la France.

Telle a été, messieurs, la marche générale de l'administration. Elle suffirait, d'après les monuments de notre droit public, pour établir la trahison envers l'État et le prince.

Envers l'État, dont cette administration a violé les lois, dont elle a attaqué successivement toutes les institutions, et dont elle a sacrifié l'honneur par ses traités.

Envers le prince, dont elle a ébranlé le trône et compromis la gloire et le bonheur.

Daignez, messieurs, m'accorder encore quelques instants votre attention; et, par l'exposé de quelques

21.

faits particuliers, j'espère vous convaincre que vous devez au pays, dont vous êtes les représentants, que vous vous devez à vous-mêmes d'appeler enfin sur les ministres la justice de la Charte.

Jetez les yeux sur l'administration des finances. Des milliards ont été versés dans ses caisses ; en cinq années, de 1822 à 1825, les dépenses ont dépassé les crédits de la somme exorbitante de quatre cent quinze millions, et dans le même espace de temps, le capital de la dette s'est accru d'un quart. Quel bien en est-il résulté pour les arts, l'industrie et le commerce ?

C'est en pleine paix, c'est au sein de la nation la plus active, c'est à l'époque où un mouvement industriel agite le monde, que ces immenses ressources ont été placées entre les mains de nos hommes d'État.

Ont-ils changé la face de la France, percé des routes nouvelles, relevé des ponts détruits lors de l'irruption de l'étranger ? Ont-ils multiplié les établissements utiles, terminé nos monuments, achevé nos ports, augmenté notre marine, discuté les réclamations des États-Unis ? Non, ils ont tout négligé, tout perdu, tout frappé de langueur, de défiance et de stérilité. Rien ne s'est élevé par leurs soins, que leurs immenses demeures. La France ne leur doit pas un bienfait, et de ses énormes sacrifices que reste-t-il ? un déficit dans nos finances, qui menace chaque jour de s'accroître et de dépasser bientôt celui de 1789.

Un tel résultat ne révèle-t-il pas ou des malversations bien coupables, ou une incapacité également funeste ? et le moment n'est-il pas arrivé de demander compte de sa gestion au ministre de ce département ?

Vous jugerez, messieurs, si la responsabilité du ministre n'est pas pleinement engagée par ces ordonnances secrètes, au moyen desquelles il a cru pouvoir suppléer à des lois que la chambre ne lui avait pas accordées, notamment les dotations de la pairie. Vous jugerez s'il est au pouvoir d'une ordonnance de rendre irrévocables et transmissibles des dotations que la loi avait déclarées réversibles à la couronne, à leur extinction. Vous jugerez enfin si les fonds de l'État n'ont pas ainsi été détournés de leur destination, et véritablement aliénés par une simple ordonnance. Il y a là contre-seing apposé à un acte qui ne devrait émaner que du concours des trois branches de l'autorité législative; c'est-à-dire, d'après les termes du projet de 1814, *trahison*. Il y a atteinte à une propriété publique, c'est-à-dire *concussion*, d'après les termes du même projet.

Il est de notoriété que monsieur le président du conseil a pris la direction suprême des affaires étrangères; j'en ai tracé le tableau, et il est permis de penser qu'il est plus affligeant encore. Déjà les accusations de l'étranger précèdent les nôtres; ne soyons pas sans prévoyance comme ceux qui nous ont gouvernés ! Il est urgent pour notre honneur, pour notre sûreté peut-être, de connaître notre histoire diplomatique depuis six ans. Les investigations d'une justice sévère peuvent seules nous la révéler.

Portons, messieurs, nos regards sur la direction des affaires intérieures du royaume; et, sans l'envisager dans son ensemble, sans parler de l'esprit qui l'anime, du bien qui n'a pas été fait, des entreprises industrielles entravées, des projets utiles laissés sans exécution, entrons dans l'examen de quelques faits spéciaux, matériels et positifs.

Il ne sera pas difficile de prouver qu'il est peu d'administrations qui aient montré dans les détails plus de mépris pour les lois, qui aient employé plus de moyens tyranniques et commis plus d'actes arbitraires envers les citoyens.

Dès 1822, un détenu (le colonel Dufay) est attaché à son lit par six anneaux de fer; un condamné à une peine correctionnelle (le colonel Paillès) est conduit à la maison de détention, la chaîne au cou; un vieillard espagnol (M. Llorente) est chassé de France pour avoir écrit l'*Histoire de l'inquisition*; bientôt après un jeune littérateur (M. Magalon), condamné pour délit de la presse, est conduit au dépôt de Poissy, enchaîné avec un forçat : moins infortuné, un écrivain ministériel (M. Martainville) expiait dans les jardins de Tivoli un outrage envers la chambre des pairs.

Loin de moi de blâmer cette indulgence! Mais l'expression manque à l'indignation qu'inspire cette atroce partialité.

Un système de terreur est organisé et suivi fidèlement pour assurer l'asservissement de quiconque reçoit un traitement de l'État. Des destitutions soudaines, inévitables, sans pension de retraite, punissent tout acte d'indépendance aussitôt qu'il est connu, et retirent leur dernière ressource à des familles, ruinées souvent au service de l'État. Préfets, magistrats, fonctionnaires de tout rang, de tout âge, académiciens, députés, pairs de France, bienfaiteurs de l'humanité, grands citoyens, tous sont frappés indistinctement : il y a égalité devant ce fier despotisme; obéir ou tomber!

Que dis-je? La haine ne s'arrête pas même devant un cercueil!..... N'est-ce pas là, messieurs, abuser du pouvoir, mentir à la Charte? N'est-ce point avoir trahi la couronne que de l'avoir montrée si souvent ingrate envers ceux qui, dans ses revers, avaient sacrifié pour elle leur fortune et leur vie?

Voulez-vous des exemples d'une violation plus directe encore de l'ordre constitutionnel qui nous régit?

L'ancienne École de Médecine existait en vertu d'une loi, une simple ordonnance l'a détruite : les professeurs ne pouvaient être dépossédés de leurs chaires que par une loi nouvelle ou par un jugement, c'est une ordonnance qui les a renvoyés et qui a choisi leurs successeurs illégaux!

Une ordonnance a supprimé aussi l'École normale, ce bel et utile établissement.

Vingt exemples semblables pourraient être cités. Ne sont-ce pas des prévarications positives, matérielles, incontestables? Est-il au pouvoir d'un ministre de détruire ce qui existe en vertu des volontés législatives? Quand vous votez des lois, entendez-vous donner aux ministres le droit de les révoquer à leur gré? ou les lois de vos prédécesseurs seraient-elles moins sacrées que les vôtres, et ne serait-on pas coupable quand on les renverse? De tels actes ne sont pas inconstitutionnels, seulement parce qu'ils attaquent des lois, ils sont de véritables attentats à des propriétés particulières : vous penserez sans doute que le ministre qui les a commis en est doublement responsable.

Mais voici des faits plus graves encore.

Personne n'a perdu le souvenir des abus qui ont eu lieu si souvent dans l'emploi de la force armée contre les attroupements populaires les plus inoffensifs. On a pris récemment encore le triste soin de vous les rappeler. Dans ces services, l'autorité a plus d'une fois dépassé toutes les bornes de la prudence et même de la légalité. Ne croyez pas qu'il soit devenu impossible aujourd'hui d'en fournir la preuve. Je citerai un fait qui, plus que tout autre, constitue à mes yeux une violence impardonnable, un véritable crime et qui serait facile à établir par la plus simple enquête.

En 1822 la gendarmerie, sous prétexte d'arrêter quelques mauvais sujets dans le Jardin des Plantes, s'empara de toutes les issues, et sept à huit cents jeunes gens se trouvèrent inopinément enfermés.

Le cri de *vive la Charte* se fit bientôt entendre comme réclamation contre cette violence inattendue : à l'instant, on se précipita sur eux le sabre à la main. Oui, messieurs, on sabra des jeunes gens enfermés, parqués dans un jardin public. L'un d'eux, très-grièvement blessé, fut transporté au domicile du professeur de botanique.

La loi permet de sévir contre des citoyens qui, après les sommations du magistrat, refusent de se retirer ; mais là, messieurs, point de magistrats, point de sommations, point d'issues, toutes étaient fermées, et par la force publique ! C'étaient des prisonniers sur lesquels on se ruait : c'étaient les massacres des..... je m'arrête, je ne rappellerai point ces jours de si funeste mémoire.

Le sang, dans cette occasion, a été versé contre toutes les lois : il l'a été criminellement. Il n'est pas un pays civilisé où cette action fût restée impunie, et elle l'est encore parmi nous, sous l'empire d'une Charte qui reconnaît cependant quelques droits à la nation !

Ces faits, si le jour de la justice vient à se lever, seront attestés par les hommes les plus vénérables ; par des professeurs du Jardin des Plantes qui, mêlés avec les jeunes gens, essayaient en vain de les protéger contre une force aveugle et féroce.

Il les attestera aussi cet employé de l'établissement qui fit tomber des mains de ces jeunes gens les flèches dont ils s'étaient emparés pour leur défense, en leur disant : Elles sont empoisonnées.

Enfin, n'est-ce pas sous la responsabilité du ministre de l'intérieur qu'on a porté tant d'atteintes à la liberté des élections? Des faits nombreux, des violences ou des ruses criminelles, des obstacles de tout genre apportés au libre exercice d'un droit fondamental et sacré, n'ont-ils pas été signalés et flétris par la conscience publique, constatés par les protestations des citoyens les plus recommandables, dénoncés aux deux tribunes par les voix les plus austères et les plus pures? Si le scandale des élections a échappé à vos regards, si vous n'avez point vu la corruption devenue un moyen de gouvernement et placée pour ainsi dire dans notre droit public, vous avez du moins entendu un ministre en proclamer la doctrine. L'indignation de la France entière est venue jusqu'à vous, elle vous presse de donner des juges aux corrupteurs.

Je ne solliciterai pas de vous, messieurs, moins de sévérité envers le ministre des affaires ecclésiastiques et de l'instruction publique.

S'il est vrai (et on ne peut le contester aujourd'hui), s'il est vrai que nous subissions le joug d'un faction apostolique qui se met en opposition, tantôt ouverte, tantôt cachée, avec toutes nos lois, qui a contribué à détacher la France de ses alliances constitutionnelles les plus avantageuses et les plus honorables, le ministre-évêque, qui siégeait au conseil, est-il resté étranger aux progrès de cette faction? Je ne citerai qu'un fait, il suffit à mes yeux pour résoudre la question.

Ce ministre ne *devait* pas ignorer que la société des jésuites était bannie de France par les lois du royaume. Il ne *pouvait* l'ignorer, puisque la magistrature par ses arrêts, la chambre des pairs par ses décisions, avaient rappelé ces lois et renouvelé pour ainsi dire ce bannissement. Il ne l'*ignorait* pas, car, accusé de favoriser secrètement leur retour, il se défendait de toute alliance avec eux et niait qu'il leur accordât aucune protection. Eh bien! messieurs, n'avez-vous pas entendu plus tard *le même ministre*, devenu plus hardi parce que ses alliés étaient devenus plus puissants, avouer leur existence, reconnaître que sept établissements d'instruction étaient entre leurs mains, et constater ainsi sa propre forfaiture?

C'est avec son autorisation qu'on a vu s'établir, sans le consentement préalable des conseils municipaux, des associations de femmes à la vie contemplative, et dont les statuts n'ont point été insérés dans le Bulletin des Lois, ainsi que le prescrit la loi du 24 mai 1825.

Monsieur l'ex-ministre n'a-t-il fait entériner aucune bulle du pape contraire aux libertés gallicanes et aux dispositions du concordat? N'a-t-il pas multiplié les évêques *in partibus* et par conséquent les dépenses de son ministère? N'est-ce pas à sa tolérance que nous devons les chartreux, les trapistes, les capucins, les jésuites et les missionnaires?

N'est-ce pas sous son administration, après les avertissements les plus solennels, en mépris de la volonté nationale fortement exprimée, que ces infractions aux lois ont eu lieu?

Les lois sont-elles donc à la merci de tout ministre qui osera les violer? En sommes-nous arrivés à ce point qu'on peut avouer impunément qu'on les viole? Et n'est-ce plus trahir que de livrer l'État à ses ennemis?

Mais ce n'était point assez : il fallait encore abuser de son pouvoir au point de défendre à tout instituteur protestant d'admettre dans son école des individus catholiques.

- Il fallait enlever par la ruse ce qu'on ne pouvait ravir par le droit; je m'explique : Des bourses avaient été créées en faveur des enfants des militaires sans fortune, on ne pouvait leur refuser les places vacantes. Pour les en priver, on a arrêté qu'il n'y aurait plus que des demi-bourses, et dès-lors le militaire à modiques appointements, la veuve à faible pension, ne pouvant compléter la bourse, ont été écartés.

L'administration de la justice, si une enquête sévère venait en révéler les abus, les violences, les ressentiments, ferait la honte de notre pays; et je sens le besoin de vous rappeler ici qu'il n'est aucune partie de la nation, aucun corps de l'État, qui en ait accepté la solidarité. Loin de là! jamais l'opinion publique ne fut plus vengeresse dans ses arrêts.

Vous n'avez pas oublié, messieurs, que selon notre droit public on doit considérer aussi comme fait de trahison, tout acte attentatoire à la vie ou à la sûreté des citoyens et aux droits des Français.

Le droit public du royaume était le même avant la Charte.

Le chancelier Poyet fut mis en jugement pour *malversations et injustices faites aux sujets du roi*. Il fut condamné, le 24 avril 1545, à la dégradation civique, 100,000 francs d'amende et cinq ans de prison. Il mourut, dit Mézerai, accablé de pauvreté et d'ignominie, si malheureux que, même en ce pitoyable état, il ne faisait point de pitié.

Nous prendrons au hasard dans cette administration quelques faits de détail, quelques faits spéciaux dont on ne peut rappeler le souvenir sans exciter l'indignation.

Le lieutenant colonel Caron venait d'être condamné par un conseil de guerre : une requête est adressée au garde des sceaux pour être transmise, au nom du condamné, dans les vingt-quatre heures, à la cour de cassation. Trois jours après, le 30 septembre, le ministre répond par une audience indiquée au vendredi. Le lundi, 1ᵉʳ octobre, part de Paris l'ordre télégraphique de mort : le mardi, Caron n'existait plus! et son pourvoi n'était pas jugé! et le garde des sceaux n'avait pas saisi la cour de cassation des requêtes à lui adressées! et son audience n'était remise que parce que lui, garde des sceaux, présidait les courses au Champ-de-Mars!!! et dès-lors une condamnation est devenue un assassinat!!!

Ces faits, messieurs, ont été publiquement exposés devant la cour de cassation et n'ont reçu aucun démenti : ils ont été rappelés dans le procès de notre honorable collègue Kœchlin, et la France entière a frémi de la conclusion de cette affaire.

On avait vu des dépêches télégraphiques devancer des exécutions pour annoncer des grâces; on en a vu sous cette administration pour hâter des exécutions, pour devancer des pourvois!

Le 19 septembre 1822, une demande en grâce est présentée par le défenseur de quatre sous-officiers impliqués dans la conspiration dite de la Rochelle : ces demandes étaient reconnues régulières dans cette forme. On changea alors de jurisprudence, et, sans faire connaître au défenseur qui poursuivait la grâce, que la signature des suppliants était indispensable, on ne statua rien sur la demande et l'exécution eut lieu le 21.

Ce changement de forme n'a été connu qu'après, par la déclaration du chef de la division criminelle au ministère de la justice, et par une circulaire aux avocats à la cour de casssation, qui leur enjoint de ne plus signer de pareil recours.

Le même ministère n'a pas hésité à se servir du pourvoi abandonné d'un officier malheureux*, pour lui ra-

---

* Le lieutenant Bride, transfuge capitulé à Lhers, jugé à Perpignan par un conseil de guerre.

vir, en matière capitale, le bénéfice de jugements obtenus et un recours à la puissance interprétative des lois, quand l'humanité commandait de le prévenir, lui ou son défenseur, de l'usage qu'on pouvait faire de ses propres actes, et de lui faciliter un désistement.

En 1822, le 8 août, monsieur le garde des sceaux a refusé à un avocat de Paris l'autorisation de défendre à Poitiers le général Berthon, soumis à une accusation capitale : par suite de ce refus, l'accusé est resté sans défenseur, puisqu'il récusa M⁰ Drault, nommé d'office.

Rappellerai-je cette déplorable affaire des déportés de la Martinique; ces retards apportés à la justice qui devait leur être rendue, à la liberté qu'ils devaient trouver sur le sol de la France, et cette prison prolongée pendant vingt mois dans les cachots de Brest?

Signalerai-je les ordonnances attentatoires aux garanties données par la Charte, telles que l'indépendance du jury, l'inamovibilité des juges, le droit de poursuivre les fonctionnaires publics, les libertés du barreau?

Parlerai-je du témoignage de satisfaction donné à cet obscur procureur du roi qui, pour signaler son dévouement à la police, fit traîner d'un bout de la France à l'autre, de prison en prison, de brigade en brigade, un honnête citoyen dont l'homonyme se trouvait inscrit sur les registres de cette infâme institution?

Comment désignerai-je ces perceptions faites aux sceaux, dont le budget ne consacre jamais la légalité et dont la distribution ne paraît jamais dans les comptes?

Serait-ce concussion? serait-ce dilapidation? ou plutôt serait-ce l'une et l'autre?

Mais déjà, messieurs, vous avez pu vous convaincre, et par les projets de lois de ce ministre, et par les faits que je viens d'y joindre, qu'il a attenté à la constitution du pays et aux droits particuliers des citoyens.

J'appelle, messieurs, j'appelle de toutes mes forces les lumières de la justice sur la plus coupable, la plus téméraire administration qui fut jamais.

Enfin j'arrive à cet acte qui a consterné la capitale et indigné toute la France ; à cette forfaiture qui pèse sur tout le ministère.

Deux ans s'étaient écoulés depuis que le roi régnant avait rendu aux Français l'exercice de l'article 8 de la Charte; ils étaient pénétrés de reconnaissance pour un bienfait aussi précieux, ils en rapportaient la gloire au monarque : les ministres en étaient irrités : alors parut la *loi vandale*, cette loi *d'amour et de justice*, destinée à river les fers d'une nation grande et généreuse, mais jalouse de conserver une liberté acquise par tant de sacrifices.

Déjà, à la honte éternelle d'une chambre qui n'est plus, cette œuvre monstrueuse avait franchi cette enceinte; incertaine, mais menaçante encore, elle s'agitait non sans quelque espoir de succès. L'oppression pouvait naître, lorsqu'un heureux hasard amenant les citoyens en présence du roi, ce morne silence, défini par l'évêque de Sénez, révèle au monarque un danger qu'il ignorait, et le monstre est étouffé.

L'allégresse de la France, aussi rapide mais plus constante que l'éclair, se manifeste et se propage de toutes parts; les ministres seuls se plongent dans l'obscurité, leur désespoir est à son comble; l'aspect d'un roi uni à un peuple devient pour eux un outrage, et leur vengeance est prompte.

Paris s'endort dans l'ivresse de la joie, il se réveille dans la douleur.

Ces pères de famille toujours dévoués, ces citoyens fidèles qui combattirent l'anarchie dans leurs murs, l'étranger au dehors, sont dénoncés au monarque; les ministres les accusent de conspirer!

La foudre lancée du haut du trône annonce à l'univers que Paris n'est qu'un amas de rebelles, qu'il n'y a plus ni citoyens ni cité, et que les acclamations de reconnaissance et de dévouement sont des cris de révolte et de sédition.

Depuis on les a entendus ici, ces ministres, s'attribuer les bienfaits et, par de coupables réticences, reporter sur des têtes augustes des mesures qui furent sans doute loin de leurs cœurs.

Courbés sous le faix de la haine publique, ils ont cherché à la reporter vers le trône, dans l'espoir de léguer la guerre civile à cette France si patiente et si fidèle.

Depuis ce temps, que d'actes coupables se sont accumulés sur leurs têtes!

Une censure établie sans motifs et confiée à des hommes repoussés par l'opinion publique, destinée à préparer dans l'ombre des élections frauduleuses et corrompues;

Des conflits enlevant aux tribunaux des questions d'État, pour en confier la décision à un conseil introduit furtivement dans nos institutions, et dévoué aux volontés ministérielles sous peine de destitution;

Des listes électorales formées dans le silence et déguisées sous un nom qui, loin d'assurer un droit, prescrivait un devoir généralement redouté;

Des circulaires imposant le mensonge au vote électoral, en menaçant de destitution l'homme en place, et les administrés de la perte d'un établissement public ou d'un privilége accordé par le monopole;

Des inscriptions sur les listes électorales, et des cartes d'électeurs envoyées à des employés sans droit de voter;

La chambre des pairs envahie par la congrégation : cette institution, une des colonnes principales de l'État, faussée dans son essence et, sacrifiée au salut de ceux qui ont trahi tous leurs devoirs : récidive d'un coup d'État dont M. de *Castelbajac*, nouveau promu, fit jadis un motif d'accusation contre les ministres;

La nation dont le drapeau a flotté sur toutes les capitales de l'Europe, bafouée par une poignée de pirates ;

Cette nation méprisée par un roi à qui elle a prodigué ses soldats et ses trésors, au point de refuser de confier sa personne à cette armée qui l'avait ramené de Cadix à Madrid et rétabli sur un trône absolu.

Je crois avoir suffisamment démontré que les ex-ministres ont immolé à leur désir de rester en place la popularité du trône, nos institutions politiques, nos libertés fondamentales.

En conséquence, j'ai l'honneur de proposer à la chambre d'accuser le dernier ministère, 1° de trahison envers le roi, qu'il a tenté d'isoler de son peuple ; 2° de trahison envers la France, qu'il a tenté de priver de la confiance de son roi.

Ici, messieurs, ma tâche est finie et la vôtre commence. Vous avez à vous prononcer entre une chambre des pairs fidèle à ses serments, des cours royales impassibles dans leurs arrêts, une garde nationale qui dans sa soumission a donné une preuve de son dévouement sans bornes, la France enfin qui vient de vous confier ses destinées, et un ministère qui a insulté, licencié, frappé tout ce qui lui portait ombrage ; un ministère qui a immolé à son pouvoir nos libertés nationales, nos institutions politiques, nos lois militaires et jusqu'à l'indépendance des cultes ; qui, plus féroce que ces hordes du Nord qui ont inondé nos provinces, a lancé sur des citoyens sans armes la force soldée par ces citoyens et destinée à les défendre.

Rappelez-vous les soirées des 19 et 20 novembre, ces jours de deuil où l'homme paisible allant à ses affaires, la mère de famille rentrant en son logis, le fils regagnant le toit paternel, l'ouvrier s'approchant de sa modeste demeure, ont reçu de graves blessures ou la mort de la main de ceux qui devaient les en garantir.

Songez au sang si illégalement et si perfidement versé dans la capitale, et prononcez. La France vous regarde, l'histoire vous attend.

(D)

RAPPORT

Présenté par M. Girod (*de l'Ain*) *au nom de la commission chargée d'examiner la proposition de* M. Labbey de Pompières.

(Chambre des députés, séance du 21 juillet 1828.)

Messieurs,

Vous êtes appelés, pour la première fois, à exercer les hautes prérogatives qui nous sont attribuées par l'article 55 de la Charte constitutionnelle.

Si les ministres ont trahi le dépôt sacré de la confiance du roi, s'ils ont abusé du pouvoir qui ne leur était confié que pour assurer la gloire, la prospérité de la France et le maintien de nos droits, vous allez commencer à leur égard l'accomplissement d'un grand acte de justice parlementaire.

Mais si, victimes des haines qu'aurait suscitées une administration loyale et ferme, ils sont l'objet d'accusations irréfléchies et calomnieuses, vous leur accorderez une justification à laquelle ils ont d'autant plus de droits, qu'éloignés déjà de la direction des affaires, ils se trouvent moins protégés contre les attaques de leurs ennemis.

Votre commission s'est pénétrée des obligations que lui imposait ce double devoir qui la dirige dans les longs travaux, auxquels vingt-trois séances ont à peine suffi.

Nous avons d'abord cherché quelles étaient les règles que la chambre devait suivre dans l'exercice de sa prérogative, quelles attributions nous étaient conférées; de graves difficultés se sont présentées.

L'article 55 de la Charte donne à la chambre le droit d'accuser les ministres et de les traduire devant la chambre des pairs, qui seule a le droit de les juger: mais l'article 56 porte que la chambre ne peut les accuser que pour trahison et concussion. Des lois particulières, ajoute la Charte, spécifieront cette nature de délit et la nature des poursuites auxquelles elle pourra donner lieu. Ces lois n'existent pas encore. »

Le gouvernement s'en est occupé plusieurs fois : en 1814, plusieurs séances de la chambre furent employées à discuter une proposition sur la responsabilité ministérielle qui fut convertie en résolution; en 1816, un noble pair fit à la chambre, dans laquelle il siége encore, une semblable proposition; en 1817 et 1819 un projet de loi fut présenté à la chambre, il donna lieu à un rapport de commission. Tous ces actes demeurèrent sans autre suite. Peut-être la raison législative ne se sentait-elle pas assez éclairée sur une matière aussi délicate; peut-être aussi des doutes sérieux s'étaient-ils élevés sur la nécessité d'une pareille loi.

Il existe sur ce point un témoignage que nous croyons de notre devoir de mettre sous vos yeux.

„ En 1823, le ministre de l'intérieur d'alors (M. de Corbière), disait : « On nous reproche de ne pas avoir présenté de loi sur la responsabilité ministérielle; nous n'avons pas pensé qu'il y eût urgence. Si quelqu'un pense autrement, il peut faire une proposition.

„ « Un projet de loi fut présenté à la chambre, il y a quelques années, et discuté par une commission dont j'avais l'honneur d'être membre : un rapport fut présenté à la chambre; mais dans cette occasion, comme dans plusieurs autres, il éclaira la chambre sur l'étendue de la question, et sur les difficultés et peut-être l'inutilité de faire une loi sur la responsabilité des ministres.

« La Charte, disait-on alors, rend les ministres responsables pour concussion et trahison, la loi ne pourrait contenir que la définition de ces crimes et leur appliquer des peines, c'est le moyen de faire que tous les ministres puissent échapper à la responsabilité.

« La Charte ne laisse-t-elle pas une latitude assez grande, en disant que les ministres sont responsables pour trahison ou pour concussion?

« Il serait donc possible qu'après avoir examiné ces grandes questions, on finît par reconnaître que la Charte en a dit assez et peut-être plus que toutes les lois. C'est au moins l'impression que produisit sur la chambre le rapport fait sur une loi à ce sujet, et cette impression est restée durable puisque, depuis cette époque, la chambre n'a pas témoigné le désir de s'en occuper. »

Monsieur le président du conseil ajoutait alors : « Monsieur le ministre de l'intérieur vient de faire une réponse à laquelle il serait difficile de répondre; moi-même j'étais membre de la commission chargée d'examiner une loi sur la responsabilité des ministres : cette loi fut examinée pendant six semaines; il y avait dans cette commission des hommes très-capables, et au bout de ce temps elle reconnut qu'une loi sur la responsabilité des ministres pouvait être dans l'intérêt des ministres, mais non dans l'intérêt de la responsabilité.

« La chambre parut partager cette opinion, car la loi n'eut aucune suite; ne nous reprochez donc point de ne pas apporter une proposition de loi qui serait de notre part un vrai charlatanisme. »

Quoi qu'il en soit, votre commission s'est demandé si, à défaut de lois annoncées par la Charte, l'article 55 devait demeurer sans exécution, dans le cas où cette exécution serait d'une nécessité incontestable, et si des ministres pourraient impunément violer de la manière la plus formelle et la plus dangereuse leurs devoirs envers le trône et le pays.

Nous n'avons pu le croire; nous avons pensé que la prérogative de juger et d'accuser les ministres ne saurait être vaine et illusoire, et qu'il appartenait aux chambres d'en déterminer la règle en puisant dans le droit commun et en les environnant des garanties que, dans l'intérêt de l'État et dans l'intérêt des ministres inculpés, la prudence et la justice pourraient exiger.

Elle a pensé que si vous preniez la résolution d'accuser les ministres, c'était à vous à adopter les formes qui conviendraient le mieux, et à la chambre des pairs à adopter la jurisprudence, comme elle l'a déjà fait dans les quatre occasions où elle s'est constituée en corps judiciaire sans attendre les lois qui devaient aussi régir cette juridiction.

Nous n'avons pas cru qu'en appliquant ces principes à l'accusation qui vous est proposée, vous puissiez être exposés au reproche d'avoir donné à la législation un effet rétroactif. Elle saisit en effet les cas existants, sauf la qualification des faits et des peines. Les peines ne sont point de votre ressort; quant aux faits, il vous appartient de les examiner et de les expliquer.

Des faits soumis à votre commission ressort l'obligation de procéder à une enquête, et loin que ce mode d'opérer blesse la prérogative royale, loin qu'il excède les bornes de vos attributions politiques, il y rentre positivement et maintient cette prérogative. La Charte vous autorise d'ailleurs à en faire l'application dans cette circonstance comme dans toutes celles qui touchent à vos délibérations.

En effet, toutes vos délibérations sont préparées par de véritables enquêtes confiées à vos commissions. L'expérience et l'exemple d'un pays voisin ont démontré depuis long-temps l'utilité de ce mode de recherches pour tout ce qui intéresse l'état du pays. Nous ne le considèrerons en ce moment que relativement à l'objet qui nous occupe, et qui nous paraît le réclamer absolument.

Ces bases de l'instruction ne fussent-elles pas indiquées par les précédents, il faudrait les adopter comme un frein contre l'entraînement des passions politiques. Admettre ou rejeter sans ces précautions une accusation de la nature de celle qui vous est soumise, ce serait, il faut le dire, assumer sur vous une dangereuse responsabilité.

On a paru penser que l'autorisation de la chambre héréditaire était nécessaire pour commencer cette enquête. Nous ferons observer à cet égard que, dans cette circonstance, chacune des deux chambres reste entièrement indépendante dans la plénitude de ses attributions; de même que, dans une institution judiciaire, chaque magistrat demeure libre dans sa sphère.

Après nous être éclairés sur la nature de la mission qui nous était confiée, nous avons donc jugé qu'elle méritait un examen plus approfondi, plus spécial que les questions ordinairement soumises à l'examen de vos commissions. Pour y procéder, nous avions besoin de vérifier les faits par le moyen de communications officielles et particulières, en demandant des documents au gouvernement, en entendant des déclarations, sauf à en référer à la chambre si cela était nécessaire.

Ici, messieurs, s'est présentée une question de l'ordre le plus élevé. Devions-nous examiner les faits isolément et en eux-mêmes ? Devions-nous au contraire chercher, en les réunissant, s'ils ne constituaient pas un système conçu dans tel ou tel intérêt, avec tel ou tel caractère ?

Nous nous plaisons à vous dire, messieurs, que nous avons repoussé avec empressement tout ce qui pouvait rappeler des systèmes d'accusation en masse, fondée sur des faits généraux, systèmes dont les partis ont tant abusé.

Toutefois, nous n'avons pas cru devoir nous borner à l'examen des développements de l'accusation ; ces développements qui appartenaient à une autre accusation retirée par son auteur, ne sont pas ce que la chambre a pris en considération, ce qu'elle nous a chargés d'examiner ; ce que vous avez pris en considération, c'est l'accusation de trahison et de concussion : c'est là ce que nous avions à examiner.

Il ne s'est élevé aucun doute parmi nous sur le respect dû à la prérogative royale ; mais le roi est placé trop haut pour que les accusations portées contre les anciens ministres puissent l'atteindre ; mais les ministres sont responsables de tout acte revêtu de leur contre-seing.

La prérogative royale, cette prérogative si nécessaire, doit toujours être respectée, mais elle conserve tout son effet malgré l'accusation des ministres qui en ont conseillé l'usage.

Justifions nos théories par deux exemples récents :

Le roi peut dissoudre la garde nationale ; c'est un acte qui appartient à la prérogative et qui doit être respecté. Mais si cette dissolution n'a pas été méritée, si elle est contraire aux intérêts du pays et du trône, si elle peut affaiblir les liens qui doivent unir le peuple et la couronne, dans un pareil cas la prérogative doit être respectée ; la garde nationale reste dissoute, la prérogative royale conserve son plein effet ; mais le ministre est responsable d'avoir conseillé cet usage de la prérogative royale, il peut être accusé pour ce fait.

La création même des pairs du royaume attaque la prérogative royale ; les ministres, voulant s'assurer une majorité, ont déterminé le roi à une création de pairs dangereuse ; ces pairs exercent leurs fonctions, quel que soit l'effet de la responsabilité ministérielle, ils ne peuvent perdre leur rang.

La responsabilité ministérielle peut être étendue jusqu'à ses dernières limites, sans attaquer pour cela la prérogative royale. Dans l'exercice même du droit d'accusation, la chambre respecte cette prérogative.

Après ces observations indispensables et qui étaient nécessaires, permettez-nous, messieurs, de vous faire le récit fidèle des actes qui ont motivé la mise en accusation de l'ancien ministère ; permettez-nous également d'y mettre l'étendue et le développement nécessaires. Nous avons un devoir à remplir, c'est de signaler l'opinion de la minorité qui en a requis l'insertion dans ce rapport.

Dans le cours de nos premières séances, nous avons demandé à monsieur le ministre de l'intérieur des renseignements concernant l'établissement de plusieurs corporations de jésuites, missionnaires, capucins et autres religieux sous le dernier ministère ; des renseignements sur les circulaires et autres instructions ministérielles relatives aux élections : à monsieur le ministre de la justice, sur les rapports préalables présentés au roi pour motiver la nécessité de la censure, et sur les instructions données aux censeurs : au ministre des finances, sur les ordonnances concernant la dotation de la chambre des pairs, ou des gratifications à plusieurs pairs en particulier; sur les concessions de terrains au Calvaire et à la grande chartreuse de Grenoble, appartenant au domaine de l'État; sur le port gratuit de plusieurs journaux, brochures et pamphlets; sur l'exemption du timbre pour la Gazette de France; sur la restitution du domaine de Fénestranges, ayant appartenu à la maison de Polignac ; à monsieur le garde des sceaux, sur les circonstances qui ont accompagné l'arrestation du colonel Caron : à monsieur le garde des sceaux et à monsieur le ministre de la marine, sur la déportation et la détention arbitraire qu'auraient subies plusieurs habitants de la Martinique : à monsieur le garde des sceaux, sur les pensions et gratifications assignées par son prédécesseur sur la caisse du sceau des titres : au ministre de l'intérieur, sur le rapport qui a précédé la dissolution de la garde nationale de Paris, etc.

Le 26 juin, monsieur le ministre de l'intérieur répondit à la commission « que monsieur le ministre des affaires ecclésiastiques étant seul en mesure de donner les renseignements demandés par la commission sur l'établissement de plusieurs congrégations religieuses, transmission lui avait été faite de la lettre écrite à cet égard par monsieur le président de la commission. »

Nous ferons sur cette réponse une seule observation, c'est que ces renseignements avaient été demandés à monsieur le ministre de l'intérieur parce que les faits auxquels ils se rapportaient intéressaient la haute police de l'État.

Monsieur le ministre des affaires étrangères répondit le même jour à la commission « qu'il résultait de toutes
« les informations qu'il avait recueillies, qu'il n'avait
« été adressé, par le département des affaires étran-

« gères ou par ses agents, aucune circulaire, soit offi-
« cielle, soit confidentielle, à l'occasion des élections
« de 1824 et 1827. »

Le 3 juillet, monsieur le président de la commission lui donna connaissance d'une lettre de monsieur le garde des sceaux, qui était ainsi conçue :

« Monsieur, j'ai reçu les lettres que vous m'avez fait
« l'honneur de m'écrire les 24, 25 et 28 juin, et par
« lesquelles vous me demandez, au nom de la commis-
« sion chargée de l'examen de la proposition de M. Lab-
« bey de Pompières, communication de diverses piè-
« ces tant officielles que confidentielles, appartenant
« au ministère de la justice.

« Plusieurs de mes collègues ayant reçu de sembla-
« bles demandes, nous avons jugé convenable d'y ré-
« pondre en commun. Ils m'ont chargé de ce soin.

« Dépositaires publics des documents qui intéressent
« le service du roi, le gouvernement et l'administra-
« tion de l'État, nous avions cru d'abord devoir exa-
« miner s'il pouvait être de notre devoir d'en donner
« communication ; mais en remarquant l'état où est
« actuellement l'affaire, nous avons pensé qu'il n'y
« avait pas lieu à l'examen et à la solution de cette
« grave question, et qu'en conséquence nous ne pou-
« vions vous transmettre les pièces demandées.

« Vous apprécierez, monsieur, ainsi que vos hono-
« rables collègues, une détermination qui nous est
« suggérée par des motifs de l'ordre le plus élevé.

« J'ai l'honneur, etc.

Signé, le comte DE PORTALIS. »

En adressant ces demandes à messieurs les ministres, nous n'avions point excédé les bornes de notre mission ; nous pensons qu'ils auraient pu y satisfaire : mais nous reconnaissons aussi que, dans une circonstance où la plus grande circonspection leur était commandée, ils ont pu *considérer l'état où était l'affaire*, douter que nous eussions reçu de vous des pouvoirs suffisants et attendre, pour la transmission des pièces demandées, les mesures que vous croiriez devoir prendre. Nous avons délibéré si, dès l'instant même, nous ne vous donnerions pas connaissance de leur réponse, et nous avons estimé que la suite de l'examen auquel nous nous livrons pouvait seul nous apprendre si l'absence des documents demandés nous mettrait dans l'impossibilité de former nos conclusions, et que ce n'était que lorsque cette impossibilité nous serait démontrée, que nous serions autorisés à venir interrompre vos travaux pour obtenir de vous les moyens de continuer les nôtres.

Cherchant les éléments de notre conviction dans la notoriété publique, dans les pièces authentiques et les notions générales ou particulières que nous avions pu recueillir, nous avons procédé à une vérification sommaire des faits, prévoyant dès-lors que vous auriez à en faire l'objet d'une instruction plus ample, et pour les solutions que nous donnerions aux questions qui seraient posées, nous référant déjà dans notre pensée à ce parti qui semblait indispensable.

C'est ainsi que la majorité de votre commission a reconnu en fait : 1° que des religieux n'avaient pas été rappelés en secret en France par le dernier ministère; 2° qu'il y avait des jésuites en France; 3° que ces jésuites avaient été tolérés par le dernier ministère; 4° que cette tolérance était contraire aux lois, en ce que les jésuites avaient manifesté, par des signes et des actes extérieurs, leur existence comme corporation; 5° qu'il y avait eu, de la part du dernier ministère, protection des jésuites comme corporation religieuse; 6° qu'il y

avait eu fraude dans un certain nombre d'élections en 1824 et 1827; 7° que le rétablissement de la censure, en 1824 et 1827, n'avait pas été déterminé par des circonstances graves qui rendissent momentanément insuffisantes les mesures de garantie et de répression établies; quatre membres de la commission ont été d'avis que « l'ordonnance de censure de 1824 avait été dé-
« terminée, non-seulement par les motifs consignés
« dans le préambule, mais principalement par la consi-
« dération des circonstances graves du prochain chan-
« gement de règne qu'annonçait la maladie dangereuse
« dont le roi Louis XVIII était atteint; ils ont fait ob-
« server qu'immédiatement après l'avénement de Char-
« les X au trône, la censure avait été supprimée par
« une seconde ordonnance. »

8° Qu'il n'y avait pas eu défaveur de la part du dernier ministère à l'égard des protestants.

Un membre a voté pour l'affirmative. Un membre a estimé que les reproches qu'on pourrait adresser au dernier ministère, relativement à quelques protestations, ne lui paraissaient pas suffisants pour voter l'affirmative. Un membre s'est abstenu de voter faute de renseignements suffisants.

9° Qu'il y avait eu des destitutions arbitraires et blâmables de la part du dernier ministère.

Trois membres, après avoir réclamé contre la position de la question, « attendu que pour la motiver et
« mettre la commission en mesure d'éclairer son vote,
« il n'a été produit que des allégations dénuées de preu-
« ves, » ont voté pour la négative.

10° Qu'il y avait eu dissipation de la fortune publique à l'occasion de la guerre d'Espagne.

Deux membres se sont abstenus de voter et ont protesté contre la position de la question, « comme n'ayant

« pas été précédée d'une vérification suffisante des
« faits. »

Sur une question ainsi posée : « Cette dissipation de
« la fortune publique est-elle imputable au dernier
« ministère ? » Trois membres ont répondu non,
faute de renseignements contraires. Deux membres ont
répondu non, faute de renseignements suffisants. Trois
membres ont répondu oui, sauf renseignements contraires. Un membre a pris la question *ad referendum*.

Sur une question ainsi posée : « Le système politique
« suivi par le dernier ministère à l'égard de l'Espagne
« a-t-il été contraire aux intérêts de la France ? » Quatre membres ont répondu : non, faute de renseignements suffisants. Un membre a répondu : non. Deux
membres ont répondu : oui. Un membre a répondu :
oui, sauf renseignements contraires. Un membre a pris
la question *ad referendum*.

11° La majorité de la commission a décidé que : « Le
« conseil donné de créer soixante-seize pairs, en 1827,
« était contraire aux intérêts de la couronne et du
« pays. » Trois membres ont voté pour la négative.
Un membre a exprimé ainsi son vote : « Ce conseil
« pouvait être contraire aux intérêts de la couronne et
« du pays. »

12° Que « la conduite de l'administration relative-
« ment aux troubles qui ont eu lieu à Paris, les 19 et
« 20 novembre 1827, avait été blâmable. » Trois membres ont voté la négative. Un membre a voté l'affirmative, seulement en ce qui concernait la police.

13° Que plusieurs habitants de la Martinique ont été
détenus arbitrairement et déportés illégalement au Sénégal. Deux membres ont répondu qu'ils ne pouvaient
voter, faute de renseignements suffisants. Un membre

a déclaré qu'il était porté à voter pour l'affirmative, mais qu'il avait besoin de voir les pièces officielles.

14° Que l'envoi au greffe de la cour de cassation des pièces de ceux d'entre ces habitants qui s'étaient pourvus, avait été illégalement retardé pendant plusieurs mois. Trois membres ont déclaré avoir besoin de renseignements plus amples pour voter.

15° Que l'arrestation du colonel Caron, à Bettenheim, dans la nuit du 12 juillet 1822, avait été précédée, accompagnée et suivie de faits blâmables. Deux membres ont voté pour l'affirmative « seulement
« en ce qui concernait les circonstances de la prome-
« nade militaire au travers des communes qu'on pou-
« vait compromettre. » Un membre a déclaré qu'il penchait pour l'affirmative, mais qu'il n'était pas assez informé. Un membre a voté pour la négative.

16° Sur le vu des pièces officielles, votre commission a reconnu en fait : « Qu'il y avait eu de la part de la
« dernière administration concession de certains droits,
« et de certaines jouissances appartenant à l'État, au
« profit des chartreux de Grenoble et des trapistes de
« Meilleraie, et que d'autres concessions avaient été
« précédemment faites aux chartreux de Grenoble. »

Nous nous sommes occupés de la dissolution de la garde nationale de Paris, en 1827; mais seulement en ce qui touchait la responsabilité ministérielle que ce fait pouvait entraîner, nous avons arrêté que nous entendrions ceux des chefs de cette garde et celles des personnes de la suite du roi, lors de la revue du 29 avril 1827, qui, sur invitation à eux adressée, voudraient et pourraient nous donner des renseignements; que procès-verbal séparé serait tenu des déclarations qu'ils feraient, lequel procès-verbal, après qu'il aurait été lu au déclarant, serait signé de lui s'il le voulait, des président et secrétaire de la commission, et annexé au procès-verbal des délibérations.

Un membre a protesté formellement contre la décision de la commission de demander la signature aux personnes invitées officieusement à faire des déclarations, attendu que par cette demande la commission usurperait un pouvoir qui ne lui avait pas été délégué par la chambre.

Nous avons en conséquence invité à se rendre auprès de nous MM. le maréchal duc de Reggio, les lieutenants généraux comte Exceimans et Couiard, et les douze anciens colonels des légions de la garde nationale de Paris.

Des membres de la commission ayant demandé que MM. le lieutenant général comte de Bourmont, le colonel de la ville et de la gendarmerie royale de Paris, vicomte de Foucauld, le comte de Lévis, député de la Loire et officier supérieur des gardes du corps, fussent entendus, pareille invitation leur a été adressée, ainsi qu'à M. Sauvo, rédacteur en chef du *Moniteur*, qu'on nous annonçait pouvoir donner des renseignements sur une double composition du *Moniteur* qui aurait eu lieu dans la soirée du 29 avril.

Le 2 juillet, M. le maréchal duc de Reggio a écrit à monsieur le président de la commission, la lettre suivante : « Monsieur le président, j'ai reçu la lettre que
« vous m'avez fait l'honneur de m'adresser au nom de
« la commission que vous présidez. Je ne puis répondre
« dre autrement à son invitation qu'en vous priant de
« lui faire connaître que je n'ai rien à raconter que ce
« qui est à la connaissance de tout le monde, si ce
« n'est que dans la nuit j'ai reçu par un gendarme
« l'ordonnance de licenciement, à laquelle j'ai dû obéir.

« J'ai l'honneur, etc. — *Le maréchal duc de Reggio.* »

Le 3 juillet, le vicomte de Foucauld a adressé à monsieur le président de la commission, une lettre ainsi conçue :

« Monsieur le président, placé par mon grade et
« par les attributions du poste que j'occupe, sous l'au-
« torité supérieure des ministres de la guerre et de
« l'intérieur, j'ai dû leur donner connaissance de la
« lettre que vous m'avez fait l'honneur de m'écrire
« hier, au nom de la commission que vous présidez.
« J'attends à cet égard les ordres de leurs excellences,
« et je prie messieurs les membres de la commission
« de recevoir l'expression de mes regrets de ne pou-
« voir me rendre aujourd'hui à leur invitation.

« J'ai l'honneur, etc. — Le vicomte *de Foucauld*. »

Le 3 juillet, M. le comte de Lévis a répondu en ces termes :

« Monsieur le président, je reçois l'invitation que
« vous m'avez adressée de la part de messieurs les
« membres de la commission de me rendre aujour-
« d'hui devant eux, pour y donner les renseignements
« qui pourraient être à ma connaissance sur les faits
« qui ont précédé, accompagné ou suivi la revue de
« la garde nationale, passée par le roi le 29 avril 1827.
« J'ai l'honneur de vous prévenir que je ne peux
« obtempérer au désir de la commission, et je vous
« prie de vouloir bien lui faire observer que, relati-
« vement aux faits dont je peux être témoin dans
« l'exercice de mes fonctions près du roi ou des prin-
« ces, c'est à eux seuls que je dois en rendre compte.

« J'ai l'honneur, etc. Le comte *de Lévis*. »

La majorité de votre commission a désiré que la différence qui existe entre cette dernière et les précédentes vous fût signalée.

M. Méat-Defourneau, ancien colonel d'une légion

de la garde nationale de Paris était absent de Paris, et a répondu qu'il s'empresserait de se rendre auprès de la commission, si elle le jugeait nécessaire.

M. le lieutenant général comte Coutard n'a point répondu à la lettre qui lui avait été adressée; nous avons lieu de croire qu'elle ne lui est point parvenue.

MM. les lieutenants généraux comte de Bourmont et Excelmans, ainsi que MM. les anciens colonels de la garde nationale de Paris, de Sambucy, de Lapeyrière, Villot, Rieussec, Larsonnier, Polissart-Quatremère, et M. Sauvo, rédacteur en chef du *Moniteur*, ont été entendus. Nous croyons devoir vous donner connaissance entière de leurs déclarations, qui ont été signées par eux.

Déclaration de M. le comte de Bourmont.

« Je me suis empressé de me rendre à l'invitation
« que m'a adressée monsieur le président de la com-
« mission; mais, en ma qualité de membre de la cham-
« bre des pairs, qui peut être appelée à se former en
« cour judiciaire pour l'affaire dont s'occupe la com-
« mission, je ne pense pas qu'il me soit permis de
« m'expliquer devant elle sur les faits qui se rattachent
« à cette affaire et qui pourraient être à ma connais-
« sance. »

Déclaration de M. le comte Excelmans.

« J'ai suivi le cortége du roi : le roi a été partout
« bien accueilli; seulement çà et là, derrière les rangs
« de la garde nationale, quelques personnes criaient :
« *A bas les ministres! à bas les jésuites!* C'était après
« le passage du roi, et quand arrivait la calèche des

« princesses : il paraît qu'on n'osait pas crier en face
« du roi, de sorte que les cris arrivaient au moment
« même du passage de la calèche, tellement qu'on au-
« rait pu croire que les cris étaient pour les princesses,
« tandis que ce n'était pas cela. Au surplus, les cris de
« *vive le roi!* couvraient tout : aussi des tertres on
« n'entendait que des cris d'enthousiasme. Ceux qui
« criaient derrière les rangs étaient des gardes natio-
« naux, mais isolés et comme en serre-files; ils pas-
« saient la tête entre les rangs et se retiraient sur-le-
« champ comme s'ils avaient eu peur. J'ai vu dix ou
« douze polissons mal vêtus, jeter des cris inconve-
« nants; ils paraissaient excités : c'était sur le passage
« des princesses, après la revue et hors du Champ-de-
« Mars. En sortant du Champ-de-Mars, vers la grille
« et sur un arbre, était un homme mal vêtu, qui je-
« tait des cris d'énergumène contre les ministres; il
« paraissait excité. Dans la 7ᵉ légion, un garde national
« est sorti des rangs, s'est approché du roi en présen-
« tant son arme, et a demandé le renvoi des ministres.
« C'est alors que le roi a répondu : *Je suis venu ici
« pour recevoir des hommages et non des leçons.* Cet
« homme a été hué, désarmé et chassé par la compa-
« gnie, qui a redoublé ses cris de *vive le roi!*

« L'effet général de la revue m'a paru propre à don-
« ner de la satisfaction au roi; il n'a pas entendu les
« cris inconvenants qui n'éclataient qu'après son pas-
« sage. Je n'ai pas vu faire de gestes menaçants par
« les hommes qui jetaient ces cris. J'ai dit à ces hom-
« mes : Si vous criez contre les ministres, vous les fe-
« rez rester un an de plus. Je crois aussi avoir dit : Si
« la garde royale dans une revue criait *à bas la Charte!*
« qu'en diriez-vous? J'ai entendu dire par des person-
« nes qui approchaient M. le maréchal duc de Reggio,

« qu'il avait reçu du roi l'ordre de préparer un ordre
« du jour pour témoigner sa satisfaction de la revue.
« Je savais que la garde royale était consignée dans ses
« quartiers. J'ai vu une compagnie de vétérans qui
« avait été placée derrière les planches qui entourent
« l'hôtel commencé sur le quai d'Orsay, et qui a battu
« aux champs au passage du roi. »

Déclaration de M. le vicomte de Sambucy.

« Instruit par la lettre de monsieur le président, du
« motif de l'invitation qui m'était adressée, j'ai voulu
« préciser le plus possible les renseignements que je
« pouvais donner, et je les ai rédigés par écrit dans
« une note que je dépose, signée de moi. »

Cette note est ainsi conçue :

« La 3ᵉ légion, réunie dès neuf heures du matin
« sur la place des Victoires, était aussi nombreuse que
« belle. Elle arriva en bon ordre au Champ-de-Mars,
« après avoir passé par la rue de Rivoli dans le plus
« grand silence.

« On resta près de deux heures dans l'inaction. Pen-
« dant ce temps, des individus étrangers aux légions
« circulaient derrière les lignes, pour exciter à pro-
« férer des cris répréhensibles. Ils s'approchèrent de
« quelques gardes nationaux qui les obligèrent de s'é-
« loigner aussitôt, des salves d'artillerie annonçant la
« présence du roi. Sa Majesté paraît devant le front de
« la troisième légion, elle y est reçue aux acclamations
« unanimes de *vive le roi!* Vers le centre du second rang,
« un cri répréhensible se fait entendre ; de nouvelles
« acclamations couvrent ce cri, à peine distingué. J'é-
« tais à cheval près du roi et, n'ayant point quitté Sa
« Majesté pendant qu'elle parcourait la ligne de la

23.

« troisième légion, j'atteste sur l'honneur qu'à l'ex-
« ception du fait que je viens de rappeler, tous les
« gardes nationaux firent éclater un grand enthou-
« siasme en présence de Sa Majesté.

« Au moment où nous allions défiler, je recomman-
« dai le silence le plus absolu ; mais le bonheur de
« voir le roi fit oublier mes recommandations, et ce
« fut aux cris de *vive le roi !* que nous passâmes de-
« vant Sa Majesté.

« On a dit qu'immédiatement après le défilé, et
« presque en face la calèche des princesses, on avait
« proféré des cris inconvenants. Tous les rapports des
« chefs de peloton affirment que les gardes nationaux
« de la troisième légion n'ont fait entendre que le cri
« de *vive le roi!* Les bruits répandus à cet égard ne
« peuvent donc atteindre ceux que j'avais l'honneur de
« commander. Mes collègues disculperont facilement
« leur légion, et pour mon compte je crois important
« de faire observer qu'une troupe de gens, la plupart
« mal vêtus et qui avaient été déjà vus à la suite du
« cortége dans le Champ-de-Mars et près de la calèche,
« étaient parvenus, dans ce moment, à se placer en face
« des princesses, mais de manière à être masqués par
« la colonne marchante ; ce qui a pu faire attribuer à
« des gardes nationaux, assez occupés eux-mêmes
« d'exécuter l'ordre de rompre la colonne pour se for-
« mer et marcher par le flanc, les clameurs qui ne
« partaient que de ces mêmes personnes, tout-à-fait
« étrangères à la garde nationale. Au surplus, mes-
« sieurs les officiers supérieurs de l'état-major général
« et des légions, notamment MM. le chevalier de La
« Chauvinière, les barons de Mortemart et de Jouy et
« monsieur le colonel de la 10ᵉ légion, pourront, sur
« ce point et sur d'autres, donner des explications.

« J'ai dit qu'en allant au Champ-de-Mars j'avais
« suivi la rue de Rivoli, et que je n'avais remarqué
« aucun indice qui pût faire présumer que les esprits
« fussent occupés d'une idée autre que celle du plaisir
« que cette journée semblait promettre.

« Au retour, étant sur la place Louis XVI, je me pro-
« posais de passer par les boulevards, mais instruit que
« la deuxième légion venait de s'y former en totalité,
« je dus reprendre la rue de Rivoli qui, d'ailleurs,
« était le chemin tracé comme le plus direct pour ren-
« trer au quartier. »

« Parvenu au ministère des finances, près la rue du
« Luxembourg, il fallut faire mettre des files en ar-
« rière, tant la rue était obstruée par des groupes sta-
« tionnés devant l'hôtel du ministre, et dont les me-
« neurs se précipitaient dans l'intervalle des pelotons.
« Cependant la colonne, presque serrée en masse,
« avançait plutôt au pas de course qu'au pas accéléré.
« Placé à la tête de la légion, je n'entendis que deux
« ou trois cris *à bas les ministres!* qui furent aussitôt
« couverts par le cri de *vive le roi!*

« Les cris *à bas Villèle!* ne partirent d'abord que
« des groupes marchant des deux côtés de la colonne;
« et si les provocations de ces derniers excitèrent un
« très-petit nombre de gardes nationaux à répéter ces
« cris, ceux de *vive le roi!* les couvrirent immédia-
« tement.

« Je ne dois point passer sous silence qu'avant d'ar-
« river à la place Louis XVI, nous avions été joints
« par des hommes étrangers à la légion, et sans doute à
« la garde nationale; ils étaient revêtus de l'uniforme
« de chasseurs, n'ayant pour la plupart d'autre arme
« qu'un sabre; ils marchaient sur les flancs de la co-
« lonne; on les vit ensuite dans la rue de Rivoli se

« réunir derrière le 2ᵉ bataillon, et l'on assure qu'ils
« répondirent aux provocations des groupes qui en-
« combraient cette rue.

« Quand j'eus fait rompre les rangs, sur la place
« des Victoires, les officiers et les gardes nationaux se
« séparèrent, heureux de penser que le roi avait pu
« être content de la 3ᵉ légion.

« Telle fut l'impression que produisit cette journée,
« et que chacun de nous rapporta dans sa famille.

« Ces détails sont le résultat des observations faites
« par moi-même, ainsi que des rapports qui me furent
« adressés, dans la soirée du 29 avril, par les chefs
« de bataillon et de peloton parmi lesquels on comp-
« tait un membre de la chambre des députés, le pré-
« sident du tribunal de commerce, des banquiers, des
« négociants et d'autres notables du troisième arron-
« dissement. »

Demande d'un membre de la commission à M. de
Sambucy. « Une partie du 2ᵉ bataillon de votre légion
« n'a-t-elle pas quitté son corps et passé par le bou-
« levard? »

M. de Sambucy : « Une lettre de M. Gaillot, capi-
« taine dans ce bataillon, lettre que je dépose, donne
« à cet égard toutes les explications nécessaires. »

Cette lettre est ainsi conçue :

« Monsieur le vicomte, c'est avec satisfaction que je
« vous certifie que la très-grande majorité du peloton
« que je commandais, s'est comportée comme elle le
« devait sous les armes; je devrais même dire la tota-
« lité, puisqu'au Champ-de-Mars une seule voix a
« osé faire entendre autre chose que le cri de *vive le*
« *roi!* encore n'était-ce qu'après le passage de Sa Ma-
« jesté. Au retour, entendant des clameurs au devant
« de nous, et craignant qu'on ne se crût plus obligé à

« la même circonspection, j'ai surveillé mon peloton
« de concert avec M. de La Garde, mon lieutenant,
« et nous sommes arrivés jusqu'à l'extrémité de l'hôtel
« du ministère, sans qu'un seul mot eût été prononcé.
« Là seulement, une voix (la même probablement)
« s'est fait entendre. Alors, par un mouvement peut-
« être inconsidéré, j'ai remis le sabre au fourreau, et
« j'ai quitté le commandement d'un peloton dont je
« pouvais obtenir l'entière obéissance. J'ai été suivi,
« sans le vouloir, par beaucoup de ceux qui le com-
« posaient, et cette faute que j'ai commise prouve en-
« core que ce qui se passait n'était pas approuvé par
« les gardes nationaux que je commandais. Voilà,
« monsieur le vicomte, l'exacte vérité. Si chaque
« chef vous rend un compte aussi véridique, vous serez
« à même de juger si les rapports qu'on a pu faire sur
« la légion ont été calomnieux. ».

Monsieur le président : « Est-il à votre connaissance
« que le 16 avril, au château des Tuileries, le roi en
« passant une inspection, a promis de passer la revue
« le 29 ? »

M. de Sambucy : « Je crois l'avoir entendu ainsi;
« j'ai toujours regardé la revue comme ayant été déter-
« minée du propre mouvement du roi. »

Monsieur le président : « Est-il à votre connaissance
« que le roi ait témoigné sa satisfaction à M. le maré-
« chal duc de Reggio après la revue ? »

M. de Sambucy : « Ce fait est de notoriété publique;
« je l'ai appris de plusieurs personnes, mais je n'en ai
« point été informé par monsieur le maréchal lui-
« même. »

Monsieur le président : « Quel a été l'effet général
« de cette revue ? »

M. de Sambucy : « J'ai vu toutes les revues depuis

« 1814; dans aucune on n'a témoigné plus de dévoue-
« ment au roi. Si, dans cette occasion, il y a eu plus
« de démonstration d'une joie qui peut paraître incon-
« venante sous les armes, il faut l'attribuer au retrait
« de la loi de la presse qui venait d'avoir lieu. »

Monsieur le président : « Quelle a été l'impression
« que la revue a paru faire au roi ? »

M. de Sambucy : « Le roi m'a paru exprimer une
« véritable satisfaction dans tout le cours de l'inspec-
« tion de ma légion. Les cris inconvenants qu'on a pu
« entendre sont partis des groupes qui s'étaient formés
« au retour de la revue. Le matin, sept légions avaient
« passé dans le plus grand ordre et le plus grand si-
« lence; la deuxième légion s'était formée dans le même
« ordre et le même silence sous les fenêtres de monsieur
« le garde des sceaux. »

Un membre : « Les groupes qui avaient parcouru
« Paris quelques jours auparavant et les cris qu'ils
« proféraient, n'ont-ils pas donné quelque inquiétude
« à la garde nationale? »

M. de Sambucy : « Les chefs de la garde nationale
« n'ont éprouvé d'autre inquiétude que celle de voir
« quelques individus, chez lesquels le sentiment des
« convenances n'aurait pas été aussi vif qu'il l'eût fallu,
« pousser des cris répréhensibles; et cette espèce d'in-
« quiétude, quelques chefs l'ont manifestée à monsieur
« le maréchal. D'autres chefs n'ont pas voulu témoi-
« gner les mêmes inquiétudes. »

Un membre : « Quels sont les cris que vous quali-
« fiez de *répréhensibles ?* »

M. de Sambucy : « Tout cri poussé sous les armes
« me paraît en général répréhensible. J'ai entendu
« quelques cris de *à bas les ministres! à bas les jé-
« suites!* »

Le même membre : « A quelle classe du peuple appartenaient, et eu quel nombre étaient les personnes formant les groupes auxquels vous avez attribué quelques-uns de ces cris; y remarquait-on des étudiants ? »

M. de Sambucy : « Ces groupes m'ont paru composés de cinquante à cent personnes, la plupart mal vêtues, parmi lesquelles je n'ai remarqué aucun individu que l'on pût prendre pour un étudiant. »

Le même membre : « Pouvez-vous donner quelques explications sur les hommes habillés en chasseurs de la garde nationale, que vous avez dit avoir fait expulser des rangs de votre légion ? »

M. de Sambucy : « Ces hommes étaient pour la plupart sans fusils, ils étaient au nombre de soixante ou quatre-vingts ; je les ai rencontrés en revenant de la revue, au-dessous du Palais-Bourbon : ils s'étaient formés en tête de ma légion, je les ai fait expulser; ils ont voulu se replacer sur les flancs, je les ai encore fait écarter ; on m'a dit qu'ils avaient cherché à se reformer derrière la deuxième légion, je les ai perdus de vue. »

Un membre : « Lorsque votre légion a passé dans la rue de Rivoli, en revenant de la revue, des signes de menaces n'ont-ils pas été dirigés contre l'hôtel du ministre des finances ? »

M. de Sambucy : « Je puis attester que rien de ce genre n'a eu lieu de la part de ma légion. Je dois ajouter qu'on a répandu le bruit que des rangs de la garde nationale étaient partis des cris insultants pour les princesses ; je déclare que ce bruit, qui nous a mortellement affligés, est absolument faux et que la garde nationale entière se serait soulevée contre les auteurs de ces cris; du moins c'est mon sentiment. »

Déclaration de M. Lapeyrière.

« La veille de la revue, j'avais fait rassembler mes officiers et je les avais prévenus que le cri de *vive le roi!* serait permis sous les armes. J'avais reçu l'assurance que nul autre cri ne serait proféré. C'est aussi le seul qui soit parti de ma légion, et même il a été répété plus souvent que les convenances du service ne semblaient le permettre. Le roi a paru satisfait et me l'a témoigné. Je dois dire cependant qu'un cri de *vive la Charte!* ayant été entendu dans nos rangs, on en a fait sortir l'homme qui l'avait poussé, et il a été reconnu qu'il n'appartenait point à la légion; il a été remis à un officier de l'état-major, pour être expulsé du Champ-de-Mars. »

Un membre: « Les officiers de votre régiment avaient-ils témoigné à monsieur le maréchal le désir d'être passés en revue? »

M. Lapeyrière : « Les officiers et les gardes nationaux de ma légion désiraient tous cette revue, mais nul n'en a fait la demande. Je dois ajouter que c'est de la bouche même de Sa Majesté que, le 16 avril, j'ai entendu la promesse de cette revue pour le 29. »

Un membre : Comment cet homme, qui a crié *vive la Charte!* a-t-il pu s'introduire dans les rangs de votre légion ? »

M. Lapeyrière : « Je l'ai moi-même demandé à l'officier commandant le peloton, qui n'a pu me l'expliquer. Ce cri a été poussé au moment où le roi passait la revue de la seconde ligne, et il ne l'a pas entendu. Lorsque j'ai fait faire l'appel de la légion aux Champs-Élysées, cet homme ne s'y trouvait point. »

Un membre : « Avez-vous vu près du palais Bourbon, des groupes où se trouvaient des individus habillés en chasseurs? »

M. Lapeyrière : « Je n'ai point vu ces individus, je n'ai entendu aucun cri inconvenant de la part du peuple, soit au Champ-de-Mars, soit au retour de la revue. »

Un membre : « Avez-vous entendu des cris inconvenants qui seraient sortis de la foule qui garnissait les tertres du Champ-de-Mars? »

M. Lapeyrière : « Je n'ai entendu sur ce point que des cris de *vive le roi!*

Le même membre : « Avant l'arrivée du roi, des individus se sont-ils approchés de votre légion pour y distribuer des pamphlets? »

M. Lapeyrière : « Je n'ai aucune connaissance de ce fait? »

Un membre : « Vous avez dit qu'il était parti des cris inconvenants des rangs de la quatrième légion; est-il à votre connaissance que le roi en ait témoigné du mécontentement? »

M. Lapeyrière : Des cris peu nombreux de *à bas les ministres!* sont effectivement partis des rangs de la quatrième légion; mais il n'est pas à ma connaissance que le roi ait témoigné son mécontentement de ces cris qui nous ont affligés. »

Un membre : « Des chasseurs de votre légion ont-ils pu demeurer au arrière, et se mêler dans les groupes dont on a parlé? »

M. Lapeyrière : « Je ne le pense pas.

Un membre : « Est-il à votre connaissance qu'un ordre du jour avait été préparé pour témoigner à la garde nationale la satisfaction du roi? »

M. Lapeyrière : « Monsieur le maréchal l'a assuré à plusieurs chefs de légion. »

Déclaration de M. Villot.

« La deuxième légion s'est formée devant l'hôtel de monsieur le garde des sceaux; pendant une heure, elle a gardé le silence le plus profond; elle a suivi la rue de Rivoli, et a passé devant l'hôtel de monsieur le ministre des finances, elle a gardé le même silence; arrivée au Champ-de-Mars, elle a pris le rang de bataille qui lui était assigné. Le roi, à son passage, a été accueilli avec le plus grand enthousiasme; je n'en avais pas vu de pareil depuis 1814, et il a fallu plus que de la bonne volonté pour entendre trois ou quatre cris isolés, qui sont partis du milieu de la légion; ils avaient été excités par un groupe d'hommes tous en uniforme, quelques-uns portant un fusil, les trois quarts seulement un sabre, qui marchaient derrière la ligne de la deuxième légion, à la hauteur du cortége du roi, et jetaient les cris : *à bas les ministres! à bas les jésuites!* Après le passage du roi, ou plutôt après que Sa Majesté a eu dépassé le front de la 1re compagnie de grenadiers du 2e bataillon, monsieur le maréchal est venu, accompagné d'un officier supérieur de gendarmerie, pour faire arrêter un grenadier accusé d'avoir crié *à bas les ministres!* Le commandant du peloton lui fit observer qu'il y avait erreur, que ce grenadier était chef de bureau dans une direction générale et d'opinion royaliste. Cet éclaircissement satisfit l'officier de gendarmerie, et l'arrestation n'eut pas lieu. Il est donc faux que la compagnie ait croisé la baïonnette. Le lendemain, monsieur le maréchal fit appeler plusieurs officiers ainsi que moi, et il s'excusa de l'erreur qu'il avait commise. Avant le passage du roi devant la légion on est venu me dire que l'École-Militaire était pleine de troupes de toutes armes. J'ai engagé les officiers qui me parlaient, à ne pas répandre un bruit qui pouvait inquiéter. La légion est revenue dans le plus grand ordre; elle s'est rompue sur le boulevard en face du théâtre Italien. Je m'étais aperçu que les têtes avaient été montées par les cris du groupe dont j'ai parlé; j'avais évité de faire passer ma légion par la rue de Rivoli et la place Vendôme.

Monsieur le président. « Est-il à votre connaissance que, le 16 avril, le roi ait promis aux chefs de la garde nationale la revue pour le 29? »

M. Villot. « Le roi nous l'a annoncé immédiatement après l'inspection des postes. »

Monsieur le président. « Cette revue avait-elle été demandée par les chefs de la garde nationale? »

M. Villot. « Je sais qu'on avait souvent parlé de cette revue; mais je n'ai pas appris qu'elle ait été demandée, et je pense qu'elle a eu lieu du propre mouvement du roi et comme marque de satisfaction. »

Monsieur le président. « Le roi a-t-il témoigné sa satisfaction pendant et après la revue? »

M. Villot. « Le roi a paru très-content pendant la revue, et j'ai entendu dire par des personnes qui sont dans l'intimité de monsieur le maréchal, que le roi lui avait ordonné de préparer un ordre du jour pour témoigner sa satisfaction à la garde nationale, et lui avait annoncé son intention de distribuer des décorations. »

Un membre. « Savez-vous ce que sont devenus les groupes dont vous avez parlé? »

M. Villot. « Après le passage de ma légion, je ne sais ce qu'est devenu le groupe dont j'ai parlé. »

Un membre. « Au retour de la revue avez-vous vu près du Palais-Bourbon des groupes dans lesquels se trouvaient des hommes habillés en gardes nationaux? »

M. Villot. « J'ai vu près du Palais-Bourbon des groupes dans lesquels se trouvaient des hommes en uniforme, armés seulement de sabres, mêlés à des femmes, et qui, je le pense, n'appartenaient pas à la garde nationale ; ces hommes n'ont point indiqué vouloir se mêler à la légion. »

Déclaration de M. de Rieussec.

« Les chefs de la huitième légion avaient pris toutes les mesures convenables pour le maintien de la discipline : ces mesures ont été efficaces. Un seul cri *à bas les ministres!* est parti de la légion ; il a été proféré par un garde national, duquel on n'aurait pas dû l'attendre, cet homme n'étant pas violent et n'ayant jamais exprimé d'opinion politique prononcée. Il fut désigné par le roi qui l'avait remarqué ; on le désarma, et on lui ordonna de se rendre en prison. Il est venu ensuite s'expliquer avec moi ; je lui ai fait sentir ses torts ; il s'est rendu en prison, et à deux reprises n'a pas voulu en sortir sans mon ordre, bien que d'autres ordres eussent été expédiés pour sa mise en liberté. Deux hommes, portant l'uniforme des gardes nationaux *extra muros*, s'étaient introduits dans les rangs de la légion ; ils criaient, à voix peu haute cependant, *à bas les ministres!* et ils excitaient les autres gardes. Je les fis sortir des rangs ; je les remis moi-même à deux gendarmes qui m'en répondirent et qui me promirent de les conduire à la préfecture de police : je m'en suis informé après la revue, et les gendarmes m'ont dit qu'ils avaient échappé à leur surveillance. Du reste, la conduite de la huitième légion a été très-bonne. *La Quotidienne* avait prétendu qu'elle avait poussé des vociférations, ce qui est absolument faux.

« Je dois déclarer un fait que je tiens de M. de Montemart-Boisse, chef d'escadron attaché à l'état-major de la garde nationale. Il m'a dit qu'ayant été chargé par M. le maréchal duc de Reggio de garder la grille de l'avenue de la Motte-Piquet au Champ-de-Mars, avec de la gendarmerie mise à sa disposition, il s'occupait de faire désobstruer cette grille, par laquelle le roi devait entrer, lorsque M. de Fortia, lieutenant colonel de l'état-major de la garde nationale, vint prendre la garde de cette grille, et dit qu'il était inutile de se donner tant de peine et qu'il fallait laisser entrer; que lui, M. de Montemart, s'opposa à ce que le peuple embarrassât la grille et qu'il la fit dégager pour l'entrée du roi, qu'il se retira après cette entrée, et laissa alors le commandement à M. de Fortia qui assurait en avoir été chargé par M. le maréchal, et qui permit au peuple d'entrer; que lui, M. de Montemart, avait pris des informations auprès de monsieur le maréchal, qui lui avait déclaré n'avoir point chargé M. de Fortia de ce commandement. »

Monsieur le président : « Avez-vous remarqué un groupe suivant la calèche des princesses ? »

M. Rieussec : J'ai remarqué ce groupe formé de gens très-mal vêtus, ayant mauvaise apparence, au nombre de cent à cent vingt, parmi lesquels étaient mêlés quelques gardes nationaux. Ce groupe suivait la calèche en criant : *Vive le roi! Vive madame la Dauphine!* etc. »

Déclaration de M. Larsonnier.

« J'avais pris les mesures convenables pour le maintien du bon ordre, et j'avais trouvé dans ma légion les meilleures dispositions possibles. Le peu de personnes susceptibles de donner quelque inquiétude, me disaient : Soyez tranquille, mon colonel, vous n'aurez point à vous plaindre de nous. Effectivement, le roi fut accueilli par des cris unanimes de *vive le roi!* Étant en bataille dans l'avenue de la Motte-Piquet, le roi nous passant en revue, nous dit : « Larsonnier, je suis « bien aise de vous voir pour la troisième fois ; dites « bien à votre légion que je suis charmé de la voir pour « la troisième fois. » Ces paroles firent redoubler les cris de *vive le roi!* Je n'ai point vu de groupes suivant la calèche des princesses. Le lendemain de la revue, on vint me dire à six heures du matin que nous étions licenciés. Je ne voulais pas le croire ; les personnes qui composaient la légion affluaient chez moi et me témoignaient leur étonnement et leur affliction. »

Déclaration de M. Polissart-Quatremère.

« La garde nationale de Paris éprouvait quelque mécontentement de l'oubli dans lequel on semblait la laisser. L'annonce de la revue produisit un grand élan, et tout le monde se prépara à grands frais pour s'y présenter. Ma légion est peut-être la plus turbulente de toutes ; mais nulle n'est plus dévouée au roi et à la Charte. On a crié pendant la revue *vive le roi!* et *vive la Charte!* et ceux qui ne poussaient que ce dernier cri n'en étaient pas moins dévoués au roi. Au moment d'aller à la revue, trois ou quatre hommes en uniforme et armés s'étaient introduits dans les rangs de ma légion malgré mes précautions. Ils m'ont été amenés et ont disparu avant qu'on eût pu les conduire à la mairie comme j'en avais le projet. Je répète que ma légion est dévouée au roi et prête à le lui prouver en toute occasion ; mais je dois avouer qu'elle a vu avec peine des troupes mises en réserve derrière des planches sur le quai d'Orsay. On a répandu le bruit que des gardes nationaux avaient proféré des cris insultants pour les princesses. Aucun des gardes de ma légion n'en est capable. J'ai vu des hommes en uniforme de sapeurs-pompiers se tenant sur le derrière des légions et criant *à bas les ministres!* Je m'étonne que la police ne les ait pas fait arrêter. Je dois déclarer que la quatrième légion a été très-affligée de la dissolution et de la manière dure dont elle a été traitée. »

Déclaration de M. Sauvo.

« J'avais appris que la revue avait été très-satisfaisante, cependant quelques récits particuliers contredisaient ce fait; dans mon incertitude j'étais prêt à rédiger pour le *Moniteur* un article conçu en termes vagues, lorsqu'à dix heures et demie du soir je reçus de monsieur le ministre de l'intérieur l'invitation de suspendre la clôture de la composition du numéro, jusqu'à nouvel ordre qui me parviendrait le soir même ; et en attendant, on me recommandait instamment de ne rien insérer, dans ce numéro, de relatif à la revue passée le matin même par Sa Majesté. A onze heures et demie, je reçus l'ordonnance de la dissolution de la garde nationale de Paris, avec ordre de l'insérer dans le *Moniteur* du lendemain. Plusieurs journaux ont parlé d'ordre et de contre-ordre, et de double composition : le fait est de toute fausseté; l'article sur la revue inséré dans le *Moniteur* du mercredi 2 mai a été envoyé du cabinet de monsieur le ministre de l'intérieur. »

Telles sont, messieurs, les déclarations des personnes à l'audition desquelles nous avons cru devoir nous borner relativement à la dissolution de la garde nationale de Paris.

Notre attention avait été appelée sur un assez grand nombre d'autres faits; mais prévoyant que le temps et les renseignements nécessaires pour les vérifier nous manqueraient, nous avons arrêté que les documents qui s'y rattachent et qui nous avaient été adressés, seraient cotés et signés, *ne varietur*, par le président et le secrétaire, et qu'il en serait dressé un inventaire qui demeurerait annexé au procès-verbal des délibérations, pour le cas où il conviendrait d'y recourir.

Nous avons dû nous occuper de la qualification des faits dont nous avions reconnu l'existence par nos décisions précédentes : ici s'élevaient les mêmes difficultés que pour le réglement de la poursuite, les mêmes raisonnements nous ont amenés à les écarter : nous avons pu joindre une autorité imposante à celles que nous vous avons déjà citées; c'est l'opinion d'un homme d'État dont la France appréciait la haute capacité, de M. de Serres qui, en sa qualité de garde des sceaux, s'exprimait ainsi dans l'exposé des motifs du projet de loi de 1819 : « La définition des cas de trahison et de concussion, utile et nécessaire, serait dangereuse, impossible même, si l'on voulait lui donner son effet en spécifiant tous les faits pour lesquels les ministres pourront être accusés..... C'est ici, messieurs, que la force de la raison nous commande de nous en remettre à une juridiction d'équité, et que l'intérêt de la justice même réclame l'intervention de l'arbitraire. Ce mot n'a rien ici de redoutable. Entre les mains à qui la loi le confiera dans cette occasion, l'arbitraire ne sera pas une arme dangereuse. Quels seront, en effet, dans chaque poursuite particulière, les arbitres à qui il appartiendra de qualifier les faits imputés aux prévenus? Ceux-là même qui aujourd'hui délibèreraient sur les définitions légales destinées à prévoir ces faits. Suivant quelles formes établiront-ils ces qualifications? Suivant les mêmes formes qui, aujourd'hui, assureraient la maturité d'une résolution législative. Ce que les chambres feraient ici une fois pour toutes dans le vague des suppositions, quel danger peut-il y avoir à ce qu'elles le fassent chaque fois en présence des faits sur lesquels elles devront prononcer, et quelle nécessité de prévenir par une loi une sorte d'arbitraire qui sera remise à des jurés législateurs! »

C'est sous l'influence de ces principes, nous reportant d'ailleurs aux dispositions des lois existantes, et ne perdant pas de vue que nous n'avions à qualifier les faits que pour l'admission ou le rejet d'une accusation, que nous avons posé et résolu les questions suivantes :

1° « Y a-t-il trahison ou concussion, aux termes de
« la Charte, dans le fait de la tolérance et de la pro-
« tection accordée aux jésuites par le dernier minis-
« tère? »

Deux membres ont voté pour la négative, par les motifs suivants : « Nous pensons que la tolérance de l'ancienne administration pour les jésuites est conforme à la liberté civile et religieuse; que les évêques avaient le droit de leur confier les petits séminaires : par suite il n'y a pas trahison. »

Un membre a voté pour la négative par les motifs suivants : « Les jésuites étant déjà établis en France à la promulgation de la Charte, le ministère précédent ne peut être mis en accusation pour avoir toléré leur existence lorsqu'ils étaient soumis, pour l'ordinaire, aux évêques. Je trouve qu'il n'y a ni trahison ni concussion. »

Un membre a voté pour la négative par les motifs suivants : « Il y a faiblesse, imprudence, acte même très-blâmable dans la protection positive ou négative accordée à une congrégation non reconnue par la loi ; mais je ne puis voir dans cette tolérance ou protection un fait de trahison, dont je ne pourrais d'ailleurs appuyer l'accusation sur aucun texte de loi. »

Deux membres ont voté pour l'affirmative par les motifs suivants : « Oui, il y a trahison, aux termes de la Charte, comme une violation des lois, plus, comme protection et encouragement donnés à une corporation soumise à un souverain étranger, assermentée à lui et professant des principes contraires à la souveraineté du prince légitime, attentatoires à la sûreté du trône, à la liberté de la nation et aux institutions qui garantissent cette liberté. Il y a trahison, comme abandon de l'éducation et de l'instruction de la jeunesse à une pareille corporation, contrairement aux lois universitaires, tandis que le monopole établi par ces lois était sévèrement opposé à tout autre établissement d'éducation, et par conséquent l'instruction n'était pas libre : il y a surtout trahison depuis que l'ancien ministère a été mis en demeure par la cour royale de Paris et la chambre des pairs, et qu'il a été averti par ces autorités éminentes que la protection accordée aux jésuites était un germe de désaffection qui compromettait la stabilité de la dynastie et la confiance si nécessaire et si désirable de la nation dans son roi. »

Un membre a conclu à un plus ample informé.

Un membre a conclu à un plus ample informé par les motifs suivants : « Je crois ne pouvoir voter sur une accusation sans avoir entendu les accusés ou les avoir mis en demeure de se faire entendre. Aussi, aurais-je demandé que les anciens ministres fussent appelés, si, plusieurs invitations adressées par la commission étant restées sans résultat, il n'avait été convenu de n'en point faire de nouvelles. J'ajoute que pour me prononcer sur la criminalité du fait dont il est question, j'aurais besoin de renseignements sur les points suivants, savoir : 1° quel est dans le royaume le nombre et la nature des établissements dépendant de la société dite de Jésus ; 2° si la société de Jésus professe encore les mêmes principes qu'avant son expulsion du royaume ; 3° si la protection accordée à la société de Jésus par le dernier ministère a été purement passive, c'est-à-dire si elle s'est bornée à ne pas faire exécuter les lois, ou si, au contraire, elle a consisté en un appui effectif et notamment dans des distributions d'argent ou de faveurs. »

« Un membre a émis l'opinion suivante : « L'ancien ministère a trouvé les jésuites établis ; s'il les eût établis, je n'hésiterais pas à le déclarer accusable : il les a tolérés et protégés d'abord, dans l'intention de protéger la religion. Il se trompait, car les jésuites ont été et sont le seul obstacle à la paix publique, le seul danger pour la monarchie ; ensuite il a voulu vainement secouer leur joug : il a subi leur influence. S'il m'était démontré qu'il a disposé d'une partie des fonds de l'État à leur profit, je le déclarerais accusable tout à la fois de concussion et de trahison ; mais comme il n'y a pas de preuves à cet égard, et que je suis obligé d'examiner l'intention des ministres pour les déclarer accusables (et je ne crois pas que dans le principe elle ait été coupable), moralement parlant je les crois accusables sur ce point, mais judiciairement je ne puis les déclarer tels. »

2° « Y a-t-il trahison ou concussion, aux termes de
« la Charte, dans le fait des fraudes commises dans
« les élections de 1824? »

Deux membres ont voté pour la négative.

Un membre a voté pour la négative en ces termes :

« Il y a eu fraude, mais non pas trahison. »

Un membre a voté pour la négative en ces termes :

« Je ne crois pas qu'il y ait trahison ; les articles 109 à 114 du Code pénal ne me paraissent point applicables, mais la conduite du ministère me paraît fort blâmable. »

Un membre a voté pour la négative en ces termes :

« Les fraudes commises dans les élections de 1824 peuvent être le fait d'agents de l'administration mus par un zèle blâmable, et rien ne prouvant que le ministère les ait ordonnées et établies en système, je déclare qu'il n'y a point de trahison. »

Deux membres ont voté pour l'affirmative, quant à la trahison seulement, par les motifs suivants :

« Oui, il y a trahison, aux termes de la Charte, la liberté et la pureté des élections étant le principe vital du gouvernement représentatif, et la commission n'ayant pu obtenir communication de tous les faits, circulaires et actes ministériels qui lui auraient appris jusqu'à quel point les ministres ont provoqué, ordonné ou toléré les fraudes électorales. Nous votons qu'il y a trahison, parce que ce vote est le seul moyen de parvenir à avoir les données nécessaires. »

Un membre a voté pour l'affirmative, quant à la trahison seulement.

Un membre a conclu au plus ample informé par les motifs suivants : « Je me réfère aux motifs que j'ai donnés sur la question précédente. J'ajoute que j'aurais besoin, pour ma conviction des fraudes électorales, de la communication des instructions administratives, comme aussi d'une information sur l'influence personnelle exercée par les derniers ministres sur les préfets ou autres agents de l'autorité. »

3° « Y a-t-il trahison, aux termes de la Charte,

« dans le fait des fraudes commises dans les élections
« de 1827 ? ».

Quatre membres ont voté pour la négative.

Quatre membres ont voté pour l'affirmative.

Un membre, a conclu à un plus amplement informé.

4° « Y a-t-il trahison, aux termes de la Charte,
« dans le fait du rétablissement de la censure opéré
« en 1824, et non déterminé par des circonstances
« graves ? »

Trois membres ont voté pour la négative.

Un membre a motivé son opinion négative sur la circonstance de la maladie du roi et la cessation de la censure trois semaines après sa mort.

Quatre membres ont voté pour l'affirmative.

Un membre a conclu à un plus amplement informé.

5° « Y a-t-il trahison, aux termes de la Charte,
« dans le fait de rétablissement de la censure opéré
« en 1827, et non déterminé par des circonstances
« graves ? »

Deux membres ont voté pour la négative par les motifs suivants :

« L'insuffisance des moyens de répression contre les abus de la presse fut signalée par le discours de la couronne et par les adresses des deux chambres; le retrait de la loi proposée dans la session de cette année donna lieu à des désordres qui augmentèrent la gravité des circonstances, sans que les moyens de répression eussent été rendus suffisants. Le ministère dut recourir aux dispositions préventives de la loi de 1822. »

Deux membres ont voté pour la négative en ces termes :

« Le rétablissement de la censure, en 1827, nous semble avoir eu lieu par un abus très-répréhensible de la loi de 1822 ; mais nous n'y voyons pas de trahison aux termes du code pénal. »

Quatre membres ont voté pour l'affirmative.

Un membre a conclu à un plus amplement informé.

6° « Y a-t-il trahison, aux termes de la Charte, « dans le fait de destitutions arbitraires et blâmables « par le dernier ministère ? »

Trois membres ont voté pour la négative par les motifs suivants :

« Aucun ministère n'a moins usé du droit de destitution ; d'ailleurs, des ministres responsables doivent être libres de donner ou de retirer leur confiance à leurs agents. »

Un membre a voté pour la négative.

Un membre a voté pour la négative en ces termes :

« Si les destitutions arbitraires et blâmables ont été aussi multipliées qu'on l'a dit, je regarderais le ministère comme très-coupable ; car le résultat infaillible de ces destitutions est d'enlever aux fonctionnaires leur indépendance et leur considération. Mais je ne vois pas trahison aux termes du code pénal. »

Un membre a voté pour l'affirmative.

Deux membres ont émis l'opinion suivante : « Les destitutions prononcées par suite des votes donnés dans les élections, nous paraissent constituer une trahison ; en conséquence nous voterions pour l'affirmative, si nous avions des preuves suffisantes qu'il y eût eu des destitutions de ce genre. Mais les documents que nous avons pu nous procurer ne distinguant point entre les destitutions qui ont eu lieu, et notre désir étant d'éviter jusqu'à l'apparence de porter atteinte à la prérogative royale, nous suspendons notre vote jusques à de plus amples renseignements ultérieurs. » Un membre a conclu à un plus amplement informé.

7° « Y a-t-il trahison ou concussion, aux termes de « la Charte, dans le fait de la dissipation de la fortune « publique, à l'occasion de la guerre d'Espagne ? »

Trois membres ont voté pour la négative, par les motifs suivants :

« Des enquêtes et des décisions solennelles provoquées par l'ancien ministère le mettent à cet égard à l'abri de tout soupçon. Cette affaire a été d'ailleurs discutée dans les deux chambres, elle est jugée. »

Deux membres ont voté pour l'affirmative quant à la concussion seulement.

Un membre a déclaré n'être point assez éclairé pour voter.

Un membre a exprimé son opinion ainsi : « Le fait de la trahison ou de la concussion ne peut être appliqué par nous qu'aux ministres.

« Les renseignements officieux que nous avons demandés nous ayant été refusés ou ne nous ayant donné aucune lumière sur ce fait, comme je pense que la chambre ne doit pas en demander par voie d'enquête judiciaire, je ne puis voter sur cette question. »

Deux membres ont conclu à un plus ample informé.

8° « Y a-t-il trahison, aux termes de la Charte, dans « le système politique suivi par le dernier ministère à « l'égard de l'Espagne ? »

Trois membres ont voté pour la négative par les motifs suivants :

« Le gouvernement français n'avait pas le droit d'employer la force pour imposer à l'Espagne des institutions qu'elle repoussait. »

Un membre a voté pour la négative, faute de renseignements.

Deux membres ont voté pour l'affirmative : « Attendu que le système du dernier ministère à l'égard des absolutistes d'Espagne n'avait eu pour objet que de servir la politique d'un parti français faisant cause commune avec eux. »

Un membre a déclaré ne pouvoir voter par les motifs exprimés relativement à la question précédente.

Deux membres ont conclu à un plus amplement informé.

9° « Y a-t-il trahison, aux termes de la Charte, dans
« le fait du conseil donné de dissoudre la garde natio-
« nale de Paris, en 1827? ».

Trois membres, considérant « que des individus de la garde nationale, en assez grand nombre, ont effectivement manqué au respect qu'ils devaient au roi en voulant lui imposer la loi, lorsqu'ils étaient armés, et que cet exemple, s'il était resté impuni, aurait transporté le pouvoir dans les mains du peuple, » ont voté pour la négative.

Un membre a voté pour la négative en ces termes :

« Il n'y a pas trahison, aux termes des lois existantes dans le fait de cette dissolution; d'ailleurs il ne me semble pas impossible que cet acte ait été plutôt imprudent, ou d'une justice distributive mal appliquée, qu'un fait de trahison. »

Trois membres ont voté pour l'affirmative : « Considérant que la garde nationale était pleine d'amour, de dévouement et de respect pour le roi; qu'elle en a donné des preuves éclatantes; que la revue de la garde nationale était une occasion de rattacher plus étroitement encore la nation au trône et le trône à la nation; que Sa Majesté elle-même a paru contente des sentiments de la garde nationale; considérant que les cris répréhensibles qui ont été le prétexte du conseil donné de la dissoudre, n'étaient que la faute de quelques hommes en très-petit nombre, que la garde nationale elle-même a blâmés et expulsés; que la dissolution n'a pu être obtenue qu'en représentant au roi la garde nationale comme séditieuse et déloyale; considérant enfin que le conseil donné à Sa Majesté de la dissoudre a été l'effet du ressentiment personnel de quelques ministres contre lesquels les cris répréhensibles avaient été dirigés. »

Un membre a cru devoir s'abstenir de voter, parce qu'il était alors colonel de l'une des légions de l'ex-garde nationale de Paris.

Un membre a conclu à un plus ample informé.

10° « Y a-t-il trahison, aux termes de la Charte, « dans le fait du conseil donné de créer soixante-seize « pairs en 1827? »

Trois membres ont voté pour la négative par les mots suivants : « La nomination des pairs a été faite au moment de la dissolution de la chambre des députés. Le ministère, dans cette circonstance, a voulu étendre l'influence aristocratique en y appelant des notabilités départementales indiquées dans les listes établies sous un autre ministère. »

Un membre a voté pour la négative en disant : « Il « n'y a pas trahison aux termes des lois existantes; mais le fait me paraît très-blâmable. »

Quatre membres ont voté pour l'affirmative par les mots ci-après : « Oui, parce que le conseil donné de créer des pairs ne l'a pas été dans l'intérêt du trône ou du pays, mais dans celui des ministres qui voulaient se former une majorité dans la chambre des pairs, en s'assurant aussi, par la dissolution de la chambre des députés et les fraudes multipliées dans les élections, une majorité factice et inconstitutionnelle; que cette combinaison exposait le pays à un double danger : le ministère réussissant, le pays eût perdu toute représentation véritable; ou, le ministère échouant, la chambre des députés aurait pu se trouver en opposition avec celle des pairs, et ce désaccord entre les pouvoirs aurait pu amener les conséquences les plus désastreuses.

Un membre a conclu à un plus ample informé.

11° « Y a-t-il trahison, aux termes de la Charte, « dans la conduite de l'administration, relativement « aux troubles qui ont eu lieu à Paris dans les journées « des 19 et 20 novembre 1827? »

Trois membres ont exprimé leur opinion négative en ces termes :

« Attendu qu'il résulte de l'arrêt de la cour royale que cette cour a accordé les demandes de sursis et de supplément d'instruction qui lui ont été adressées, qu'elle n'a obtenu tous les documents qu'elle a réclamés du directeur général et du préfet de police, qu'elle a considéré qu'il n'y avait aucun indice de culpabilité de la part de ces deux fonctionnaires publics, nous déclarons qu'il n'y a pas trahison, et que la conduite de l'administration n'est nullement blâmable.

Un membre a voté ainsi pour la négative :

« La police ne me paraît pas avoir rempli son devoir dans ces malheureux événements; mais aux termes des lois existantes et d'après les arrêts de la cour royale je ne vois pas le fait de la trahison. »

Deux membres ont voté pour l'affirmative par les motifs suivants :

« La chambre des députés étant appelée à considérer les événements des 19 et 20 novembre sous un tout autre rapport que celui sous lequel la cour royale avait à en connaître, et pouvant porter son investigation sur des points et des personnes que l'instruction de la cour ne pouvait atteindre, nous disons : Oui, il y a trahison dans les faits qui ont eu lieu dans plusieurs quartiers de Paris les 19 et 20 novembre 1827. Il y a trahison, parce que l'inaction de la police et de la force publique durant une grande partie de la soirée du 20, après l'agitation qui s'était manifestée, le 19, la construction libre et impunie des barricades, pendant plusieurs heures, aux yeux de cette force inactive, le passage ouvert par elle aux bandes d'inconnus qui parcouraient les rues en commettant des désordres, l'apparition de ces bandes étrangères à la capitale sans qu'on pût découvrir d'où elles sortaient, la mise en liberté de plusieurs perturbateurs que des citoyens avaient arrêtés, l'indulgence des gendarmes envers ces perturbateurs et leurs sévices contre ces citoyens qui travaillaient à rétablir l'ordre et dont quelques-uns ont reçu la mort sur le seuil de leurs portes, enfin la lettre du ministre de la guerre indiquant par une expression mémorable une sorte d'embuscade contre une population désarmée, nous donnent lieu de croire à l'existence d'un complot tendant à incriminer la nation auprès du roi, à représenter à Sa Majesté l'élite de la population parisienne comme un rassemblement de factieux, à entacher les élections constitutionnelles qui avaient trompé les espérances des derniers ministres, et à effrayer les citoyens qui se préparaient à compléter ces élections.

Un membre a déclaré que la conduite de l'administration lui paraissait blâmable, mais qu'il manquait de renseignements suffisants pour caractériser la trahison.

Deux membres ont conclu à un plus amplement informé.

12° « Y a-t-il trahison, aux termes de la Charte,
« dans le fait de la concession, par la dernière admi-
« nistration, de certains droits et de certaines jouis-
« sances appartenants à l'État au profit des chartreux
« de Grenoble et des trapistes de la Meilleraie? »

Huit membres ont voté pour la négative.

Un membre a conclu à un plus amplement informé.

13° « Y a-t-il concussion, aux termes de la Charte,
« dans le même fait? »

Quatre membres ont voté pour la négative, dont trois par les motifs suivants : « L'établissement des chartreux a été réclamé par les autorités locales; il remonte à une époque fort antérieure au dernier ministère : les concessions qui leur ont été faites l'ont été à titre onéreux.

« Les trapistes établis sous Bonaparte n'ont obtenu que le paiement des travaux exécutés dans l'intérêt du domaine. »

Un membre a voté pour l'affirmative.

Deux membres ont déclaré n'être pas suffisamment éclairés.

14° « Y a-t-il trahison, aux termes de la Charte,
« dans les trois faits relatifs à plusieurs habitants de
« la Martinique et reconnus constants? »

Cinq membres ont voté pour la négative.

Un membre a voté pour l'affirmative par les motifs suivants :

« Je considère les procédés de l'ancienne administration, ou du moins des ministres sur lesquels pèse la responsabilité des colonies, comme contraires aux lois et attentatoires à la liberté individuelle; et dans l'état de notre législation, combiné avec les dispositions de la Charte, je déclare les attentats à la liberté individuelle un fait de trahison.

« En effet, la législation encore en vigueur empêchant les ministres d'être poursuivis sans autorisation pour délits contre des individus (voir le jugement du tribunal de première instance dans la cause des déportés de la Martinique, jugement rendu sur les conclusions du ministère public), si d'un autre côté ils ne pouvaient être accusés pour les mêmes délits par la chambre, l'impunité leur serait assurée.

« En Angleterre, les ministres sont justiciables des tribunaux ordinaires, s'ils attentent aux droits des individus. Ainsi, en 1763, les ministres s'étant permis des actes arbitraires contre M. Wilkes, il les traduisit avec leurs agents devant les tribunaux qui les condamnèrent à des amendes considérables. Mais en France, les ministres prétendant que ni eux ni leurs agents ne soient justiciables des tribunaux qu'après l'obtention d'une autorisation qu'en réalité ils sont les maîtres de refuser, il s'ensuit que ce qui est en Angleterre un crime privé dont les tribunaux s'emparent, devient en France un crime public dont l'accusation est confiée à la chambre des députés, et le jugement à la chambre des pairs ; car il est insensé de dire qu'il y a des crimes que d'une part les individus ne peuvent poursuivre, parce qu'ils n'y sont pas autorisés, et que d'une autre part les chambres ne pourraient pas poursuivre non plus, parce qu'ils n'auraient pas été désignés dans la Charte comme trahison. Cette combinaison aboutirait pour ces crimes à un brevet d'impunité, ce qu'on ne peut admettre. »

Un membre, « adoptant ces principes et reconnaissant que les faits étaient très-blâmables, a voté pour la négative, attendu le doute que l'on pouvait supposer avoir existé dans l'interprétation de la législation coloniale. »

Deux membres ont conclu à un plus amplement informé.

15° « Y a-t-il trahison, aux termes de la Charte,
« dans les faits qui ont précédé, accompagné et suivi
« l'arrestation du colonel Caron à Battenheim ? »

Trois membres ont voté pour la négative, par les motifs suivants : « L'existence de plusieurs conspirations, dans lesquelles Caron figurait pour la troisième fois, a sans doute motivé les mesures signalées. »

Un membre a déclaré « qu'il reconnaissait la déloyauté et l'immoralité de l'administration à l'égard de certains de ces faits, mais qu'il n'était pas suffisamment éclairé pour les caractériser de trahison. »

Un membre a voté pour la négative « en blâmant certaines circonstances de ces faits. »

Deux membres ont voté pour l'affirmative, « attendu qu'il y avait eu déloyauté et immoralité dans la conduite de l'administration à l'égard de plusieurs de ces faits; approbation de cette déloyauté et de cette immoralité, par les récompenses données aux agents travestis; trahison dans cette approbation. »

Deux membres ont conclu à un plus ample informé.

Ainsi, messieurs, et en résultat, la majorité de votre commission a reconnu :

1° Que des religieux n'avaient pas été rappelés en secret en France par le dernier ministère;

2° Que la tolérance et la protection accordées aux jésuites par le dernier ministère étaient contraires aux lois;

3° Que le rétablissement de la censure, en 1824 et 1827, n'avait pas été déterminé par les circonstances graves exigées par la loi;

4° Qu'il n'y avait pas eu défaveur de la part du dernier ministère, à l'égard des protestants;

5° Qu'il y avait eu des destitutions arbitraires et blâmables de la part du dernier ministère;

6° Qu'il y avait eu dissipation de la fortune publique à l'occasion de la guerre d'Espagne;

7° Que, sur la question de savoir si cette dissipation

de la fortune publique était imputable au dernier ministère et si le système politique qu'il avait suivi à l'égard de l'Espagne était contraire aux intérêts de la France, elle manquait de renseignements suffisants;

8° Que le conseil donné de créer soixante-seize pairs, en 1827, était contraire aux intérêts de la couronne et du pays;

9° Que la conduite de l'administration relativement aux troubles qui ont eu lieu à Paris, les 19 et 20 novembre 1827, avait été blâmable;

10° Que plusieurs habitants de la Martinique avaient été détenus arbitrairement et déportés illégalement au Sénégal;

11° Que l'envoi au greffe de la cour de cassation des pièces de ceux d'entre ces habitants qui s'étaient pourvus, avait été illégalement retardé pendant plusieurs mois;

12° Que l'arrestation du colonel Caron, à Battenheim, avait été précédée, accompagnée et suivie de faits blâmables;

13° Qu'il y avait eu de la part de la dernière administration, concession de certains droits et de certaines jouissances appartenant à l'État, au profit des chartreux de Grenoble et des trapistes de la Meilleraie, et que d'autres concessions avaient été précédemment faites aux chartreux de Grenoble.

Sur la question de savoir s'il y avait trahison ou concussion, aux termes de la Charte, dans ces faits, ainsi que dans le conseil donné de dissoudre la garde nationale de Paris, la majorité de votre commission a prononcé la négative à l'égard des fraudes électorales de 1824, des destitutions arbitraires et blâmables, et des faits relatifs aux habitants de la Martinique, et, quant à la trahison seulement, des concessions faites aux chartreux et aux trapistes. A l'égard de tous les autres faits, il n'y a point eu de majorité sur les questions de trahison ou de concussion ; les voix se sont partagées entre la négative, l'affirmative et la demande de plus amples renseignements, ou d'un plus amplement informé.

Dans cet état de choses, il nous restait à prendre les conclusions qui devaient vous être présentées ; et, à cet effet, une première question a été ainsi posée :

« Proposera-t-on à la chambre de dire qu'il y a lieu « à accusation ? »

Trois membres ont répondu *non*.

Deux membres ont répondu *non, avec réserve de blâme*.

Quatre membres ont répondu *oui, avec réserve d'instruire*.

De ce que la majorité décidait qu'il n'y avait pas lieu de proposer à la chambre d'admettre dès à présent l'accusation, il ne s'ensuivait pas que la commission ne pût conclure à une instruction plus ample : les résolutions prises à l'égard de la réalité des faits n'exigeaient-elles pas, au contraire, cette instruction ; d'autant mieux que les deux membres qui, sur la première question, avaient voté pour la négative avec réserve de blâme, reconnaissent eux-mêmes que la Charte ne permettait pas à la chambre de prononcer le blâme, et qu'ainsi nous ne pouvions lui en faire la proposition ? d'ailleurs, d'après le résultat du vote sur la qualification des faits, la commission n'avait pu délibérer sur la question de savoir quel était celui, ou quels étaient ceux des membres du dernier ministère à qui chacun de ces faits était imputable, et cette question d'un plus haut intérêt de justice ne pouvait être résolue qu'à l'aide d'une plus ample instruction ; enfin il convenait de décider si les faits qu'à défaut de renseignements et de temps suffisant nous n'avions pu examiner, et dont les indications sont consignées dans l'inventaire dont nous avons parlé, feraient l'objet d'une instruction.

Une seconde question a donc été ainsi posée :
« Proposera-t-on à la chambre de dire qu'il y a lieu « à instruire? »

Quatre membres ont répondu *oui*.

Un membre a répondu : « Oui, il y a lieu à instruire, mais sans blâme, précisément parce que j'ai voté pour le blâme dans le cas où il serait proposé de dire qu'il n'y avait pas lieu à accusation, et que dès qu'on a besoin de nouvelles lumières, on ne peut dire s'il y a lieu ou non au blâme. »

Trois membres ont répondu *non*.

Un membre a répondu : « Non, parce que je crois que la chambre étant plaignante ne peut pas instruire. »

Ainsi, messieurs, c'est une instruction plus ample que nous venons vous proposer : nous croyons qu'elle est dans vos attributions, nous disons plus, qu'elle est de votre devoir; nous pensons que dans l'absence des lois annoncées par la Charte, il est indispensable que vous déterminiez vous-même les formes de cette instruction. Si nous n'avions pas craint d'excéder nos pouvoirs, nous nous serions efforcés de vous présenter, à cet égard, un projet de réglement, quelle que fût la difficulté de ce travail et quoique tous nos moments aient été employés à l'examen que vous nous aviez confié; mais nous n'avons pas cru que telle fût notre mission : qu'il nous soit permis de vous l'expliquer en terminant. Dans une carrière toute nouvelle, épineuse, où nulles dispositions de lois ou de jurisprudence parlementaire ne nous guident, nous n'avons eu qu'un but, la recherche de ce qui était vrai, de ce qui était

25.

juste, et nous n'avons voulu y parvenir que par des moyens qui nous paraissaient légitimes. De quelque manière que nos conclusions soient accueillies par vous, nous espérons que vous voudrez bien nous rendre ce témoignage.

En conséquence, messieurs, nous avons l'honneur de proposer à la chambre :

« De déclarer qu'il y a lieu à instruire sur l'accusa-
« tion de trahison et de concussion proposée contre les
« membres du dernier ministère. »

FIN.

TABLE ANALYTIQUE
DES NOMS CITÉS

ET DES MATIÈRES COMPRISES DANS LES DEUX VOLUMES

FAISANT SUITE

A L'HISTOIRE DE FRANCE

DE

L'ABBÉ DE MONTGAILLARD.

Les volumes sont indiqués par des chiffres romains, les pages par des chiffres arabes.

A.

Académie (l') *française* délibère sur la rédaction d'une adresse au roi, contre le projet de loi sur la presse. Quels en sont les résultats : II, 2, 5, 7, 21.

ADAMS (John-Quincy), élu président des États-Unis : I, 22.

AGIER. Discours de ce député au sujet du budget des affaires ecclésiastiques : I, 332.

ALEXANDRE Ier, empereur de toutes les Russies, interdit la publicité des débats dans la diète de Pologne : I, 28. — Sa mort arrivée le 1er décembre, attribuée à plusieurs causes. Notice sur cet empereur, et examen de sa conduite et de sa politique dans le cours de son règne, 211. — A sa mort, Constantin est reconnu souverain légitime et empereur de toutes les Russies, 266. — Mort d'Élisabeth, veuve d'Alexandre 1er, 366. Anecdotes.

APPONY (le comte). Sa conduite envers plusieurs maréchaux de France excite une discussion à la chambre des députés : II, 22.

ANTIBOUL. Souscription ouverte en faveur de cet ancien magistrat : I, 405. Renseignements honorables sur sa conduite.

ALMARAZ, confesseur de Charles IV et de son épouse, est condamné à dix ans de galères : II, 241.

ALGER bloqué par une division navale française : II, 99. Motifs de ce blocus. — Engagement entre des bâtiments français et des bâtiments algériens, 158.

Auto-da-fé d'un malheureux à Valencia en Espagne : I, 385.

B.

Baour de Lormian publie un poëme de 200 à 300 vers, intitulé : Le Sacre de Charles X : I, 161.

Bellart, procureur général près la Cour royale du département de la Seine, meurt le 7 juillet. Notice curieuse sur ce personnage : I, 375.

Benoit (la femme), se qualifiant de marquise de Campestre, fameuse intrigante, et prévenue de nombreuses escroqueries, condamnée à deux ans de prison : I, 256.

Boissy d'Anglas, pair de France, meurt à Paris, le 20 octobre. Notice sur ce personnage : I, 418.

Bolivar, président de la république de Colombie, est chargé du pouvoir directorial de celle du Pérou : I, 19. — Le congrès du Pérou fait frapper une médaille en l'honneur de ce président, 28. — Décret de Bolivar, du 15 mai, pour la réunion en assemblée générale des provinces ci-devant Espagnoles du Haut-Pérou, 141. — Bolivar élu président à vie de la république du Pérou, 394. — Abdique, le 6 février 1827, la présidence de la république de Colombie : II, 27.

Borghèse (la princesse Pauline), sœur de Napoléon, meurt à Florence des suites d'une maladie de consomption : I, 164. Son testament.

Bouillon (le cardinal et le duc de). Notes et anecdotes sur ces deux personnages.

Boyer (Jean-Pierre), président d'Haïti. Sa proclamation relative à la reconnaissance par la France de l'indépendance de cette ancienne colonie : I, 170.

C.

Camp de Saint-Omer, où le roi se rend accompagné de ses grands officiers. Détails curieux et anecdotes à ce sujet : II, 106-148. — Il revient à Saint-Cloud, 152.

Canning (Georges), lord commissaire de la trésorerie, arrive à Paris, a de fréquentes conférences avec M. de Villèle : I, 409. — Est nommé chef du ministère anglais : II, 69. — Meurt à Chiswick ; ses funérailles, 111 et 131. Éloge historique de ce ministre.

Catalogne. Documents relatifs à cette province d'Espagne : II, 145. — La division française qui occupe Barcelonne, capitale de la Catalogne, évacue cette place, 209. — Entrée de Ferdinand VII et de la reine son épouse dans cette ville ; détails à ce sujet, 243. — La junte insurrectionnelle de la ville de Manresa en Catalogne proclame la déchéance de Ferdinand VII, et l'élévation au trône de Charles V, frère de ce roi, 154.

Caulaincourt, duc de Vicence, meurt à Paris ; historique sur ce lieutenant général : II, 35.

Charles X est sacré à Reims : I, 157. — Son retour à Paris. Réjouissances publiques aux Champs-Elysées ; des comestibles y sont distribués au peuple, 164. — Il visite le Calvaire et y fait ses dévotions : II, 155.

Chateaubriand, dans ses articles du Conservateur et dans sa Monarchie selon la Charte, fait cause commune avec M. de Villèle : I, 3. — A brûlé son encens au pied du trône impérial, 89. — Appelle le gouvernement de Ferdinand VII, le gouvernement modèle, 100 et suiv.

CHEVERUS (le comte de), archevêque de Bordeaux, élevé à la dignité de pair du royaume. Conduite admirable de ce Fénelon moderne : I, 424.

CLERMONT-GALLERANDE (le marquis de). A publié des mémoires sur l'émigration : I, 103, 105, 117. Son opinion sur les émigrés.

CLERMONT-TONNERRE, ministre de la guerre : I, 358. Examen de sa conduite.

CLERMONT-TONNERRE, cardinal archevêque de Toulouse. Son mandement à l'occasion des élections. Discussion à ce sujet : II, 203.

COCHRANE. Ce lord promène son inutilité dans les mers de la Grèce : II, 59.

Congrès américain (grand). Son installation à Panama (Colombie) : I, 367; II, 111.

CONTRAFATTO, prêtre, condamné aux travaux forcés à perpétuité. Réflexions à ce sujet : II, 161.

Contrainte par corps pour dettes ne peut s'exercer contre des pairs de France. Observations à ce sujet : I, 365.

Convention conclue entre la France et l'Espagne : I, 9 et 156. Idem entre la France et la république d'Haïti, 200. Convention de navigation entre la France et l'Angleterre, 255.

Coup d'œil général sur l'année 1824 : I, 1.

— Idem, sur l'année 1825 : I, 243.

— Idem, sur l'année 1826 : I, 442.

— Idem, sur l'année 1827 : II, 246.

Cour royale de Paris (arrêts de la) qui déclarent qu'il n'y a lieu de prononcer la suspension des journaux du Constitutionnel et du Courrier français : I, 223. — Se déclare incompétente pour juger l'affaire Ouvrard, relativement aux marchés d'Espagne, 230. — Arrêt définitif de la cour des pairs dans cette affaire, 389.

Cour de Séville. La chambre d'affaires criminelles de cette cour, dans une circulaire, donne la liste des ex-députés soi-disants cortès condamnés à la peine de mort, pour avoir voté la déchéance du roi : I, 401.

D.

DAVID, peintre, meurt à Bruxelles où il s'était réfugié. — Éclaircissements à son sujet : I, 234.

Déclaration de plusieurs cardinaux, archevêques, et évêques relative à l'autorité du pape; discussion à ce sujet : I, 299.

DE MOUSTIERS. Propos qu'on lui attribue relativement au licenciement de la garde nationale de Paris : II, 80.

DÉSAUGIERS, le chansonnier de toutes les gloires, meurt à Paris : II, 127. — Pension accordée à sa veuve, 130.

DESÈZE (le comte). Sa réclamation dans le Moniteur contre une imputation de l'abbé de Montgaillard, dans son Histoire de France. — Éclaircissements à ce sujet : II, 43.

DOUDEAUVILLE (le duc de), ministre secrétaire d'État, donne sa démission, au sujet du licenciement de la garde nationale parisienne : I, 89.

E.

Électeurs : leur réunion dans les collèges d'arrondissement pour la nomination des députés. — Quelques éclaircissements à ce sujet : II, 211.

Émancipation des catholiques

d'Irlande (rejet du bill d'). Réflexions à ce sujet : I, 141.

Émigrés, leur conduite dans le pays étranger. — De retour en France, leurs intrigues criminelles, leurs bassesses, etc. : I, 78 et suiv. *Idem*, 285.

ESPAGNE. La guerre d'Espagne donne lieu à de grandes concussions et compromet de grands personnages et de hauts fonctionnaires de l'ordre militaire. Rapport au roi : I, 26. — Arrêt définitif de la cour des pairs dans l'affaire des marchés d'Espagne, 389.

F.

FERDINAND Ier, roi des Deux-Siciles : I, 10. — Sa mort.

FERDINAND VII, roi d'Espagne, rend un décret concernant le nouvel état de choses en Portugal : I, 399. — Décret pour la réorganisation de la police : II, 130. — Autre contre la junte insurrectionnelle de Manresa : II, 155. *Voy.* CATALOGNE.

FRAYSSINOUS, appui des jésuites, est fêté et choyé à Montrouge : I, 349 et suiv.

FRÉDÉRIC-AUGUSTE, roi de Saxe, meurt à Dresde : II, 92.

FRÉDÉRIC (le prince), frère du roi d'Angleterre, II, 1. Sa mort.

FOY (mort du général), député de l'Aisne. Historique sur la mort, les obsèques et la vie de ce général : I, 202.

G.

Garde nationale de Paris. Ordre du jour qui la concerne. II, 70. — Ordre du jour du 26. — Son licenciement, 76. Observations à ce sujet.

Gardes nationales du royaume de Naples, abolies. — Réflexions à ce sujet : II, 68.

GIRARDIN (Stanislas), député, meurt à Paris. Historique sur ce défenseur de la liberté : II, 40.

GRÈCE. Manifeste de la nation grecque, par lequel elle se place sous la défense absolue de la Grande-Bretagne : I, 175. — Sa proclamation contre les pirates, 361. — Décrète une Charte constitutionnelle : II, 94. — Acropolis, citadelle d'Athènes, se rend aux Turcs. Dévouement du colonel Fabvier, 96. Note remise à la Porte ottomane, par les ambassadeurs de la France, de l'Angleterre et de la Russie, relative à la pacification de la Grèce, 137. — Entrée de la flotte Égyptienne, forte de 100 voiles, dans le port de Navarin, 152. — Combat de Navarin, 163.

H I.

HOHENLOHE (le prince de), fait maréchal de France : II, 53. Ses services.

Indépendance des nouveaux États de l'Amérique, reconnue par l'Angleterre : I, 7.

J.

Janissaires. Firman qui prononce la dissolution de ce corps : I, 363.

JEAN VI, roi de Portugal, meurt à Lisbonne, son fils lui succède sous le nom de Pedro Ier : I, 291.

Jésuites, manière dont ils opèrent

dans la partie administrative, II, 13.

Journal du Commerce, dénoncé par le député Sallaberry, à la chambre. L'éditeur responsable, condamné à 100 fr. d'amende, et à un mois de prison : I, 277 et 280.

Jubilé ouvert à Paris le 15 février 1826, et fermé par une dernière procession le 3 mai : I, 330. — Dénonciation à la cour royale de Nancy, d'un mandement de l'évêque de cette ville à l'occasion du jubilé. Ce qui en est arrivé : I, 403.

L.

LA BOESSIÈRE. Ce député propose de nommer une commission chargée de veiller aux prérogatives de la chambre. Grands débats à ce sujet : II, 54.

LACÉPÈDE, comte et pair de France, membre de l'Académie des Sciences ; sa mort : I, 195. Examen de sa conduite.

LA FAYETTE (le général), honoré et récompensé par les Etats-Unis : I, 15.

LAMARTINE, célèbre le sacre de Charles X : I, 193.

LA MENNAIS (l'abbé), traduit à la police correctionnelle pour un de ses ouvrages : I, 322.

LANJUINAIS (le comte), meurt à Paris ; éloge de ce pair de France : I, 3.

LAPLACE (le marquis), pair de France, membre de l'Académie-Française. — Sa mort; historique sur ce personnage : II, 49.

LA ROCHEFOUCAULD-LIANCOURT, pair de France. — Sa mort ; ses funérailles ; leur sanglante profanation : II, 60.

Lettre pastorale du cardinal archevêque de Rouen relative à sa dernière instruction pastorale adressée à son clergé : I, 147.

Loi qui fixe la liste civile du roi pour toute la durée de son règne : I, 11. — *Idem* pour la sûreté de la navigation et du commerce, 42. — *Idem* pour la répression des crimes et délits commis dans les églises, etc., 53 et 201. — *Idem* concernant l'indemnité d'un milliard à accorder aux anciens propriétaires des biens confisqués et vendus au profit de l'État, en vertu des lois sur les émigrés, les condamnés et les déportés, 78 et 178. — *Idem* sur la dette publique et l'amortissement, 124. — *Idem* relative aux pensions à accorder aux anciens sous officiers et soldats qui faisaient partie du régiment des gardes Suisses, à l'époque du 10 août 1792 : 137. — *Idem* relative à l'autorisation et à l'existence légale des congrégations et communautés religieuses de femmes, 151. — *Idem* relative à la fixation du budget des dépenses et des recettes de 1826. — *Idem* relative à la répartition de l'indemnité des colons de Saint-Domingue. — *Idem* sur les substitutions, 338. — Du même jour, relative aux douanes. — *Idem* relative à la fixation du budget des dépenses et des recettes de 1817. — *Idem* relative au tarif de la poste aux lettres : II, 54. — *Idem* portant règlement définitif du budget de l'exercice de 1825, 97. — *Idem* relative à l'ouverture de crédits supplémentaires pour 1826, *ibid.* — *Idem* relative à la fixation du budget des recettes et des dépenses de 1828, 103.

M.

MAHMOUD (le sultan), fils d'une Française appelée d'*Épinay de Saint-Luc* : II, 171.

MANUEL, député de la Vendée, meurt au château de Maisons : II, 137. — Son éloge, 138. — Ses funérailles, 141.

MASSÉNA. Son entretien avec Louis XVIII en 1815 : II, 128.

MAUBREUIL (le marquis de), traduit à la police correctionnelle pour un soufflet donné au prince Talleyrand, reçoit l'application de l'article 56 du Code pénal : II, 37. — Appel du jugement à la cour royale, qui confirme ce jugement, et met au néant les autres prétentions de Maubreuil : II, 100 et 144.

MAXIMILIEN-JOSEPH, roi de Bavière, meurt à l'âge de 69 ans : I, 198.

METTERNICH (le prince de), premier ministre de l'empereur d'Autriche, arrive à Paris, le 14 mars : I, 36.

MIGUEL (don). Sur le point de détrôner et d'assassiner Jean VI, son père : I, 226. — Forcé de quitter le Portugal, il se rend à Paris où il est accueilli par Louis XVIII. Anecdote, 289. — Il s'évade de France et fixe son séjour à Vienne. Sa lettre à sa sœur la princesse régente de Portugal, 371. — Réponse de cette princesse, 383. — Don Miguel prête à Vienne, en Autriche, serment de fidélité à la Charte constitutionnelle de la monarchie portugaise : I, 412. — Ses fiançailles avec l'infante donha Maria da Gloria ont lieu à Vienne, 423. — Est nommé lieutenant en Portugal par don Pedro, son frère : II, 107. — Ensuite régent de ce royaume, 145. — Lettre de don Miguel à l'infante régente de Portugal, dans laquelle il promet de se conformer en tout aux intentions de son frère, 162. — Il quitte Vienne et se rend à Paris, où il reçoit de la famille royale et de celle d'Orléans l'accueil le plus flatteur, 244.

Missionnaires, scandales et troubles occasionés dans plusieurs villes de départements, par ces prédicateurs ambulants : I, 349 et suiv.

MISSOLONGHI, boulevard de la Grèce, est prise par l'armée ottomane : I, 322.

MONTMORENCY (le duc Mathieu Laval de), nommé gouverneur du duc de Bordeaux. — Élu membre de l'Académie-Française : I, 254 et 260. — Sa mort, 293. — Notice sur ce duc.

MONTLOSIER (le comte de), dénonce à la chambre des pairs et à la cour royale, les jésuites et le parti-prêtre : I, 285 et 389. — Cette dernière se déclare incompétente. — La chambre des pairs rend une décision à peu près insignifiante : II, 8.

Musée Égyptien. Proposition d'un établissement de ce genre, par M. Sosthènes La Rochefoucauld. Réflexions à ce sujet : I, 334.

N.

NEY (le maréchal), prince de la Moskowa ; conduite condamnable de Wellington envers ce prince : I, 379, et II, 305. Lettre B, aux pièces supplémentaires ; détails relatifs à son procès.

NICOLAS Ier. Manifeste de ce prince annonçant son avènement à l'empire de toutes les Russies : I, 230. — Troubles sérieux arrivés à St.-Pétersbourg à l'occasion de ce manifeste, 240, 273 et 276. —

Cet empereur signifie son *ultimatum* à la cour ottomane, 313. — Cette puissance y accède, 327. — Exécution à mort des principaux auteurs des troubles arrivés à Pétersbourg, 386. — Couronnement de l'empereur Nicolas à Moscou, 406. — Déclaration de guerre de la Russie contre la Perse, 407. — Manifeste de Nicolas qui ordonne un recrutement général dans l'empire : II, 144.

O.

Ordonnance du roi, qui fait appel de 60,000 hommes : I, 12. — *Idem*, qui laisse pressentir la suppression de la garde nationale parisienne, 18. — *Idem*, relative aux actions des canaux d'Orléans et de Loing, 29. — *Idem*, par laquelle le roi reconnaît l'indépendance de la colonie de Saint-Domingue, 44 et 170. — *Idem*, portant convocation des conseils généraux et d'arrondissement, 166. — *Idem*, qui établit à Toulouse une école vétérinaire, 168. — *Idem* qui supprime l'intendance du garde-meuble de la couronne, 174. — *Idem*, relative aux écoles d'hydrographie, et à la réception des capitaines du commerce, 184. — *Idem*, concernant le gouvernement de l'île Bourbon et de ses dépendances, 184. — *Idem*, relative aux crédits, 187. — *Idem*, portant établissement d'une commission de 11 membres, relativement aux réclamations des anciens colons de Saint-Domingue, 187. — *Idem*, relative à la répartition de l'indemnité des colons de Saint-Domingue, 187. — *Idem*, sur le contrôle des comptes des ministres, 433. — *Idem*, qui dispense du service militaire les élèves de l'école forestière, 410. — *Idem*, qui convoque les chambres législatives, 424. — *Idem*, qui élève à la dignité de pair du royaume, M. de Cheverus, archevêque de Bordeaux, *ibid.* — *Idem*, portant nomination de la commission chargée d'examiner les comptes publiés par les ministres, 433. — *Idem*, qui rétablit la censure : II, 101, 102 et 103. — *Idem*, portant convocation des conseils généraux des départements et des conseils d'arrondissements, etc., 105. — *Idem*, qui approuve le bref du pape, qui donne un supérieur général à la congrégation des lazaristes, 105. — *Idem*, qui applique aux colonies françaises les principales dispositions du Code d'instruction criminelle, 108. — *Idem*, pour l'exécution du Code forestier, 110. — *Idem*, qui détermine le mode à suivre pour la formation du budget général de l'État, 147. — *Idem*, concernant l'établissement des Français en Suisse, et des Suisses en France, 156. — *Idem*, concernant l'organisation judiciaire, et l'administration de la justice à l'île Bourbon, 157 et 158. — *Idem*, sur le service des officiers, des élèves et des maîtres à bord des bâtiments de la marine royale, 173. — *Idem*, qui dissout la chambre des députés et convoque les collèges électoraux, 173. — *Idem*, du même jour, qui déclare que l'ordonnance du 24 juin dernier, qui a remis en vigueur les lois des 31 mars et 26 juillet, cessera d'avoir son effet, 182. — *Idem*, qui élève à la dignité de pairs du royaume 76 individus, 184. — Liste des pairs pensionnés sur les fonds de 2 millions portés au budget, 187. — *Idem*, portant répartition du crédit de 196 millions, pour les dépenses ordinaires du ministère de la guerre pendant l'exercice de 1828. — *Idem*, qui répartit en six sections spéciales 57 millions pour les dépenses du ministère de la marine, pendant l'exercice de 1828, 208. — *Idem*, qui répartit en six sections spéciales 92,721,400 fr., pour les dépenses du ministère de l'intérieur, pendant l'année 1828. — *Idem*, portant établissement d'un conseil nautique dans chacun des chefs-lieux d'arrondissement maritime, 211. — *Idem*, portant répartition de la somme de 35 millions, pour les dépenses du ministère des affaires ecclésiastiques et de l'instruction publique, pendant l'année 1828, 239. — *Idem*, portant répartition du crédit de 481,348,268 fr. pour les dépenses du ministère des finances, 240. — *Idem*, portant répartition du crédit de 9 millions pour les dépenses ordinaires du ministère des affaires étrangères pendant 1828, 242. — *Idem*, qui détermine une nouvelle répartition de travail dans la commission de liquidation des indemnités des émigrés, 245. — *Idem*, qui crée une commission de monnaies, en remplacement de l'administration. — *Idem*, qui nomme le nouveau ministère, 261. — Examen de sa conduite.

P.

PEDRO 1er (don), empereur du Brésil et roi de Portugal, donne une Charte constitutionnelle au royaume de Portugal : I, 317. — Il abdique le trône de Portugal.

PICHEGRU (le général). Sa statue fondue aux ateliers de la fonderie royale : I, 165. Réflexions à ce sujet.

Projet de loi sur les successions et les substitutions : I, 264. — Sur l'organisation du jury, 434 ; adopté par la chambre des pairs et par la chambre des députés : II, 76 et 85. — Relatif à la traite des Noirs, 434. Il abroge la loi du 15 avril 1818, et contient plusieurs autres dispositions, 75. — Sur la police de la presse, 439 ; adopté par la chambre des députés, et prêt à être rejeté par la chambre des pairs, est retiré par ordonnance du roi, 71.

POISAYE (le comte Joseph de), meurt à Hammersmeth, près Londres. Renseignements sur ce chef de royalistes : II, 159.

POYSÉGUR. Mort de ce lieutenant général : I, 183.

R.

Régence de Portugal conférée à la princesse dona Isabella-Maria : I, 288. Le 31 octobre cette princesse prête serment à la Charte constitutionnelle octroyée par don Pedro, 423.

RIVIÈRE (le duc de), est nommé gouverneur du duc de Bordeaux. — Renseignements sur ce personnage : I, 313.

RUSSIE. Déclaration de guerre de cette puissance contre la Perse : I, 407. — Note du cabinet de Saint-Pétersbourg relative au combat de Navarin : II, 208.

S.

Salines de l'Est et mine de sel gemme, mises en régie intéressée au profit de l'État. — Discussion à l'assemblée des députés à ce sujet : I, 41.

Salins. Ville réduite en cendres par un incendie : I, 176.

SIDI-MAMOUTH, envoyé du dey de Tunis. Sa réception à l'hôtel des affaires étrangères : I, 136.

SUCHET, duc d'Albuféra. Sa mort. Notice peu honorable sur ce maréchal de France : I, 247.

T.

TALLEYRAND (le prince et la princesse de). Historique sur ces deux personnages : I, 36 — Anecdote, 105. — *Voy.* MAUBREUIL : II, 16.

TALMA, acteur tragique, meurt à Paris. — Ses obsèques. Notice sur le Roscius français : I, 415.

THARIN, évêque de Strasbourg, est nommé précepteur du duc de Bordeaux. Renseignements sur ce personnage : I, 315.

Traité de commerce et de navigation, entre le Brésil et la France : I, 253 et 412. — Du 30 janvier, qui fixe la frontière entre la France et les États d'Allemagne sur le Rhin : II, 22. — Du 6 juillet, traité conclu entre la France, l'Angleterre et la Russie, pour la pacification de la Grèce : II, 108.

TRESTAILLON, chef des assassins privilégiés du Midi, meurt paisiblement en son lit. Faits curieux sur ce monstre et ses complices : II, 90 et suiv.

Troubles et scènes sanglantes de la rue Saint-Denis; détails et renseignements à ce sujet : II, 220. — Instruction judiciaire qui doit avoir lieu au sujet de ces déplorables événements, 233.

V.

WELLINGTON. Sa conduite révoltante envers le maréchal Ney : I, 379. — Sa première entrevue avec Louis XVIII à Gonesse. — Anecdotes à ce sujet : II, 128.

VIENNOT-VAUBLANC, défend la proposition La Boessière. Quelques particularités sur ce député : II, 55.

VILLÈLE. Violents débats à la chambre des députés contre ce ministre : II, 93 et 95. *Voy.* AFFONY. — Acte d'accusation contre l'ancien ministère, 268. Discours de Labbey de Pompières dans la séance du 14 juin 1828, aux pièces suplémentaires, lettre C, 314. — Rapport présenté par Girod de l'Ain, au nom de la commission d'enquête chargée d'examiner la proposition de Labbey de Pompières : pièces supplémentaires, *Voy.* la lettre D, 338. Quel en est le résultat.

VIOMÉNIL (le maréchal de). Sa mort; historique sur ce personnage : II, 47.

FIN DE LA TABLE.

www.ingramcontent.com/pod-product-compliance
Lightning Source LLC
Chambersburg PA
CBHW052036230426
43671CB00011B/1676